**Das Rote Wien
1918–1934**

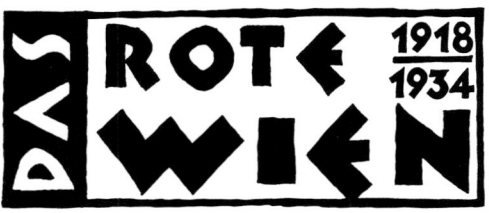

**Historisches Museum
der Stadt Wien
17. 6. – 5. 9.1993**

Katalog:

Redaktion:
Mag. Walter Öhlinger

Lektorat:
Mag. Susanne Böck
Dr. Peter Eppel

Graphische Gestaltung:
Tino Erben

Ausstellungslogo:
Atelier Czapka

Fotografische Arbeiten:
Fotostudio Otto
Lichtbildstelle Alpenland

Gesamtherstellung:
Agens-Werk Geyer + Reisser, Wien

177. Sonderausstellung
des Historischen Museums
der Stadt Wien
17. Juni bis 5. September 1993
Eigenverlag der Museen der Stadt Wien

ISBN 3-85202-106-5

Keine Stadtverwaltung hat in den Jahren zwischen den beiden Weltkriegen die Aufmerksamkeit der ganzen Welt in einem solchen Ausmaß auf sich gezogen wie Wien. Das Werk, das diese Beachtung hervorrief, war zunächst ein Aufbauwerk im wörtlichen Sinn: Der drückenden wirtschaftlichen Lage zum Trotz entstanden in nur fünfzehn Jahren über 63.000 neue Wohnungen. Und es war nicht nur die Quantität dieser Bauten, die beeindruckte: Viele Menschen kamen durch sie erstmals in den Genuß einer Wohnung mit Belichtung und Belüftung aller Räume direkt vom Freien, mit eigenem Gas- und Wasseranschluß. Auch in den Kindergärten, Sportanlagen, Bibliotheken und anderen Gemeinschaftseinrichtungen der neuen Wohnanlagen zeigte sich, daß es um mehr ging, als nur der drückendsten Wohnungsnot abzuhelfen: Der Wille, eine neue solidarische Gemeinschaft zu schaffen, wurde sichtbar.

Doch das Rote Wien der Zwischenkriegszeit war nicht nur ein epochemachender Abschnitt in der Geschichte der modernen Architektur. Julius Tandler setzte an die Stelle willkürlicher „Wohltäterei" ein systematisches Wohlfahrtswesen, das erstmals auch vom Recht der Benachteiligten auf Hilfe durch die Gemeinschaft sprach, das seine wichtigste Aufgabe allerdings darin sah, vorbeugend zu wirken, den Kindern jene Paläste zu bauen, die es ermöglichen sollten, die Kerkermauern niederzureißen. Die Schulreform Otto Glöckels machte aus Schülern, die passive Objekte autoritären Drills waren, forschende, probierende, kreative Kinder. Bildung sollte nicht mehr das Privileg einiger weniger bleiben, die Schule wollte nicht zum Untertanen, sondern zum mündigen Bürger der demokratischen Republik erziehen. Auch die Erwachsenen sollten und wollten lernen, sollten teilhaben an jenen großartigen kulturellen und geistigen Leistungen, die in Wien auch nach dem Sturz von der kaiserlichen Residenzstadt zur Hauptstadt der notleidenden Republik erbracht wurden.

Karl Seitz, Bürgermeister Wiens in jener Zeit, hat gesagt: „Wenn wir nicht mehr sind, werden diese Steine für uns sprechen." Wir können unter diesen Steinen das gesamte Aufbauwerk des Roten Wien verstehen und können hinhören, was sie uns heute – unter veränderten Bedingungen, anderen Erwartungen, neuen Bedürfnissen – zu sagen haben. Der Ausstellung und ihren Besuchern ist zu wünschen, daß sie dazu einen Beitrag leistet.

Dr. Helmut Zilk
Bürgermeister und Landeshauptmann
von Wien

„Ich will mich einem Wunder zuwenden, das es im Europa der Gegenwart gibt. Ich will von der Art erzählen, wie die Stadt Wien die Frage der Elendsquartiere behandelt, und den Lesern des ‚Spectator' … einiges von dem Wunderbaren der sozialen Reform schildern, die ich während meiner mehrtägigen Wanderung durch Arbeiterwohnhäuser, Kindergärten, Wohlfahrtsanstalten, öffentliche Bäder und Kinderbäder gesehen habe." Dieses schrieb der Korrespondent der konservativen englischen Wochenschrift „Spectator" am 5. Oktober 1929.

Heute, 1993 eben, will das Historische Museum der Stadt Wien die Diskussion über jenen kommunalpolitischen Musterfall führen, der „Das Rote Wien" heißt, ein programmatischer Aufbruch war und als Kampfansage des „Neuen Menschen" gegen eine alte Welt, die in bitterer, später erbitterter, Gegnerschaft verharrte, verstanden wurde.

Anlässe und Gründe für eine solche Ausstellung gibt es immer: Die siebzigste Wiederkehr der Einführung jener Steuer, die den kommunalen Wohnbau in Wien – beredtes Zeichen des neuen Wollens – so recht erst ermöglichte, ist ein solcher Anlaß; ein guter Grund aber, diese Schau zu zeigen, ist auch das ernüchternde Ende jenes menschenverachtenden Experiments, das sich in Ostmitteleuropa und in Osteuropa als „realer Sozialismus" begriffen und linkes Denken in ernsten Verruf gebracht hatte. Wie anders verstand sich und wie eben anders wurde jenes Rote Wien verstanden, das man zurecht auch die „Weltstadt des sozialen Gewissens" nannte. Diese Bezeichnung für unsere Stadt sollte auch dann Aufforderung zur Nachfolge sein, wenn die von Paul Valéry geschriebenen Worte wahr sind: „Die Geschichte ist die Wissenschaft davon, was nicht zweimal passiert."

Günter Düriegl
Direktor der Museen der Stadt Wien

Inhaltsverzeichnis

Walter Öhlinger
Wien 1918–1934
Im Spannungsfeld der Ersten Republik ———————————————— 8

Wolfgang Maderthaner
Die österreichische Sozialdemokratie 1918 bis 1934
Die größte Parteiorganisation der Welt ———————————————— 28

Karl Mang
Architektur und Raum
Gedanken zum Wohnbau im Roten Wien ———————————————— 44

Brigitte Mang
Grünräume im Roten Wien ———————————————————————— 62

Josef Seiter
Politik in der Idylle
Die plastischen Monumente der Ersten Republik ———————————— 74

Gottfried Pirhofer
Die Roten Burgen
Zur Dialektik des Sozialen im Urbanen ———————————————— 92

Gerhard Melinz
Von der „Wohltäterei" zur Wohlfahrt
Aspekte kommunaler Sozialpolitik 1918–1934 ————————————— 104

Oskar Achs
Das Rote Wien und die Schule ——————————————————— 122

Susanne Böck
Neue Menschen
Bildungs- und Kulturarbeit im Roten Wien —————————————— 142

Katalogteil ———————————————————————————————— 154

Mitarbeiter ——————————————————————————————— 180

Leihgeber ———————————————————————————————— 181

Wien 1918–1934

Walter Öhlinger

Wien 1918–1934

Im Spannungsfeld der Ersten Republik

Von der Gründung der Republik bis zum Ende der Kooperation in Bund und Stadt

Als die Nationen der Donaumonarchie im Gefolge der militärischen Niederlage der Mittelmächte im Ersten Weltkrieg an den Aufbau eigener Nationalstaaten gingen, konstituierten sich die Reichsratsabgeordneten der deutschsprachigen Siedlungsgebiete der österreichischen Reichshälfte am 21. Oktober 1918 als „Provisorische Nationalversammlung des selbständigen deutschösterreichischen Staates". Diese verabschiedete am 12. November – einen Tag nachdem Kaiser Karl auf „jeden Anteil an den Staatsgeschäften" verzichtet hatte – das „Gesetz über die Staats- und Regierungsform von Deutsch-Österreich", das die Republik als Staatsform festlegte, den neuen Staat zum „Bestandteil der Deutschen Republik" erklärte, dem Haus Habsburg alle Vorrechte entzog, die Ministerien und parlamentarischen Körperschaften der Monarchie auflöste und die Wahl einer konstituierenden Nationalversammlung auf der Grundlage des Verhältniswahlrechtes bei allgemeinem, gleichem, direktem und geheimem Stimmrecht im Jänner 1919 anordnete.

Keines der drei relevanten politischen Lager hatte diese Staatsgründung angestrebt: Die Sozialdemokraten glaubten noch bis September an die Möglichkeit einer Reform der Donaumonarchie. „Frei und gleich können – vielleicht noch! – Österreichs Völker nur im Bund sein", schrieb Renner im Juli 1918. Die Christlichsozialen mußten durch eine Artikelserie Seipels in der „Reichspost" von der Anerkennung der „vollzogenen Tatsachen" überzeugt werden. Mit den verschiedenen deutsch-liberalen Gruppen, aus denen später die Großdeutsche Volkspartei und der Landbund hervorgingen, einte beide die Überzeugung, daß der „Reststaat" Österreich nicht lebensfähig sei und seine Zukunft in der Vereinigung mit Deutschland liege. Auch nach dem Verbot des Anschlusses an Deutschland im Vertrag von Saint-Germain blieb er als Zielsetzung in den Parteiprogrammen lebendig: Die Sozialdemokraten forderten den Anschluß bis zur Machtübernahme der Nationalsozialisten in Deutschland 1933; die Christlichsozialen betonten die Sonderrolle Österreichs innerhalb eines auch von ihnen angestrebten Staatenbundes mit Deutschland, zeigten sich aber auch gegenüber anderen außenpolitischen Konzeptionen („Donaukonföderation") offen; für die Großdeutschen war die Vereinigung mit Deutschland Hauptziel ihrer Politik.

Die Wahlen zur provisorischen Nationalversammlung am 16. Februar 1919 machten die Sozialdemokraten mit 72 Mandaten zur stärksten Fraktion, gefolgt von 69 Abgeordneten der Christlichsozialen Partei und 26 Mandataren deutschnationaler Gruppen; die tschechische Minderheit, die bürgerlichen Demokraten und die Zionisten wurden durch jeweils einen Abgeordneten vertreten. Auf Grundlage dieser Kräfteverhältnisse wurde eine Koalitionsregierung aus Sozialdemokraten und Christlichsozialen mit Karl Renner als Staatskanzler und dem Vorarlberger Christlichsozialen Jodok Fink als Vizekanzler gebildet. Mit Otto Bauer (Äußeres), Julius Deutsch (Heerwesen), Ferdinand Hanusch (Soziale Verwaltung) und Otto Glöckel (Schulwesen) übernahmen Sozialdemokraten die Schlüsselressorts.

Das „Gesetz über die Staats- und Regierungsform von Deutsch-Österreich" sah auch Wahlen zu Landes-, Kreis-, Bezirks- und Gemeindeverwaltungen nach den gleichen Grundsätzen wie zur Nationalversammlung vor. Bis zur Durchführung solcher Gemeinderatswahlen sollten die noch unter beschränktem und ungleichem Wahlrecht gewählten Gemeinderäte nach Weisung des Staatsrates durch Vertreter der Arbeiterschaft ergänzt werden. In Wien einigte man sich auf eine Sitzverteilung für den am 3. Dezember 1918 erstmals zusammentretenden provisorischen Gemeinderat, die den Christlichsozialen mit 84 von 165 Mandaten eine deutliche Mehrheit bescherte. Dr. Richard Weiskirchner wurde Bürgermeister, das höchste Amt in der Stadt, das die Sozialdemokraten besetzten, war die Funk-

Sozialdemokratisches Wahlplakat für die Wahlen zur provisorischen Nationalversammlung 1919
Kat. Nr. 1/3/1

Die Ausrufung der Republik am 12. November 1918
Kat. Nr. 1/2/4

Kommunistisches Flugblatt 1919
Kat. Nr. 1/4/1

Kommunistische Demonstration 1919
Kat. Nr. 1/4/2

Jacob Reumann, der erste sozialdemokratische Bürgermeister Wiens
Kat. Nr. 1/5/2

Schlagzeilen der „Arbeiter-Zeitung" nach den ersten allgemeinen und gleichen Wahlen zum Wiener Gemeinderat
Kat. Nr. 1/5/5

tion des dritten Vizebürgermeisters, die von Jakob Reumann eingenommen wurde.

Inspiriert durch die russische Oktoberrevolution waren im Zuge der Massenstreiks im Jänner 1918 auf lokaler Ebene Arbeiterräte entstanden, die sich am 1. März 1919 zu einem Arbeiterrat für die gesamte Republik konstituierten. Die Ausrufung von Räterepubliken am 21. März in Ungarn und am 7. April in Bayern verstärkte diejenigen Tendenzen in der Rätebewegung, die in den Arbeiterräten potentielle Machtorgane einer zu errichtenden „Diktatur des Proletariats" sahen und die bürgerlich-demokratische Republik stürzen wollten. Von Anfang an war die Politik der sozialdemokratischen Parteiführung darauf ausgerichtet, diesen Umsturz zu verhindern und ihm das Konzept einer graduellen Entwicklung der bürgerlichen Gesellschaft zu einer sozialistischen Gesellschaftsform entgegenzusetzen. Gleichzeitig nutzten die sozialdemokratischen Politiker den Druck, der durch „die Straße" auf die politischen Gremien ausgeübt wurde, um eine Reihe alter sozialdemokratischer Forderungen zu verwirklichen: Achtstundentag, bezahlter Urlaub, Arbeitslosenversicherung, Kollektivverträge, erweiterte Krankenversicherung und Invalidenfürsorge, Schutzbestimmungen für Frauen-, Kinder- und Nachtarbeit, Errichtung der Arbeiterkammern, Einführung von Betriebsräten usw.

Auch das Wegfallen aller Wahlrechtsbeschränkungen, die die Basis der christlichsozialen Herrschaft in Wien ausgemacht hatten, kam unter dem Druck, dem die bürgerlich-demokratischen Institutionen von revolutionärer Seite ausgesetzt waren, zustande. Die Christlichsozialen stimmten gezwungenermaßen zu, um „Schlimmeres" zu verhüten. Die erste Wahl des Wiener

Der Tag der Ausrufung der Republik blieb neben dem 1. Mai der wichtigste Feiertag der Sozialdemokraten in der Ersten Republik.
Kat. Nr. 1/10/11

Gemeinderates und der Bezirksvertretungen nach allgemeinem Wahlrecht fand am 4. Mai 1919 statt und brachte den Sozialdemokraten 100, den Christlichsozialen 50 von insgesamt 165 Mandaten. Mehr als zwei Jahrzehnte christlichsozialer Herrschaft in Wien waren damit zu Ende. Mit Jakob Reumann wurde erstmals ein Sozialdemokrat Wiener Bürgermeister.

Zweimal, am 17. April und am 15. Juni 1919, versuchten Kommunisten durch die Mobilisierung von Arbeitslosen, Heimkehrern und Invaliden, die Räterepublik gewaltsam durchzusetzen. Nach Zusammenstößen mit der Polizei blieben im April sechs, im Juni 20 Tote zurück. Schon lange vor ihrer formellen Auflösung Ende 1924 waren die Arbeiterräte, vor allem nach der Niederschlagung der Räteregierungen in München und Ungarn, funktions- und bedeutungslos geworden.

Mit dem Wegfall des die Koalitionsparteien einigenden revolutionären Drucks traten die Gegensätze zwischen ihnen stärker hervor: Vieles, was das Bürgertum unter dem Zwang der Umstände zu akzeptieren bereit war, wurde nun von den Christlichsozialen wieder bekämpft, und für die konservativsten Teile dieses Lagers gehörte dazu nicht nur die neue Sozialgesetzgebung, sondern auch die Republik als Staatsform. Die Koalition zerbrach am 10. April 1920 und wurde durch eine „Proporzregierung", in der Christlichsoziale und Sozialdemokraten jeweils nur für die eigenen Parteimitglieder (und einige parteilose Staatssekretäre) die Verantwortung übernahmen, ersetzt.

Die wichtigste Aufgabe, die diese Regierung zu erfüllen hatte, war der Beschluß einer Verfassung der neuen Republik, wobei vor allem die Frage des Verhältnisses von Zentralstaat und den nunmehr Bundesländer genannten ehemaligen Kronländern für Divergenzen zwischen den beiden Regierungsparteien sorgte. Die Wählerbasis der Sozialdemokraten war in einigen wenigen Industriegebieten konzentriert, in allen Ländern – mit Ausnahme Niederösterreichs, das damals noch die Stadt Wien inkludierte – hatten die Christlichsozialen die Mehrheit. Demgemäß waren die Sozialdemokraten an einem starken Zentralstaat, die Christlichsozialen an einem ausgeprägten Föderalismus – konkret an einer dem Parlament gleichgestellten Länderkammer – interessiert. Der am 1. Oktober 1920 angenommene Verfassungsentwurf war ein Kompromiß: Er unterstrich die Einheit Österreichs als Währungs-, Wirtschafts- und Zollgebiet, sah eine zweite Kammer mit – jedoch nur aufschiebendem – Vetorecht vor und bedeutete für Wien den Status eines eigenen Bundeslandes.

Die Initiative zur im Artikel 114 dieser Verfassung verankerten Möglichkeit der Trennung Wiens von Niederösterreich ging von den Christlichsozialen aus, die das Übergewicht des sozialdemokratisch regierten Niederösterreich, das das größte und weitaus bevölkerungsreichste Bundesland war, befürchteten. Die Sozialdemokraten stimmten dem Trennungsgedanken schließlich aus der Überlegung zu, in Wien auf Basis gesicherter Mehrheitsverhältnisse und mit den Möglichkeiten einer eigenständigen Steuergesetzgebung eine modellhafte Stadtverwaltung zu errichten. Die endgültige Loslösung Wiens von Niederösterreich durch das Trennungsgesetz vom 29. Dezember 1922 vollzog nur noch nach, was bereits in der Bundesverfassung und in der neuen Wiener Stadtverfassung vom 10. November 1920 angelegt war.

Nach ihrem Wahlsieg vom Mai 1919 hatte sich die sozialdemokratische Mehrheit im Wiener Gemeinderat die Überarbeitung der Gemeindeverfassung zwecks Demokratisierung der Gemeindeverwaltung zum Ziel gesetzt. Die Schaffung des Stadtsenats mit amtsführenden Stadträten, die einen Teil der bisherigen Agenden des Bürgermeisters übernehmen, also die Einführung des Ministerialprinzips auf Gemeindeebene, war das wesentliche Ergebnis. Bei der Diskussion des neuen Gemeindestatuts ging man noch von einer proportionalen Besetzung des Stadtsenats gemäß den Stimmenverhältnissen im Gemeinderat aus. Am 1. Juni 1920 wurden jedoch ausschließlich Sozialdemokraten zu amtsführenden Stadträten gewählt.

Nach dem Ende der Koalition auf Bundesebene im April war die Zusammenarbeit zwischen den beiden großen politischen Lagern nun auch auf der Ebene der Gemeinde Wien zu Ende.

Bürgerliche Sanierungskonzepte im Bund – Wien wird zum sozialdemokratischen Modell

Aus den Wahlen zum Nationalrat am 17. Oktober 1920 gingen die Christlichsozialen als stärkste Partei hervor. Der Christlichsoziale Dr. Michael Mayr und der parteilose Wiener Polizeipräsident Johann Schober bildeten jeweils kurzlebige Regierungen, in denen parteilose Beamte die Mehrheit der Minister stellten. Sie benötigten außer den Stimmen der christlichsozialen Abgeordneten auch die der Großdeutschen und scheiterten, als ihnen diese Partei ihre Unterstützung entzog. Im Frühjahr 1922 übernahm der führende Politiker der Christlichsozialen Partei, Prälat Dr. Ignaz Seipel, Professor für Moraltheologie an der Universität Wien, selbst die Regierung. Er konnte sich auf eine feste Koalitionsvereinbarung zwischen Christlichsozialer und Großdeutscher Partei stützen.

Im Winter 1920/21 war die Ernährungs- und Wirtschaftslage immer noch katastrophal. Ein Konjunkturaufschwung ab Sommer 1919 war spätestens 1922 zu Ende, die ihn begleitende Inflation verstärkte sich in diesem Jahr zu einem rasanten Verfall der österreichischen Währung. In dieser Situation versuchte Seipel, den drohenden Staatsbankrott durch dramatische Hilfsappelle an die Nachbarstaaten Österreichs zu verhindern. Ergebnis waren die „Genfer Protokolle", in denen Großbritannien, Frankreich, Italien und die Tschechoslowakei die Garantie für eine österreichische Anleihe in der Höhe von 650 Millionen Goldkronen übernahmen, über deren Verwendung ein vom Völkerbund eingesetzter Generalkommissär wachen sollte. Österreich verpflichtete sich, innerhalb von zwei Jahren das Gleichgewicht im Staatshaushalt herzustellen und mit außerordentlichen, vom Parlament zu bewilligenden Regierungsvollmachten die öffentliche Ordnung und Sicherheit zu wahren. Die Folgen der „Genfer Sanierung" waren die Stabilisierung der Währung und die Beendigung der Inflation einerseits, eine durch gedrosselte Staatsausgaben und Beamtenabbau noch verschärfte Arbeitslosigkeit andererseits. Seipel, dessen Person mit dem Sanierungswerk untrennbar verbunden war, wurde zum Feindbild der Sozialdemokraten schlechthin.

Wien war von der drückenden wirtschaftlichen Situation in besonderer Weise betroffen: Einst Metropole eines 54-Millionen-Reiches, hatte die Stadt 1918 ihr wirtschaftliches Hinterland verloren und war von ihren traditionellen Nahrungsmittel-, Energie- und Rohstoffquellen sowie Absatzmärkten abgeschnitten. In Wien blieb

*Trennung Wiens von Niederösterreich
Kat. Nr. 1/6/7*

Demonstration der Handels- und Gewerbetreibenden gegen die Gemeindesteuern
Kat. Nr. 6/7

ein überdimensionierter Verwaltungs- und Dienstleistungsapparat. Die Kassen der Stadt waren nicht nur leer, der kommunale Haushalt, auch der der städtischen Monopolbetriebe, war schwer defizitär. Der Entschluß der sozialdemokratischen Stadtregierung, mit den in dieser Situation unumgänglichen Steuerbelastungen vor allem die Besitzenden zu treffen, stand in Einklang mit ihren programmatischen Vorstellungen, angesichts der fortgeschrittenen Verarmung breiter Bevölkerungskreise gab es demgegenüber auch keine Alternative. Unter den neuen Gemeindesteuern war die von den Arbeitgebern gemäß der Lohnsumme eingehobene Fürsorgeabgabe die stärkste Einnahmequelle, unter den Luxussteuern war die Luxuswarenabgabe am einträglichsten, mußte aber im Zuge der Einführung der staatlichen Warenumsatzsteuer 1923 wieder aufgegeben werden. Die Hauspersonalabgabe (ab zwei Hausgehilfen) und die Abgabe auf in „Luxuslokalen" konsumierte Speisen und Getränke brachten der Gemeinde weniger Mittel, ließen sich aber propagandistisch besonders gut verwerten. Mittels aller dieser und vieler anderer Abgaben konnte bereits im zweiten Halbjahr 1921 ein Budgetüberschuß erzielt werden, ab 1922 wurden mehr als die Hälfte der Einnahmen aus Gemeindeabgaben gedeckt. Von großer Bedeutung wurden die 1922 beschlossene allgemeine Mietzinsabgabe und die auf ihr aufbauende 1923 beschlossene Wohnbausteuer: Sie waren keine Luxussteuern, sondern trafen alle Mieter – wenngleich bei starker Progression –, und die Wohnbausteuer war zur Gänze für den Wohnbau zweckgebunden.

Die Wohnbausteuer war notwendig geworden, weil sich die Gemeinde Wien 1923 entschloß, Wohnungen in großer Zahl selbst zu bauen. Der private Wohnungsmarkt war bereits während des Krieges zusammengebrochen und hatte sich in der durch Kapitalknappheit und zunehmend geschwächte Massenkaufkraft gekennzeichneten wirtschaftlichen Situation nach 1918 nicht mehr erholt. Kriegsbedingt hatte die kaiserliche Regierung 1917 in der Mieterschutzverordnung die Zinssteigerung durch die Hausherren beschränkt. Diese Verordnung verhinderte ein rasches Ansteigen der Mieten während der Nachkriegsinflation, der Mietaufwand sank gemessen an der allgemeinen Teuerung auf ein Minimum, die Hausherrenrendite war faktisch beseitigt. Auch wenn im Mietengesetz von 1922 wieder die Möglichkeit gegeben war, die Reparaturkosten der Häuser zu decken, was für die Mieter eine empfindliche Erhöhung des Gesamtmietzinses bedeutete, blieb die Investition von privatem Kapital in Hausbesitz unrentabel.

Angesichts der Massenverarmung kam für die Sozialdemokratie die Aufhebung des Mieterschutzes zur Ankurbelung privater Wohnbautätigkeit nicht in Frage, aber auch ihre programmatischen Vorstellungen aus der Vorkriegszeit, wie die Sozialisierung bestehenden Wohnraums oder ein sich selbst finanzierender öffentlicher Wohnbau durch die Gemeinde ließen sich nicht verwirklichen. Versuche, die Wohnungsnot durch Förderung des privaten und genossenschaftlichen Wohnbaues z. B. in Form der Kleingarten- und Siedlerbewegung zu beseitigen, erwiesen sich als nicht ausreichend. Auch das Wohnungsanforderungsrecht, das der Gemeinde die Verfügung über alle freiwerdenden Wohnungen sicherte, die sie dann als Generalmieter von den Eigentümern anmietete, konnte die Wohnungsnot kaum lindern. So entschloß man sich 1923 zu einer grundsätzlichen Neukonzeption der Wohnungspolitik und kündigte den Bau von 25.000 aus den Mitteln der Wohnbausteuer finanzierten Wohnungen innerhalb der nächsten fünf Jahre an.

Dieses neue Wohnbauprogramm wurde kurz vor den für Oktober 1923 angesetzten Wahlen in Bund und Gemeinde präsentiert und den Absichten Seipels, die Mieterschutzgesetze abzubauen, propagandistisch wirksam entgegengesetzt. Mit diesem Thema gelang es den Sozialdemokraten, auch Teile der städtischen Mittelschichten für sich zu gewinnen und im Nationalrat ihren Mandatsstand um sechs Abgeordnete auf 68 zu erhöhen. Die Christlichsozialen konnten einen Zuwachs von drei Mandaten verzeichnen und blieben mit 82 Abgeordneten stärkste Partei. Wahlverlierer waren vor allem die Großdeutschen. Seipel – er war durch ein Revolverattentat eines psychopathischen Einzelgängers schwer verletzt worden – zog

Karl Seitz: Wiener Bürgermeister von 1923 bis 1934
Kat. Nr. 1/6/1

sich vorerst vom Amt des Bundeskanzlers zurück, übte aber hinter den Kulissen nach wie vor einen großen Einfluß auf die christlichsozial-großdeutsche Koalitionsregierung unter Bundeskanzler Dr. Rudolf Ramek aus. Im Oktober 1926 trat er wieder selbst an die Spitze des Kabinetts.

In Wien, wo im Oktober 1923 erstmals seit 1919 wieder gewählt wurde, konnten die Sozialdemokraten ihren Stimmenanteil von 54,2 auf 55,9 % erhöhen. Die oben dargestellte Entscheidung für die Trennung Wiens von Niederösterreich, der damit verbundene Entschluß, Wien zur sozialdemokratische Bastion auszubauen, die wahlentscheidende Bedeutung der Wahlkampfthemen Mieterschutz und Wohnbau, die vor allem in Wien Resonanz fanden, all dies verstärkte den hervorragenden Stellenwert der Wiener Parteiorganisation und der von ihr gestalteten Kommunalpolitik innerhalb der Sozialdemokratischen Partei. Seinen Ausdruck fand dies nun auch in der Übernahme des Wiener Bürgermeisteramtes durch den Vorsitzenden der Gesamtpartei, Karl Seitz.

Die Gemeinde Wien sollte als leuchtendes Beispiel erfolgreicher sozialdemokratischer Regierungstätigkeit mithelfen, auch im Bund jene 51 % der Stimmen zu erlangen, die der Sozialdemokratischen Partei die Möglichkeit des Aufbaus eines „sozialistischen Österreich" mit demokratischen Mitteln eröffnen sollte. An den Regeln der Demokratie hielt auch das „Linzer Programm", beschlossen am Parteitag Ende Oktober/Anfang November 1926 in Linz, fest, das von den Gegnern der Sozialdemokratie als Bekenntnis zu Gewalt und Diktatur gedeutet wurde. Sie stützten sich auf jene vielzitierte Passage, die der Gewalt freilich nur eine rein defensive Rolle zuschreibt: „Wenn sich aber die Bourgeoisie der gesellschaftlichen Umwälzung, die die Aufgabe der Staatsmacht der Arbeiterklasse sein wird, durch planmäßige Unterbindung des Wirtschaftslebens, durch gewaltsame Auflehnung, durch Verschwörung mit ausländischen gegenrevolutionären Mächten widersetzen sollte, dann wäre die Arbeiterklasse gezwungen, den Widerstand der Bourgeoisie mit den Mitteln der Diktatur zu brechen." Bei den Wahlen auf Bundes- und Gemeindeebene am 24. April 1927 schienen die Sozialdemokraten ihrem Ziel einer Mehrheit im Bund ein gutes Stück nähergekommen zu sein: Sie gewannen neuerlich drei zusätzliche Sitze im Nationalrat, während die Christlichsozialen neun verloren und den Sozialdemokraten nur mehr zwei Sitze voraus hatten. Der Landbund, der nicht wie die anderen bürgerlichen Parteien in eine Einheitsliste mit den Christlichsozialen eingebunden war, konnte seinen Mandatsstand vermehren und wurde von Seipel, der neuerlich das Kanzleramt übernahm, in die Regierung aufgenommen, die so alle relevanten bürgerlichen Kräfte vereinte. In Wien erhielt die Sozialdemokratische Partei erstmals über 60 % der Stimmen.

Der brennende Justizpalast am 15. Juli 1927
Kat. Nr. 1/8/2

Der Brand des Justizpalastes am 15. Juli 1927 – seine Vorgeschichte und seine Folgen

Die Polarisierung zwischen Sozialdemokratie und bürgerlichen Kräften wurde verstärkt durch das Anwachsen bewaffneter Verbände der beiden Lager. Die aus bewaffneten Verbänden, die sich im Chaos des Kriegsendes zur Aufrechterhaltung von Ruhe und Ordnung und im Zuge des Kärntner Abwehrkampfes gebildet hatten, hervorgegangenen „Heimwehren" und die zunächst als Interessensverband ehemaliger Militärangehöriger entstandene „Frontkämpfervereinigung" standen auf der einen Seite. Auf der anderen Seite stand der „Republikanische Schutzbund", den die Sozialdemokraten aus den im Rahmen der Rätebewegung entstandenen „Arbeiterwehren" aufgebaut hatten. Für die Sozialdemokraten gewann ein eigener bewaffneter Verband an Bedeutung, nachdem es dem Heeresminister Carl Vaugoin gelungen war, aus der sozialdemokratisch dominierten Volkswehr das sich auf die Tradition der k. u. k. Armee berufende Bundesheer zu machen. 1927 vereinte der Schutzbund etwa 80.000 Mann, die in zahlreiche lokale Verbände aufgesplitterten rechtsgerichteten Verbände etwa 135.000. Ausgerüstet waren diese paramilitärischen Gruppierungen zunächst mit Waffen, die im Zuge der Demobilisierung der kaiserlichen Armee vor den Alliierten verborgen worden waren. Nach 1927 erhielten die Heimwehren Zuwendungen von Industriellen, ab 1930 Geld und Waffen aus dem faschistischen Italien.

Seit der Ermordung Franz Birneckers am 17. Februar 1923 waren vier Sozialdemokraten Opfer rechtsgerichteter Wehrverbände geworden. Jedesmal waren die Täter vor Gericht milde behandelt worden. Im burgenländischen Schattendorf kam es zum folgenreichsten Zusammenstoß dieser Art: Zunächst überfielen „Frontkämpfer" eine sozialdemokratische Silvesterfeier und erzwangen, als man die Täter verhaftete, deren Freilassung. Solcherart ermuntert, kündigten sie für den 30. Jänner 1927 eine Versammlung an, die der Schutzbund mit einer Gegenversammlung zur gleichen Zeit beantwortete. Beide Seiten einigten sich, ihre Kundgebungen zu beenden und aus Schattendorf abzuziehen. Da fielen aus dem Gasthaus, in dem sich die „Frontkämpfer" versammelt hatten, Schüsse auf die abziehenden Sozialdemokraten, die einen siebenjährigen Knaben und einen Kriegsinvaliden töteten und mehrere Personen verletzten. Die Tat löste nicht nur unter Sozialdemokraten ungeheure Empörung aus: In den Betrieben kam es zu Versammlungen, und am Tag der Beerdigung der Opfer wurde für 15 Minuten im ganzen Land die Arbeit niedergelegt. Den sozialdemokratischen Funktionären gelang es, ihre Anhänger auf die erhoffte Bestrafung der Täter durch die ordentlichen Gerichte zu verweisen.

In den späten Abendstunden des 14. Juli wurden die Angeklagten durch ein offensichtliches Fehlurteil der Geschworenen freigesprochen. Die „Arbeiter-Zeitung" veröffentlichte einen Leitartikel mit scharfer Stellungnahme gegen das Urteil, aber ohne Handlungsanweisung an die empörten Parteimitglieder. Ab 8 Uhr früh stoppten die Straßenbahner ihre Wagen, für viele das Zeichen, ihre Arbeit niederzulegen. Sie marschierten zum Ring, wo sich im Bereich von Rathaus und Parlament bereits tausende empörte Arbeiter versammelt hatten. Weder Parteiführung noch Polizei waren auf die spontane Demonstration vorbereitet. Die kleine Abteilung der Polizei vor dem Parlament und eine ihr zu Hilfe kommende Reiterabteilung drängten die Demonstranten in Richtung Schmerlingplatz vor den Justizpalast, der nun das Angriffsziel der empörten Menge wurde. Nach Schüssen eines Polizisten, die einen Demonstranten schwer verletzten, zog sich die Polizei in den Justizpalast zurück. Auch die inzwischen eingetroffenen Schutzbündler konnten nicht mehr verhindern, daß die Demonstranten nun in den Justizpalast eindrangen, Akten und Möbel anzündeten, während die Menge draußen die Feuerwehr an den Löscharbeiten hinderte. Gerade als es Bürgermeister Seitz und Julius Deutsch zu gelingen schien, der Feuerwehr den Weg zu bahnen, trafen die inzwischen mit Waffen des Bundesheeres ausgerüsteten Polizeieinheiten auf dem Schmerlingplatz ein und räumten

Broschüre
Kat. Nr. 1/7/3

den Platz, als sie mit Steinen angegriffen wurden, unter Einsatz von Schußwaffen. Die Bilanz: 89 Tote, darunter vier Polizisten, hunderte Verwundete.

Die Sozialdemokratische Partei proklamierte einen eintägigen Generalstreik sowie einen unbefristeten Verkehrsstreik und forderte den Rücktritt der Regierung. Der Verkehrsstreik wurde nach drei Tagen abgebrochen, nachdem ihn die Heimwehren vor allem in Tirol und in der Steiermark verhindert hatten. Die Polizei war in den Wiener Arbeiterbezirken nach dem 15. Juli 1927 so verhaßt, daß Polizeipräsident Schober dem Vorschlag von Bürgermeister Seitz zustimmte, dort an ihrer Stelle eine aus Schutzbundmännern zusammengestellte Gemeindeschutzwache patrouillieren zu lassen.

Die für die österreichische Innenpolitik entscheidende Folge der Ereignisse war, daß die Sozialdemokratie trotz ihres Wahlerfolges vom April in die Defensive geriet. Die Parteiführung hatte die Provokation des Freispruchs der Schattendorfer Mörder nicht mit einer Demonstration der eigenen Stärke und Geschlossenheit beantwortet, sondern ihre empörte Anhängerschar führungslos gelassen. Die Aktion der desorientierten Massen schien gerade in den Augen kleinbürgerlicher und bäuerlicher Schichten, deren Stimmen den Sozialdemokraten zur Mehrheit verhelfen sollten, das Schreckensbild, das ihnen die bürgerlichen Parteien von der Sozialdemokratie malten, zu bestätigen. Der Verkehrsstreik mußte ohne Erfolg beendet werden. Die Heimwehren hatten sich als erfolgversprechendes Instrument gegen die Sozialdemokratie empfohlen. Nun gingen die bürgerlichen Kräfte daran, Schritt für Schritt die Errungenschaften der Arbeiterbewegung zu beseitigen und die Bastionen der Sozialdemokratie zu erobern.

Speiser, Deutsch und Seitz versuchen, die aufgebrachte Menge vor dem Justizpalast zu beruhigen.
Foto Willinger

Stadtschutzwachemänner übernahmen nach dem Justizpalastbrand in den Arbeiterbezirken Polizeifunktionen.
Kat. Nr. 1/9/1

Die Sozialdemokraten und das Rote Wien in der Defensive

Bei der Großkundgebung der Heimwehr am 7. Oktober 1928 in Wiener Neustadt marschierten die „austrofaschistischen" Verbände erstmals durch eine Arbeiterhochburg. Trotz der Gegenkundgebung des Schutzbundes in derselben Stadt blieben die befürchteten Zusammenstöße aus. Systematisch eroberten sich die Heimwehren durch provozierende Aufmärsche in Arbeitervierteln die „Freiheit der Straße".

Im April 1929 trat Bundeskanzler Seipel überraschend zurück, sein Nachfolger wurde zunächst Ernst Streeruwitz. Ihm gelang ein erster Einbruch in den heftigen Widerstand, den die Sozialdemokraten allen Angriffen auf den Mieterschutz entgegenstellten. Indem er die Novellierung des Mietrechtes mit einer Wohnbauförderungsaktion des Bundes koppelte, konnte er die Sozialdemokraten zu einem Kompromiß bewegen. Die Interessen der Wiener Mieter, die von den bis dahin geltenden Bestimmungen am meisten profitiert hatten, wurden einer Erhöhung der Wohnbauleistung in anderen Gemeinden mit Hilfe des Bundes geopfert.

Eine weitere Schwächung sozialdemokratischer Positionen sollte nach den Plänen der bürgerlichen Parteien und der Heimwehren eine Änderung der Bundesverfassung bringen. Die von den Heimwehren geforderte autoritäre Verfassung lehnte Johann Schober, der im September 1929 eine neue Regierung gebildet hatte, zwar ab, aber seine Vorlage zielte mit der Schwächung des Nationalrats bei gleichzeitiger Stärkung der Regierung und des Bundespräsidenten, vor allem aber mit der Absicht, Wien die Rechtsstellung als Bundesland zu nehmen, auf sozialdemokratische Machtpositionen. Die Regierungsvorlage sah unter anderem das Recht der Bundesregierung vor, Wien durch einen Bundeskommissar verwalten zu lassen, falls der Bürgermeister nicht den Weisungen der Bundesorgane nachkomme. Ein Aufsichtsrecht sollte der Bundesregierung ermöglichen, Beschlüsse des Wiener Gemeinderates aufzuheben, vor allem aber sollten die Einnahmen, die Wien als Land einhob, wegfallen. Auch die Zentralisierung des Schulrechts, die der Verfassungsentwurf vorsah, war gegen die Wiener Schulreform gerichtet. In zähen Verhandlungen zwischen Schober und Danneberg wurde schließlich ein für beide Seiten tragfähiger Kompromiß erzielt, dessen wesentliches Ergebnis die Stärkung des nunmehr vom Volk zu wählenden Bundespräsidenten war. In der Frage der Stellung Wiens konnte jedoch kein Kompromiß erzielt werden, hier wichen die Sozialdemokraten nicht zurück und verweigerten diesem Teil der Regierungsvorlage ihre Zustimmung.

Als am „Schwarzen Freitag", dem 24. Oktober 1929, der New Yorker Börsenkrach die Weltwirtschaft erschütterte, war der leichte Aufschwung, den Österreichs Wirtschaft seit 1926 erlebt hatte, zu Ende. Während der geringen wirtschaftlichen Erholung der vorangegangenen Jahre hatte erstmals das Bruttonationalprodukt den Vorkriegsstand übertroffen, die Arbeitslosenquote pendelte allerdings auch während dieser Phase um 10 %. Nun fiel die Produktion bis 1932 um 39 %, das Außenhandelsvolumen um 47 %. Rechnet man zu den amtlichen Arbeitslosenzahlen, die nur die Bezieher von Arbeitslosenunterstützung zählten, die Ausgesteuerten, die keine Unterstützung mehr bezogen, hinzu, ergibt dies für 1930 etwa 350.000, Ende 1931 400.000, im Jahr 1932 mehr als eine halbe Million und Anfang 1933 ca. 600.000 Arbeitslose.

Mit dem parteilosen, gesinnungsmäßig den Großdeutschen nahestehenden Schober stand kein Christlichsozialer an der Spitze der Regierung. Die generelle Unzufriedenheit der Christlichsozialen mit Schobers Personalpolitik führte aus Anlaß der Ernennung eines neuen Generaldirektors der Bundesbahnen zu seinem Sturz durch den Vizekanzler und Heeresminister Vaugoin, der selbst jedoch keine Mehrheit im Parlament fand. Zu den dadurch notwendigen Neuwahlen am 9. November 1930 – es sollten die letzten Nationalratswahlen der Ersten Republik werden – traten die Heimwehren mit einer eigenen Liste an. Sie hatten sich im Mai dieses Jahres im „Korneuburger Eid" zur Abschaffung der parlamentarischen Demokratie bekannt. Die Großdeutschen, der Landbund und liberale Wirtschaftskreise schlossen sich zu einer Wahlgemeinschaft mit Schober an der Spitze zusammen. Die Sozialdemokraten wurden erstmals stärkste Partei, die Christlichsozialen verloren sieben Mandate, vor allem an die Liste der Heimwehren, den Heimatblock, der mit acht Abgeordneten ins Parlament einzog. Die erstmals kandidierenden Nationalsozialisten erhielten mehr als 111.000 Stimmen, aufgrund der für sie ungünstigen regionalen Verteilung jedoch kein Mandat.

Die nun gebildete Regierung – wieder eine Koalition von Christlichsozialen, Großdeutschen und Landbund mit dem Vorarlberger Landeshauptmann Dr. Otto Ender an der Spitze – ordnete die Aufteilung der Steuereinnahmen auf Bund, Länder und Gemeinden neu. Die Gemeinde erzielte bis dahin ihre Einnahmen zu etwa einem Viertel bis einem Drittel aus Ertragsanteilen an Bundessteuern. Wien kassierte dabei sowohl als Land als auch als Gemeinde. Die Mittel wurden, soweit sie aus direkten Steuern

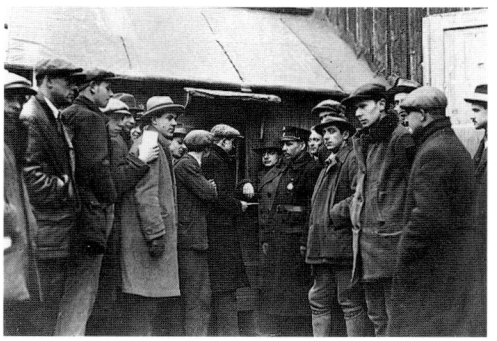

Weltwirtschaftskrise: Arbeitslose Metallarbeiter vor der Stellenvermittlung
Kat. Nr. 2/7/6

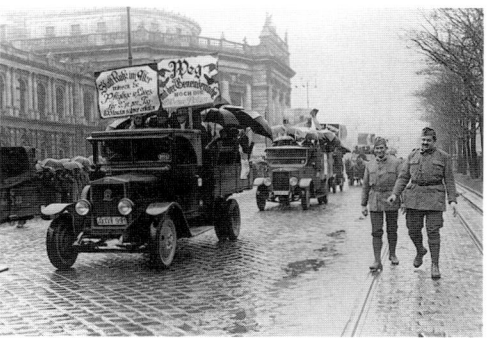

Demonstration gegen die Steuerpolitik der Gemeinde Wien 1930
Kat. Nr. 1/9/2

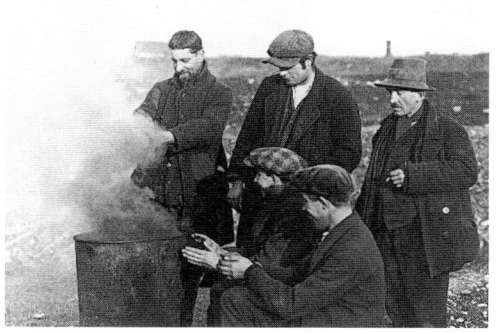

Erdhöhlenbewohner in Simmering während der Schleifung ihrer Behausung 1930
Kat. Nr. 2/7/9

Hauptkasse der Stadt Wien

Darum weg mit den Gemeindebauten! Endlich einmal muß „Hau
herr sein" wieder ein Geschäft und ein Vergnügen werden

Weg mit der Säuglingsfürsorge! Wozu soviel Umstände machen
Arbeiterkindern?

Tausend gierige Hände recken sich nach dem Geld der Stadt Wien . . .

Schluß mit der Fürsorgeinflation!" heult der Pressechor. Endlich einmal muß der Unternehmer von seinem Gewinn alles behalten können . . .

Darum weg mit den Kinderbädern!

Unser Geld wollen sie!

Früher war für den Arbeiter das Tröpferlbad auch gut, wozu richten sie ihm jetzt Bäder wie das Amalienbad künstlerisch ein? Wie für einen Erzherzog . . .

Rechts: Volksbüchereien, Lesehallen? Mehr als den Katechismus und die Fibel braucht ein Arbeiterkind nicht zu kennen!

Links: Schulzahnkliniken? Wozu brauchen die Proletarierkinder Zähne, haben sie samt ihren Eltern doch ohnehin nichts zu beißen!

Rechts: Eine Wäscherolle im Gemeindebau mit allen technischen Errungenschaften. Für die Wäsche tät es auch was anderes! Nicht wahr?

Mütterberatungsstellen? Als ob es so was vor hundert Jahren gegeben hätte! Damals sind die Kinder auch auf die Welt gekommen

Unten:
Achtzig Prozent der Staatsmittel entstammen der Wiener Steuerkraft. Warum sollen sie nicht den Herren Großbauern zur Verfügung gestellt werden?

Wie sie von unserem Geld leben wollen . . .

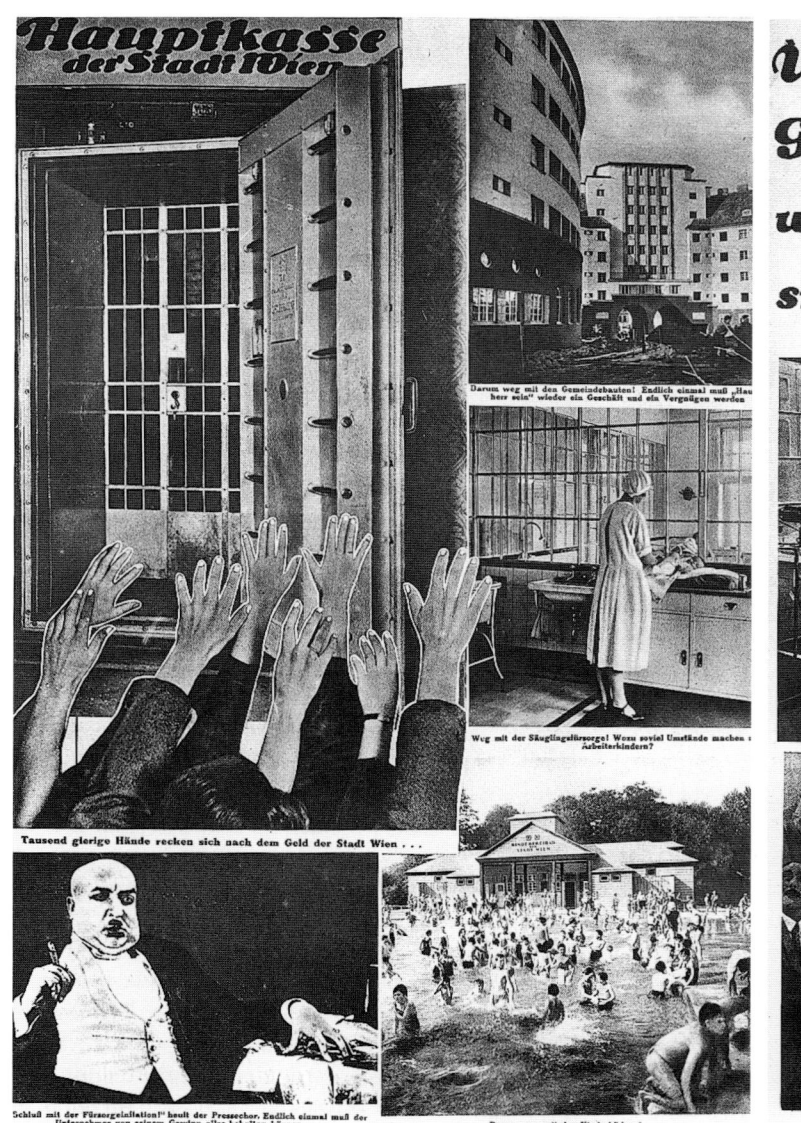

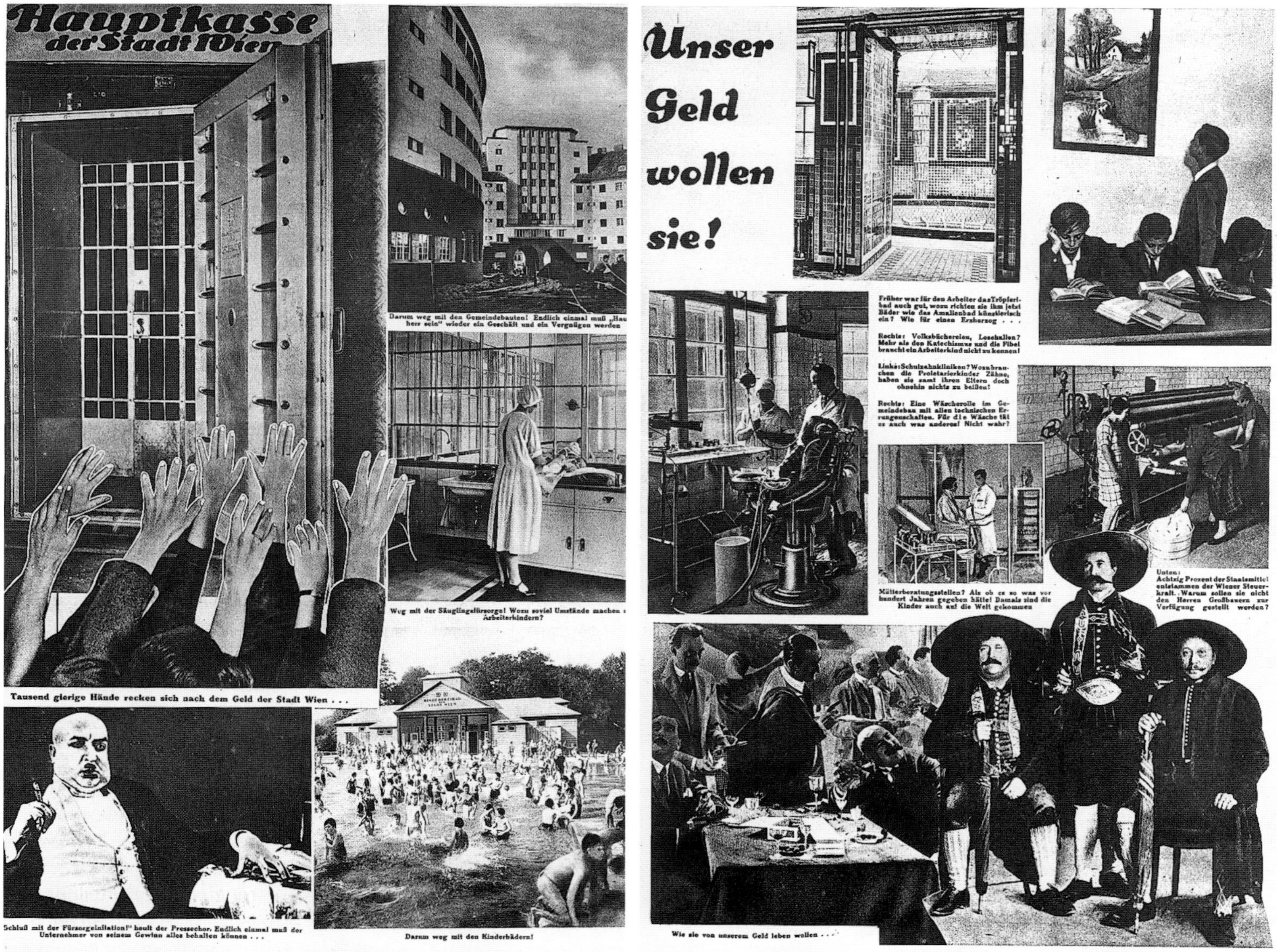

Sozialdemokratische Reaktion auf die Kritik der Länder an der Aufteilung der Bundessteuern
Kat. Nr. 6/5

stammten, nach dem örtlichen Steueraufkommen verteilt, das in Wien wesentlich höher war, als in den agrarischen Bundesländern. Auch die indirekten Steuern wurden teilweise nach einem abgestuften Bevölkerungsschlüssel, der größere Gemeinden bevorzugte, verteilt. Das Ergebnis war, daß Wien bei einem Bevölkerungsanteil von 28,5 % über 50 % aller den Ländern zukommenden Ertragsanteile kassierte, ein stetiger Ansatzpunkt für Kritik seitens der anderen Länder und des Bundes.

Diese Kritik konnte sich auf tief verwurzelte, auch heute noch wirksame Ressentiments in der Bevölkerung der westlichen Bundesländer stützen. Als in der Nachkriegszeit „Hamsterer" oder Lebensmittel requirierende Arbeiterräte aus Wien in die ländlichen Gebiete strömten und die Zweimillionenstadt von der Residenzstadt eines 54-Millionen-Reiches zur Hauptstadt eines „Reststaates" mit 6,5 Millionen Einwohnern wurde, wandelte sich das Bild der bewunderten „Kaiserstadt" in das vom „Wasserkopf", den es zu ernähren galt. Als die Sozialdemokraten darangingen, Wien zur Musterstadt, zum Vorzeigeexemplar ihrer Politik auszubauen, begannen die bürgerlichen Politiker, die Vorurteile gegenüber Wien als Stadt der „Roten", „Juden" und „Marxisten" bewußt zu schüren und im Sinne ihrer Politik zu benützen. „Sie werfen unser Geld für das rote Gesindel zum Fenster hinaus!" (so der steirische Heimwehrführer Walter Pfrimer), war der Tenor der Vorwürfe.

Die bürgerlichen Politiker in Bund und Ländern sahen in einer Änderung der Aufteilung der Erträge aus Bundessteuern die Möglichkeit, dem Roten Wien seine finanzielle Basis zu entziehen. Mit der Abgabenteilungsnovelle vom 28. Jänner 1931 gelang

Robert Danneberg, Stadtrat für Finanzwesen 1932 bis 1934, führte die Verhandlungen um den Finanzausgleich von 1931.
Kat. Nr. 1/6/2

ihnen ein entscheidender Durchbruch in dieser Strategie: Durch diese Neuaufteilung sank Wiens Anteil an den unter den Ländern zu verteilenden Mitteln von über 50 auf knapp über 30 %, wozu noch das allgemeine Absinken der zu verteilenden Summe durch die Folgen der Wirtschaftskrise kam. So hatte die Gemeinde 1931 nicht nur durch die Wirtschaftskrise gesunkene Einnahmen aus Landes- und Gemeindeabgaben zu verzeichnen, sondern erhielt in diesem Jahr noch über 48 Millionen weniger an Ertragsanteilen aus Bundessteuern als im Vorjahr. Trotzdem war der Finanzausgleich von 1931 kein Willkürakt der Christlichsozialen, sondern ein Kompromiß, der letztlich auch die Zustimmung der Sozialdemokraten gefunden hatte. Die Drohung, die Wiener Landes- und Gemeindesteuern aufzuheben, die Interessen der Sozialdemokraten in den Gemeinderäten und Landtagen der Bundesländer, die Hoffnung, in der niederösterreichischen Bauernschaft einen Verbündeten gegen die faschistische Gefahr zu gewinnen und ganz allgemein die Tendenz, das Funktionieren des Parlamentarismus durch Kompromißbereitschaft zu beweisen, ließen die Sozialdemokraten in diesem Fall fundamentale Interessen des Roten Wien opfern.

Weniger erfolgreich als in dieser Offensive gegen die sozialdemokratische Bastion Wien war die Regierung Ender mit dem Projekt einer deutsch-österreichischen Zollunion: Es scheiterte am Widerstand Frankreichs und der kleinen Entente. Als die Creditanstalt, die größte Bank Österreichs, an den Folgen der ihr aufgezwungenen Übernahme der bankrotten Bodencreditanstalt zusammenbrach und innerhalb der Regierung Uneinigkeit über die Haftung für den Sanierungskredit herrschte, trat das Kabinett Ender zurück. Die Bemühungen Seipels, die Sozialdemokraten zu einer Beteiligung an einer Konzentrationsregierung zu bewegen, lehnten nun auch frühere Koalitionsbefürworter wie Renner ab, da sie sich nicht zur Mitverantwortung unpopulärer Maßnahmen mißbrauchen lassen wollten. Wieder wurde ein christlichsozial-großdeutsches Kabinett gebildet, Kanzler wurde Dr. Karl Buresch, bis dahin niederösterreichischer Landeshauptmann.

Am 13. September 1931 unternahm der steirische Heimwehrführer Dr. Walter Pfrimer mit seinem radikalen, mit dem Nationalsozialismus sympathisierenden Heimwehrflügel einen Putschversuch, der aber nicht die Unterstützung der anderen Teile der Heimwehr fand und nach wenigen Stunden – bei sehr „schonendem" Vorgehen der Regierungskräfte – scheiterte.

Zwei Faktoren, die beide in engem Zusammenhang mit der unveränderten krisenhaften Wirtschaftslage standen, veränderten in der Folgezeit das innenpolitische Kräfteverhältnis entscheidend: erstens der Bruch zwischen Christlichsozialen und Großdeutschen und zweitens das rapide Erstarken der Nationalsozialisten. Die Großdeutschen hatten Schobers Projekt einer Zollunion mit Deutschland unterstützt. Die Christlichsozialen versuchten, den französischen Plan einer „Donaukonföderation" zu verwirklichen.

Die Großdeutschen sahen darin einen Bruch mit der außenpolitischen Orientierung Österreichs an Deutschland und traten aus der Koalition aus. Die Regierung Buresch verfügte über keine Parlamentsmehrheit mehr und trat im Mai 1932 zurück. Die Christlichsozialen versuchten aber, die von den anderen Parteien geforderten Neuwahlen um jeden Preis zu vermeiden. Grund dafür waren die Ergebnisse der Landtags- und Gemeinderatswahlen, die am 24. April 1932 in Wien, Niederösterreich und Salzburg stattgefunden hatten: Die Nationalsozialisten hatten ihre Stimmenanzahl mehr als verfünffacht und waren zur drittstärksten Partei geworden. In Wien konnte die NSDAP auf Anhieb 17,4 % der Stimmen auf sich vereinen und in fünf Bezirken die Christlichsozialen überflügeln.

Nachdem alle Versuche, die Großdeutschen, die nun unter dem Druck der nationalsozialistischen Konkurrenz standen, zum Eintritt in die Regierung zu bewegen, gescheitert waren, bildete der junge Landwirtschaftsminister Engelbert Dollfuß eine Koalition aus Christlichsozialen, Landbund und Heimatblock, die gegenüber der Opposition aus Sozialdemokraten und Großdeutschen nur über eine Mehrheit von einer Stimme verfügte. Nur mit größter Mühe – und unter Ausnützen von Zufällen – gelang es dieser Regierung, vom Parlament die Zustimmung zur „Lausanner Anleihe" zu erlangen. Von den Großdeutschen wurde diese neue Völkerbundanleihe wegen der mit ihr verbundenen Bedingung eines Verzichts auf jede Gemeinschaft mit Deutschland heftig bekämpft, ebenso vom nationalsozialistisch orientierten steirischen Heimwehrflügel, der zwei Abgeordnete des Heimatblocks stellte.

Das Ende der Demokratie
Daß sich Dollfuß bei dieser politischen Konstellation nicht mehr auf die Zustimmung der Mehrheit des Nationalrats verlassen konnte, verstärkte seine Neigung, jenen Stimmen in seiner Partei und vor allem in den Heimwehren zu folgen, die das Parlament ausgeschaltet sehen wollten. Eine Handhabe für die Umgehung des Parlaments bot – bei weitherziger Auslegung, die die Wirtschaftskrise als Folge des Ersten Weltkriegs interpretierte – das „Kriegswirtschaftliche Ermächtigungsgesetz", ein 1917 erlassenes Notverordnungsrecht. Den Anlaß für die Ausschaltung des Parlaments gab die Sitzung des Nationalrats vom 4. März 1933: Es sollte über eine Amnestie für die Anführer des kurzen Warnstreiks, mit dem die Eisenbahner vier Tage zuvor gegen die Auszahlung ihrer Gehälter in drei statt zwei Raten protestiert hatten, abgestimmt werden. Die Regierung war dagegen, blieb aber mit einer Stimme in der Minderheit und forderte aufgrund eines irrelevanten Formfehlers – ein Sozialdemokrat hatte den Stimmzettel seines Nachbarn verwendet – die Wiederholung der Abstimmung. Nun legten verhängnisvollerweise die drei Präsidenten des Nationalrats hintereinander ihr Präsidentenamt zurück, um mit ihren jeweiligen Parteien mitstimmen zu können. Die Sitzung konnte dadurch weder weitergeführt noch ordnungsgemäß geschlossen werden. Die Regierung erklärte diese Geschäftsordnungskrise des Parlaments zu dessen „Selbstausschaltung", ließ am 15. März das Parlamentsgebäude von der Polizei besetzen, nachdem dort sozialdemokratische und großdeutsche Abgeordnete zu einer Sitzung zusammengetreten waren, und regierte in Hinkunft mittels des „Kriegswirtschaftlichen Ermächtigungsgesetzes".

Die Einschränkung der Pressefreiheit und das Verbot von Aufmärschen gehörten zu den ersten Maßnahmen des „autoritären Kurses" der Regierung Dollfuß. Am 31. März wurde der Republikanische Schutzbund verboten. Ein als Antwort darauf erlassenes Verbot der Wiener Heimwehr durch Bürgermeister Seitz wurde durch die Bundesregierung vereitelt. Am 1. Mai riegelten Militäreinheiten die Wiener Innenstadt ab, um den traditionellen Aufmarsch der Sozialdemokraten zu verhindern.

Mittels der Notverordnungen konnten die Angriffe der Bundesregierung auf die sozialdemokratische Position in Wien unverhüllt fortgesetzt werden. Wie bisher zielte man dabei vor allem auf die Finanzen der Bundeshauptstadt: In insgesamt 16 Notverordnungen wurden unter anderem die Ausfallhaftung des Bundes für eine Mindesthöhe der Ertragsanteile widerrufen, Wien zur Zahlung eines Lastenbeitrags an den Bund verpflichtet sowie Landes- und Gemeindesteuern teilweise aufgehoben. Die Gemeinde verlor dadurch 1933 etwa 100 Millionen Schilling, rund ein Viertel der für dieses Jahr budgetierten Ausgaben. Bei gleichzeitig anhaltender Wirtschaftskrise konnte die Erhöhung der Gas- und Stromtarife sowie einiger Gemeindeabgaben zwar den völligen Zusammenbruch der Gemeindefinanzen verhindern, an eine Fortführung des kommunalen Bauprogramms war jedoch nicht zu denken. Mehr als die Hälfte der Wohnbausteuer, die bis dahin ohnehin nur ein Drittel der Baukosten gedeckt hatte, mußte nun für die Deckung der dringendsten Verwaltungsausgaben verwendet werden. Dem Roten Wien wurde so schon vor der Entfernung der sozialdemokratischen Machtträger aus ihren Ämtern auf finanzpolitischem Weg de facto ein Ende bereitet.

Der Ausschaltung des Parlaments im März 1933 folgten verstärkte Angriffe auf die sozialdemokratische Bastion Wien. Kat. Nr. 7/1

Die Sozialdemokraten hatten die Ausschaltung des Parlaments, das Verbot des Schutzbundes und die vielen anderen Angriffe auf ihre Machtstellungen widerstandslos hingenommen. Stets zurückweichend und Verhandlungsbereitschaft signalisierend, stand man der „Salamitaktik" der Regierung hilflos gegenüber. Erst im Oktober 1933 legte sich ein außerordentlicher Parteitag für den Fall eines Verbots der Partei oder der Freien Gewerkschaften, der Entmachtung der sozialdemokratischen Wiener Stadtregierung oder der Proklamation einer faschistischen Verfassung auf den bewaffneten Widerstand fest.

In enger Anlehnung an das faschistische Italien, in dem er eine Stütze gegen das nationalsozialistische Deutschland sah, setzte Dollfuß seinen Kurs in Richtung Aufbau eines autoritären Staates fort: Die Gründung der „Vaterländischen Front", die als Einheitsorganisation die traditionellen Parteien ersetzen sollte (20. Mai), die Ernennung von Heimwehrführer Emil Fey zum Vizekanzler (21. September), die Errichtung von Anhaltelagern zur Internierung politischer Häftlinge (23. September) und die Wiedereinführung der Todesstrafe im Verfahren vor Standgerichten (10. November) waren Schritte auf diesem Weg. Währenddessen erschütterten nationalsozialistische Terrorwellen mit Bombenanschlägen, Brandstiftungen und zahllosen anderen Gewalttaten Österreich.

Im Jänner 1934 forderten sowohl Mussolini als auch die Heimwehren immer offensiver die völlige Umgestaltung Österreichs im faschistischen Sinn, also die endgültige Zerschlagung der sozialdemokratischen Organisationen und die Brechung der sozialdemokratischen Machtposition in Wien. In den Bundesländern versuchten die Heimwehren, die gewählten Landesregierungen zum Rücktritt zu zwingen, was ihnen in Tirol am 4. Februar gelang. Am 11. Februar erklärte Vizekanzler und Heimwehrführer Emil Fey, der ein Monat zuvor auch das Innenministerium übernommen hatte und damit den Sicherheitsapparat kontrollierte, bei einer Heimwehrübung in Großenzersdorf: „Wir werden morgen an die Arbeit gehen und wir werden ganze Arbeit leisten ..."

Die Kämpfe im Februar 1934

Anfang Februar ließ die Regierung sozialdemokratische Parteiheime nach Waffen durchsuchen – am 8. Februar auch das „Vorwärts"-Haus auf der Rechten Wienzeile, wo sich die Parteizentrale befand – und die Kommandanten des Schutzbundes sowie der Wiener Stadtwache verhaften. Aus Oberösterreich, wo die Strukturen des Schutzbundes trotz Illegalität noch völlig intakt waren, kündigte Schutzbundführer Richard Bernaschek der Parteiführung bewaffneten Widerstand für den Fall, daß die Regierung auch in seinem Bereich mit Durchsuchungen beginnen würde, an. Vergeblich versuchte ihn Otto Bauer durch ein verschlüsseltes Telegramm zurückzuhalten. Als am nächsten Morgen – es war Montag, der 12. Februar – die Polizei ins Linzer Parteiheim „Hotel Schiff" eindrang, verteidigten die dort versammelten Schutzbündler das Gebäude mit Waffengewalt und mobilisierten den Schutzbund in ganz Oberösterreich: Der Bürgerkrieg hatte begonnen.

Die Parteiführung war von der Aussichtslosigkeit, mit dem Schutzbund, dessen Strukturen durch die Regierungsaktionen in den Monaten zuvor bereits teilweise zerstört waren und dessen Mitglieder durch das ständige Zurückweichen der Partei demoralisiert waren, den Regierungskräften wirk-

Bildpostkarte: Der Karl Marx-Hof wird mit Artillerie beschossen.
Kat. Nr. 7/4

Der Karl Marx-Hof nach dem Beschuß
Kat. Nr. 7/11

sam Widerstand leisten zu können, überzeugt. Bis gegen Mittag zögerte sie mit der Anweisung an die Wiener E-Werks-Arbeiter, den Strom abzuschalten und so das vereinbarte Zeichen für den Generalstreik zu geben. Von einer Überraschung der Exekutive, auf der alle Schutzbundpläne basiert hatten, konnte zu diesem Zeitpunkt keine Rede mehr sein. Die einzelnen Schutzbundeinheiten wurden von Polizei- und Heimwehreinheiten voneinander isoliert und verschanzten sich in einzelnen Gemeindebauten. Die Regierung verhängte das Standrecht und erklärte die Sozialdemokratische Partei für aufgelöst.

Bereits am frühen Nachmittag besetzten Polizei und Heimwehrleute das Wiener Rathaus und hißten die grünweiße Heimwehrfahne. Die Bundesregierung erklärte den Wiener Gemeinderat und Landtag für aufgelöst und bestellte den Bundesminister für soziale Verwaltung Richard Schmitz zum Bundeskommissär für Wien. Bürgermeister Seitz weigerte sich, seinen Schreibtisch zu verlassen. Erst am Abend des 12. Februar wurde er von Polizisten aus seinen Amtsräumen getragen. Die Stadträte Speiser, Weber, Honay und Breitner, die sich inzwischen ebenfalls in den Amtsräumen des Bürgermeisters versammelt hatten, folgten unter Protest den sie verhaftenden Kriminalbeamten. Die anderen Stadträte und die meisten sozialdemokratischen Gemeinderäte wurden zu Hause verhaftet.

Mit dem Ausbleiben des Generalstreiks auch am 13. Februar – vor allem die Eisenbahnen verkehrten ungestört – war das Schicksal des Aufstandes besiegelt. Otto Bauer und Julius Deutsch, die vergeblich versucht hatten, die Kämpfe vom George Washington-Hof am Wienerberg aus zentral zu lenken, flohen in die Tschechoslowakei.

Die Schutzbündler im Karl Marx-, Reumann-, Schlinger- und Goethe-Hof, in der Wohnhausanlage Sandleiten und im Ottakringer und Floridsdorfer Arbeiterheim leisteten verzweifelten Widerstand, der unter Artillerieeinsatz des Bundesheeres zum Teil erst am 14. Februar zusammenbrach. An diesem Tag mußten sich auch die Schutzbündler im Raum Bruck–Kapfenberg, wo besonders heftig gekämpft wurde, und in Oberösterreich geschlagen geben.

Die blutigen Kämpfe forderten insgesamt wohl über 300 Tote. Die offiziellen Angaben divergieren und untertreiben selbst bei den Opfern auf seiten der Exekutive, umso weniger dürften die Angaben über Tote und Verwundete auf seiten des Schutzbundes stimmen. Viele verwundete Schutzbündler wurden heimlich gepflegt und scheinen schon deshalb in der Zählung nicht auf. Die von den Sozialdemokraten unmittelbar nach den Ereignissen verbreiteten Zahlen von ein- bis zweitausend Toten auf seiten der Arbeiterschaft sind jedoch sicher übertrieben. Neun sozialdemokratische Führer wurden standrechtlich zum Tode verurteilt und hingerichtet. Die sozialdemokratischen Mandate wurden annulliert, das Vermögen der Partei und ihrer Organisationen beschlagnahmt.

Epilog

Mit der Bestellung von Minister Schmitz zum Bundeskommissär für Wien bei gleichzeitiger Zerschlagung der Gemeindeverwaltung und Verhaftung ihrer politischen Repräsentanten endet die Geschichte Wiens als innerhalb der politischen Kräftekonstellation der Ersten Republik selbständig agierender politischer Faktor. Die Spitzen der Magistratsbeamtenschaft wurden aus ihren Ämtern entfernt. Am 31. März 1934 wurde die Gemeindeverfassung durch eine „Stadtordnung" ersetzt, nach der der Bürgermeister nicht mehr gewählt, sondern vom Bundeskanzler eingesetzt werden sollte. An die Stelle von Landtag und Gemeinderat trat die „Wiener Bürgerschaft", ein Gremium, dessen Mitglieder ebenfalls nicht mehr gewählt, sondern vom Bürgermeister nach berufsständischen Kriterien ernannt wurden. Durch die neue Bundesverfassung vom 1. Mai 1934 verlor Wien seine Stellung als Bundesland und wurde zur „bundesunmittelbaren" Stadt.

Gegenüber den im Stadtbild sichtbarsten Monumenten des Roten Wien, den großen Wohnhausanlagen, mußte man sich – obwohl auch vereinzelt den Familien politisch Verfolgter die Wohnung gekündigt wurde – mit dem Setzen symbolischer Akte begnügen: Zunächst wurden der „Karl Marx-Hof" in „Heiligenstädter-Hof" und der „Matteotti-Hof" in „Giordani-Hof" umbenannt (Giordani war ein „Märtyrer" des italienischen Faschismus). 1935/36 folgte eine große Umbenennungswelle nach undurchschaubaren Kriterien. So wurden z. B. die Namen „George Washington-Hof" oder „Alfons Petzold-Hof" getilgt, während die nach den prominenten Sozialdemokraten Victor Adler, Engelbert Pernerstorfer, Franz Schuhmeier oder Jakob Reumann benannten Bauten ihre Namen behielten. Eine für das gesamte Regime nicht uncharakteristische Mischung aus Schlamperei, Inkompetenz und bewußt gesetzten Versöhnungsgesten dürfte diese Umbenennungspolitik geleitet haben.

Ein Jahr nach der Ausschaltung der Wiener Sozialdemokratie: Theodor Körner und Julius Tandler kehren dem Rathaus den Rücken
Kat. Nr. 7/27

Der „Karl Marx-Hof" wird in „Heiligenstädter-Hof" umbenannt.
Kat. Nr. 7/24

Während der Februarkämpfe zerstörte Gemeindebauwohnung
Kat. Nr. 7/5

Die illegal erscheinende „Arbeiter-Zeitung" berichtet von der Einsetzung der neuen Wiener Stadtregierung. Kat. Nr. 7/26

Literatur

Gerhard Botz: Gewalt in der Politik. Attentate, Zusammenstöße, Putschversuche, Unruhen in Österreich 1918–1934. München 1983.

Felix Czeike: Wirtschafts- und Sozialpolitik der Gemeinde Wien in der Ersten Republik. 1. und 2. Teil. Wien 1958 und 1959.

Charles A. Gulick: Österreich von Habsburg zu Hitler. Wien 1948.

Hans Hautmann: Die verlorene Räterepublik. Am Beispiel der Kommunistischen Partei Österreichs. Wien, Frankfurt, Zürich 1971.

Hans Hautmann und Rudolf Hautmann: Die Gemeindebauten des Roten Wien 1919–1934. Wien 1980.

Ludwig Jedlicka und Rudolf Neck: Vom Justizpalast zum Heldenplatz. Studien und Dokumentationen. 1927 bis 1938. Wien 1975.

Peter Kulemann: Am Beispiel des Austromarxismus. Sozialdemokratische Arbeiterbewegung in Österreich von Hainfeld bis zur Dollfuß-Diktatur. Hamburg 1979.

Helene Maimann und Siegfried Mattl (Hg.): Die Kälte des Februar. Eine Ausstellung der Österreichischen Gesellschaft für Kulturpolitik gemeinsam mit dem Meidlinger Kulturkreis. Wien 1984.

Mit uns zieht die neue Zeit. Arbeiterkultur in Österreich 1918–1934. Eine Ausstellung der Österreichischen Gesellschaft für Kulturpolitik und des Meidlinger Kulturkreises. Wien 1981.

Maren Seliger: Sozialdemokratie und Kommunalpolitik in Wien. Zu einigen Aspekten sozialdemokratischer Kulturpolitik in der Vor- und Zwischenkriegszeit. Wien, München 1980.

Maren Seliger und Karl Ucakar: Wien. Politische Geschichte 1740–1934. Entwicklung und Bestimmungskräfte großstädtischer Politik. Teil 2: 1896–1934. Wien, München 1985.

Adam Wandruszka: Österreichs politische Struktur. Die Entwicklung der Parteien und politischen Bewegungen. In: Heinrich Benedikt (Hg.): Geschichte der Republik Österreich. Wien 1977.

Adam Wandruszka: Österreich von der Begründung der Ersten Republik bis zur sozialistischen Alleinregierung 1918–1970. In: Theodor Schieder (Hg.): Handbuch der europäischen Geschichte. Band 7, 2. Teilband. Stuttgart 1979.

Erika Weinzierl und Kurt Skalnik (Hg.): Österreich 1918–1938. Geschichte der Ersten Republik. Wien, Graz, Köln 1983.

**Die österreichische
Sozialdemokratie
1918 bis 1934**

Wolfgang Maderthaner

Die österreichische Sozialdemokratie 1918 bis 1934

Die größte Parteiorganisation der Welt

Die österreichische Sozialdemokratie der Zwischenkriegszeit ist eine demokratische Massenpartei, eine „Weltanschauungspartei" von überaus hohem und dichtem Organisationsgrad. Im Jahre 1929, am Höhepunkt einer 1918/19 sprunghaft einsetzenden quantitativen Entwicklung, sind in ihren Reihen 713.834 Mitglieder organisiert, wobei der Frauenanteil je nach Bundesland zwischen 12,5 % (Burgenland) und über 38 % (Wien) variiert. Noch 1913 hatte der offizielle Parteibericht für das gesamte cisleithanische Gebiet der Habsburgermonarchie eine vergleichsweise bescheidene Gesamtmitgliederzahl von 89.628 ausgewiesen. Im Zuge der gesellschaftlichen Dynamik der revolutionären Krise in den unmittelbaren Nachkriegsjahren war diese Zahl bereits auf über 330.000 gestiegen, um nach dem Höhepunkt von 1929 unter den verheerenden sozialen Auswirkungen der um diese Zeit mit voller Vehemenz einsetzenden Weltwirtschaftskrise einen Stand von ca. 650.000 zu erreichen. Die SDAP hatte somit unter allen europäischen sozialdemokratischen Parteien die höchste Organisationsdichte erreicht und lag auch in absoluten Zahlen gemessen im Spitzenfeld. Größer waren nur die Arbeiterparteien Deutschlands und Großbritanniens, wobei in letzterem Fall die Mitglieder der trade-unions (Gewerkschaften) automatisch der Labour Party zugerechnet wurden, während der Anteil der Direktmitgliedschaft der Partei mit 215.000 wesentlich niedriger blieb.

Gegen Ende der zwanziger Jahre war somit jeder sechste Erwachsene Mitglied der Sozialdemokratischen Partei. Allerdings verlief diese erstaunliche Entwicklung regional durchaus differenziert. Nimmt man die Mitgliederstärke des Jahres 1921 zur Ausgangsbasis, so verlieren Oberösterreich, Vorarlberg, Salzburg und die Steiermark über einen Zeitraum von zehn Jahren etwa ein Viertel ihrer Substanz, Kärnten und Niederösterreich ein Sechstel. Die Verdichtung und Politisierung des sozialistischen Lagers in der Zwischenkriegszeit – die umso deutlicher hervortritt, als die „ökonomischen" Massenorganisationen der Arbeiterschaft, die Freien Gewerkschaften, seit 1921 ständig an Mitgliedern verlieren – geht also eindeutig auf das Konto der Wiener Landesorganisation, die sich selbst voll Stolz und Selbstbewußtsein als die „größte Parteiorganisation der Welt" bezeichnen konnte. In dem selben Zeitraum, da es in einigen Bundesländern zu einem Abbröckeln und ernsthaften Desintegrationsprozessen kam, konnte die Wiener Organisation ihren Mitgliederstand verdoppeln; das waren mehr Parteimitglieder, als die Städte Graz, Linz, Innsbruck, Salzburg, Wiener Neustadt und St. Pölten zusammen an Einwohnern zählten. Allein die Zahl der in Wien politisch organisierten Frauen erreichte mit über 149.000 knapp die Einwohnerzahl von Graz. 1932 betrug der Anteil der in der SDAP Organisierten 25 % der Bevölkerung, bei den Männern 38,3 %, bei den Frauen 14,2 %. Von den 648.497 Mitgliedern der Partei in ganz Österreich waren 400.484 in der Wiener Sozialdemokratie

Parteiabzeichen der Sozialdemokratischen Deutschen Arbeiterpartei
Kat. Nr. 1/10/26

organisiert. Dabei stellte die Arbeiterschaft die „Kerntruppe der Sozialdemokratie" – was sich auch statistisch belegen läßt: In Wien waren von 100 Arbeitern 47 in der Partei organisiert (Männer: 54 von hundert, Frauen: 32 von hundert); in den Bezirken, die die Wiener Hochburgen der Sozialdemokratie waren, lag der Prozentsatz sicherlich weit höher. Von den 398.735 Wiener Sozialdemokraten des Jahres 1931 waren 303.342, also gut drei Viertel, abhängig beschäftigt. Etwa 61 % gehörten in die Gruppe der manuellen Arbeiter. Käthe Leichter faßte in einer Analyse zusammen, daß die Arbeiterschaft nicht nur den Kern, sondern den bei weitem überwiegenden Teil der Wiener Parteimitglieder stellte. Der Anteil der Parteimitglieder unter zwanzig Jahren war dreimal so hoch wie in der – überalterten – SPD zur gleichen Zeit; 57 % der Wiener SDAP waren unter vierzig (in der Gesamtbevölkerung 50 %). Diese Altersgruppe stellte somit fast drei Fünftel der Mitglieder.

Bei Wahlen lag die Partei in Wien stets nahe der Zweidrittelmehrheit, 1927 erreichte die Sozialdemokratie in Wien mit 59,87 % der abgegebenen Stimmen (gegenüber 42,32 % in Gesamtösterreich) ein überdurchschnittliches Ergebnis, wobei die besten Resultate in den Arbeitervierteln erzielt wurden. Deutlich zeigte sich auch hier (wie bei den sozial verschieden strukturierten Bundesländern und Regionen) eine proportionale Abhängigkeit von der Sozialstruktur. Bei den Nationalratswahlen 1930 lag der Stimmenanteil der Sozialdemokraten in ganz Wien bei 58,98 %. Den höchsten Anteil und eine Zweidrittelmehrheit an gültigen Stimmen erreichte die Partei in Favoriten mit 72,73 %, in der Brigittenau mit 71,67 %, in Ottakring mit 69,25 %, in Flo-

Maiaufmarsch der Wiener Sozialdemokraten: Mehr Mitglieder, als Graz, Linz, Innsbruck, Salzburg, Wiener Neustadt und St. Pölten zusammen an Einwohnern zählten
Kat. Nr. 1/10/13

ridsdorf mit 68,94 % und in Simmering mit 68,27 %. Nach den Berechnungen des Parteisekretärs Robert Danneberg haben von 1923 bis 1930 rund 80 % der Arbeiter bei den Parlaments- und Gemeinderatswahlen sozialdemokratisch gewählt. Für 1932 gelangte Danneberg zu dem Schluß, daß die SDAP in den Wiener Bezirken Brigittenau, Favoriten, Ottakring und Floridsdorf Spitzenergebnisse mit einem Anteil von weit über 90 % der Arbeiter- und Angestelltenstimmen erzielen konnte.

In der Ersten Republik hatte die Sozialdemokratie also eine absolut dominierende Position in der Arbeiterschaft inne, bei den Kernschichten der Industriearbeiterschaft fast ein Monopol.

Die imponierende organisatorische Stärke der österreichischen Sozialdemokratie, die sie zu einer Art Musterpartei innerhalb der Sozialistischen Internationale werden ließ, erklärt sich nicht zuletzt aus der Fähigkeit zur Integration divergierender ideologischer Strömungen. Anders als in den meisten industriell entwickelten europäischen Ländern war es hier gelungen, die Spaltung der Arbeiterbewegung in „revolutionäre" Kader- und „reformistische" Massenparteien zu verhindern; neben einer das linke Lager beinahe exklusiv repräsentierenden Sozialdemokratie konnte sich die 1918 gegründete KPÖ zumindest bis 1934 niemals über eine unbedeutende Sekte hinausentwickeln.

Wenn sich so, infolge des allgemeinen Organisationsprinzips einer demokratischen Massenpartei, eine Verknüpfung von Organisationsstruktur und ideologischem Bewußtsein ergab, ideologischer Pluralismus nachgerade unabdingbare Voraussetzung für das Erreichen der „großen Zahl" war, dann steht dem allerdings auch ein entschei-

Broschüre zum Frauentag: Allein die Zahl der in der Wiener Sozialdemokratie organisierten Frauen erreichte knapp die Einwohnerzahl von Graz.
Kat. Nr. 1/10/12

dender gegenläufiger Aspekt gegenüber: die Notwendigkeit einer inneren Disziplinierung zur Optimierung und zur Effizienzsteigerung politischen Handelns. Wie der Mechanismus des Staates und seiner Verwaltung in immer differenzierteren Organisationsformen vielfältig personelle Rangabstufung, Auslese und Führung verlangt, ist dies auch für die demokratische Massenpartei unerläßlich. Ebenso werden Armee und industrieller Großbetrieb zum Vorbild ihrer inneren Organisationsstruktur, oder, wie Robert Danneberg dies ausgedrückt hat: zum Funktionieren eines derartigen Riesenapparates bedürfe es „wohldurchdachter, planmäßiger Leitung, aber auch strengster Pflichterfüllung aller Glieder". Auf beinahe allen Parteitagen wird das jeweils gültige Parteistatut, also die Verfassung der Partei, schrittweise erweitert und präziser gefaßt; prinzipiell aber war die Parteiorganisation auf den Wohn- und Freizeitbereich und somit auf das Prinzip der territorialen Gliederung fixiert (nur 1919 war unter dem Eindruck der Rätebewegung ein allerdings gescheiterter Versuch unternommen worden, die Betriebsorganisation einzuführen). Ebenso fällt eine umfassende Bedachtnahme auf die Erfordernisse politischer Wahlen auf, womit die prinzipielle Ausrichtung der österreichischen Sozialdemokratie auf demokratische Wahlen gleichsam statuarisch fixiert war. Ein zentraler Stellenwert im Organisationsleben kam den ehrenamtlich tätigen Vertrauensmännern und -frauen zu, die die Politik der Partei gleichsam vor Ort umzusetzen und zu vermitteln hatten, im engsten Kontakt mit den Mitgliedern standen und ein wesentliches Element der organisatorischen Schlagkraft der Partei darstellten. Die Anzahl der Vertrauenspersonen wurde für Gesamtösterreich auf ungefähr 40.000 geschätzt, die Wiener Organisation wies für das Jahr 1928 eine Zahl von 18.700 aus.

Neben der Parteiorganisation im engeren Sinne wurde ein breitgefächertes und differenziertes Netz von verschiedensten Kulturorganisationen aufgezogen. Zum Großteil bereits in der Vorkriegszeit gegründet, wurden sie nunmehr von den sozialistischen Theoretikern zu zentralen Massenerziehungsmitteln hochstilisiert, funktionalisiert, zu Massenorganisationen ausgebaut, die auf die Erfassung des gesamten menschlichen Lebenszusammenhanges abzielten. Mehr und mehr nahm die Sozialdemokratie so Züge einer nach außen strikt abgegrenzten gegenkulturellen Bewegung an. Nach dem Scheitern einer grundlegenden gesellschaftlichen Umwälzung 1918/19 erfüllte das organisatorische Geflecht der Kultur- und Sportorganisationen in vielerlei Hinsicht eine Art kompensatorische Aufgabe. Andererseits drücken sich in ihm aber auch Wünsche und Sehnsüchte hunderttausender Mitglieder aus, deren partielle Erfüllung – etwa durch die Reformpolitik des Roten Wien – nicht geradlinig auf eine Domestizierung oder Disziplinierung an sich spontaner oder gar rebellischer Arbeitermassen hinausläuft; es wurden auch Bedürfnisse freigesetzt, die im Rahmen der bestehenden Gesellschaftsordnung jedenfalls nicht umsetzbar waren.

Sozialistischer Parteitag 1919: Fähigkeit zur Integration divergierender ideologischer Strömungen
Foto: M. R. Hauffe

Jugendliche bei der Republikfeier: Viele Parteimitglieder waren unter zwanzig Jahren.
Kat. Nr. 1/10/19

Schutzbundkolonne auf der Laxenburger Allee: „Strengste Pflichterfüllung aller Glieder"
Foto: S. Wagner

Vom quantitativen Hineinwachsen in den Sozialismus

Die Gründergeneration des „Austrosozialismus" um Victor Adler, Engelbert Pernerstorfer und Wilhelm Ellenbogen hatte sich wenig um den wissenschaftlichen Anspruch des Sozialismus gekümmert, aber in ihrem radikalen Subjektivismus gleichsam instinktiv der „Philosophie der Praxis" genähert. Die zweite Generation, jene der „Austromarxisten", trachtete demgegenüber mit radikalem Rationalismus Spontaneität sowie Emotion aus der Politik zu verbannen und entfernte sich gerade dadurch immer weiter von der „revolutionären" Tat.

Ende der 1890er Jahre ging aus der Wiener sozialistischen Studentenbewegung eine junge marxistische Schule hervor, deren bekannteste Vertreter Max Adler, Karl Renner und Rudolf Hilferding waren; etwas später schlossen sich Gustav Eckstein, Fritz Adler und Otto Bauer an. Ihre regelmäßigen Zusammenkünfte fanden im legendären Wiener „Café Central" statt. Die sogenannten Austromarxisten bemühten sich um eine Verbindung der marxistischen Gesellschaftswissenschaft mit dem Neokantianismus oder dem Empirokritizismus. Auf akademischem Boden, in der Auseinandersetzung mit den Geistesströmungen der akademischen Welt dieser Jahre gewachsen, standen sie den kulturellen Problemen der Zeit näher als die ältere Marxistengeneration. In ihren theoretischen Arbeiten kommt größere Subtilität und Flexibilität zum Ausdruck, als sie im materialistischen Darwinismus Kautskys, im soziologischen Empirismus Bernsteins oder im simplifizierten Konzept von Politik und Ökonomie als bloßer „Reflex" von ökonomischen Determinanten offenbar wurden.

Die Kritik an den Unzulänglichkeiten des Vorkriegsmarxismus der Zweiten Internatio-

Prinzip der graduellen Machtergreifung durch demokratische Wahlen
Kat. Nr. 1/3/15

nale führte die Austromarxisten in mehrere Richtungen: Zunächst wurde versucht, gesellschaftliche Prozesse in ihrer Gesamtheit zu erklären (d. h. unter Einbeziehung der konstituierenden ökonomischen, politischen und ideologischen Elemente). Wie immer dominant die ökonomische Komponente auch bleiben mochte, so wurde doch der menschlichen Subjektivität und Intentionalität im historischen Prozeß eine bedeutsame Rolle zugeschrieben. Größere Bedeutung beigemessen wurde auch der Klassenanalyse in entwickelten kapitalistischen Gesellschaften, der sozialen Schichtung und Zusammensetzung der Arbeiterschaft selbst und der Formierung eines „sozialistischen Klassenbewußtseins" als Voraussetzung für den Aufbau einer demokratischen sozialistischen Gesellschaft.

Unter diesen Prämissen entwickelte sich die austromarxistische Theorie und Praxis, die späterhin als „Dritter Weg" zwischen Kautskyanismus und Leninismus oder, wenn man so will, zwischen Reform und Revolution bekannt wurde.

War Karl Renner der Staats- und Rechtstheoretiker, Max Adler der Philosoph, so war der praktische Arzt Rudolf Hilferding der Ökonom des Austromarxismus. Endgültig in die erste Reihe der Theoretiker des internationalen Sozialismus stieg er mit dem 1910 veröffentlichten „Finanzkapital" auf, das er im wesentlichen bereits als 28jähriger vollendet hatte und das von Karl Kautsky als der „vierte Band des Kapital" bezeichnet wurde.

Hilferdings Auffassung, daß es in der kapitalistischen Entwicklung objektive Tendenzen zu einem gleichsam quantitativen „Hineinwachsen" in den Sozialismus gebe, findet sich – wenn auch mit verschiedener politischer Implikation – in den politisch-

Otto Bauer: „Herz und Hirn des Austromarxismus"

ökonomischen Schriften Bauers und Renners immer wieder; sie wurde geradezu zum Leitmotiv austromarxistischer Politik der Zwischenkriegszeit. Und wenn den Austromarxisten von linken Kritikern vorgeworfen wurde, die politische Revolution 1918/19 nicht in eine soziale weitergeführt zu haben, so wird ihnen zumindest in diesem Punkt unrecht getan: die Errichtung einer „proletarischen Diktatur" in einem „revolutionären Akt" widersprach schlicht und einfach ihrem Theorie-, Politik- und Demokratieverständnis. Statt dessen nützten sie die revolutionäre Nachkriegssituation, einem angeschlagenen Bürgertum eine entwickelte und umfassende Sozialgesetzgebung sowie einige Konzessionen in der Sozialisierungsfrage abzuringen. Dies in der Überzeugung, daß der Staatsapparat nach den Bedürfnissen der Arbeiterschaft umgestaltet werden könne und die Schaffung eines institutionellen Netzes zuließe, das der Arbeiterbewegung allmählich die Kontrolle über Schlüsselstellen in Wirtschaft und Gesellschaft überantworten würde.

Als gleichsam „Erbe" der liberalen Tradition in Österreich blieb die Sozialdemokratie dem Prinzip der graduellen Machtergreifung durch demokratische Wahlen hundertprozentig verbunden. Diktatur und Gewaltanwendung zur Erreichung dieses Zieles lehnte sie ab. Diese Strategie, die klar im Vermächtnis und den Traditionen des Vorkriegssozialismus wurzelt, hing jedoch letztendlich von der Annahme eines konstanten Wachstums nicht nur der Partei, sondern auch der kapitalistischen Marktwirtschaft ab.

Für die Arbeiterschaft der Industriestaaten Europas und Amerikas jedenfalls wären gänzlich andere Wege zum Sozialismus als der in Rußland beschrittene relevant; die Staatsmacht müsse mit den Mitteln der Demokratie erobert und auf friedlichem Weg die Kooperation mit der industriellen Bürokratie und der Bauernschaft gesucht werden. In diesem Zusammenhang ist auch das Agrarprogramm von 1925 zu sehen, das – obwohl sich die Austromarxisten vornehmlich als Anwalt der industriellen Entwicklung gegenüber dem herrschenden Agrarprotektionismus verstanden – der internationalen Sozialdemokratie ein bis dahin tabuisiertes Arbeitsfeld eröffnete. Was die neue österreichische Republik betraf, die, abgeschnitten von ihren Rohstoffressourcen und zollgeschützten Absatzmärkten, aus den Trümmern des Habsburgerreiches hervorgegangen war, so stellten „kapitalistische Restauration" oder „proletarische Diktatur" für Bauer und die Austromarxisten keine gangbaren Alternativen dar. Die konkreten historischen Gegebenheiten hätten hier in der Nachkriegszeit eine neue Situation geschaffen, in der keine Klasse ohne die zumindest stillschweigende Zustimmung der anderen ihre Herrschaft ausüben konnte. Bauer entwickelte daraus seine Theorie des „Gleichgewichts der Klassenkräfte", die noch in der neuesten Literatur heftig umstritten ist. Unter seiner Führung versuchte die österreichische Sozialdemokratie jedenfalls ein neues Konzept der politischen Macht zu entwickeln, das sich sowohl vom passiven Reformismus der Zweiten Internationale wie auch vom Bolschewismus strikt abgrenzte.

Die zentralen Prämissen austromarxistischer Politikkonzeption sind im Linzer Programm des Jahres 1926 – verfaßt von Otto Bauer, dem „Herz und Hirn des Austromarxismus" – zusammengefaßt. Nur eine geschulte und disziplinierte, klassenbewußte Arbeiterschaft, die die geistige und kulturelle Hegemonie über die von ihr geführte Volksmehrheit erlangt hatte, konnte demnach der Garant für die Eroberung der Demokratie sein. Der austromarxistische Demokratiebegriff implizierte als ein zentrales Element den geistigen Kampf um die Mehrheit des Volkes. Man werde den Sozialismus aufbauen müssen unter voller Aufrechterhaltung der bürgerlichen Freiheiten, der Freiheit der Versammlung und der Presse, des Wortes und der Schrift. Nur so sei garantiert, daß eine sozialistische Regierung der Volksmehrheit verantwortlich bleibe und entsprechend handeln müsse. Das Linzer Programm hatte die Partei zudem auf eine Strategie der „defensiven Gewalt" festgelegt. In dem Fall, daß die bürgerlichen Parteien einen auf demokratischem Weg errungenen sozialistischen Sieg mit Waffengewalt brechen wollten, müßte die Sozialdemokratie die Republik im Bürgerkrieg und kurzfristig mit den Mitteln der Diktatur des Proletariats sichern. Diese Diktatur dürfe jedoch keinesfalls gegen die Demokratie gerichtet sein, sie müsse vielmehr ihrer Wiedererrichtung dienen. Es war eine heftig umstrittene Passage, eine Kompromißformel, die vor allem auf die weitere Integration des linken Parteiflügels abzielte. Die Konzeption der defensiven Gewalt bestimmte die Reorganisation des Republikanischen Schutzbundes nach dem Massaker des 15. Juli 1927 als disziplinierte und tendenziell entpolitisierte Parteiarmee ebenso wie sie in ihrer propagandistischen Auswertung durch die bürgerlichen Parteien nicht unwesentlich zur Polarisierung der politischen Lager beitrug.

Es ist häufig argumentiert worden, daß die Sozialdemokratie mit der Ablehnung des Seipelschen Angebotes zu einer Teilnahme an einer Konzentrationsregierung möglichst aller im Nationalrat vertretenen Parteien vom 19. Juli 1931 eine letzte realistische Möglichkeit verspielt habe, die Demontierung der parlamentarischen Demokratie und damit letztendlich auch ihre eigene Ausschaltung aus der österreichischen Politik zu verhindern. Nun war dieses Angebot Seipels durchaus von Taktik bestimmt gewesen. Die Regierungsteilnahme hätte die Sozialdemokraten gezwungen, die ungeheuren sozialen Lasten eines restriktiven Sanierungskurses mitzutragen und mitzuverantworten, sie mithin als stärkste Stütze der demokratischen Republik erst recht gravierend geschwächt. Aus diesen Gründen lehnte selbst Karl Renner, der sich ab 1927 zunehmend um eine Modifizierung von Bauers hartem Oppositionskurs bemühte, das Angebot ab.

Abgesehen von ihrer Teilnahme an der Großen Koalition der Jahre 1919 und 1920, die unter sozialdemokratischer Führung stand und auf sozialpolitischem Gebiet einige wesentliche Errungenschaften erzielen konnte, legte sich die SDAP auf eine Politik der fundamentalen Opposition fest. Dem lag eine mechanistische Geschichtsauffassung zugrunde, die davon ausging, daß der Kapitalismus an seinen ihm immanenten und von ihm selbst produzierten Widersprüchen scheitern müsse; eine nicht zuletzt Bauer geschuldete geschichtsphilosophische Prämisse eines „notwendigen" Übergangs vom Kapitalismus zum Sozialismus. In außenpolitischer Hinsicht wurde – eindeutig in Weiterführung der deutschnationalen Positionen der Vorkriegssozialdemokratie – der Anschluß an die deutsche Republik forciert. Erst am außerordentlichen Parteitag im Oktober 1933, der bereits in einer Atmosphäre der Halblegalität abgehalten werden mußte, wurde unter dem Eindruck der Machtergreifung Hitlers in Deutschland der Anschlußparagraph aus dem Parteiprogramm gestrichen.

Kultur als Substitut

Die österreichische Sozialdemokratie hatte sich seit ihren Anfängen vor allem als Kulturbewegung gesehen und definiert. Die Konzeptionen vor allem eines Victor Adler zielten auf die Schaffung politischer Symbole, auf die Institutionalisierung einer Reihe von Parteifesten, die mit einem regelrechten Ritus ausgestattet wurden. Die alljährlichen Großdemonstrationen und Feste am 1. Mai stellen das wohl bekannteste Beispiel für diese Versuche, über den politischen Alltag hinaus eine tiefe emotionale Bindung breiter Massen an die Partei herzustellen, dar. In Zeiten des Stillstandes erwies sich die Installierung einer Art von Parteiregie als wirksames Mittel zum Aufbau einer Massenpartei. Einem Ziel, dem auch die Gründungen von sozialdemokratischen Kulturvereinen, Arbeiterbibliotheken, Theater- und Konzertvereinen, Abstinentenbund usw. dienten. Sie rundeten die Arbeiterpartei immer mehr zu einem „Gesamtkunstwerk" ab, in dem persönliche Emanzipation und politische Tätigkeit verknüpft werden sollten.

Die Austromarxisten übernahmen und instrumentalisierten diese Konzeption. Eine schrittweise Umgestaltung in Richtung sozialistischer Gesellschaft sahen sie eng an die Veränderung des Individuums in „soziali-

Dankesurkunde für Parteimitgliedschaft: Das Leben des einzelnen in einen historischen und existentiellen Sinnzusammenhang gestellt
Kat. Nr. 1/10/21

Rote Nelken-Verkäuferin: Tiefe emotionale Bindung an die Partei
Kat. Nr. 1/10/9

1. Mai: Ritus des Gesamtkunstwerks Partei
Kat. Nr. 1/10/8

stisch-solidarischem Sinne" gebunden; das heißt, an die Schaffung und Vorwegnahme eines „Neuen Menschen" innerhalb der bestehenden Verhältnisse im Rahmen einer Strategie eines „antizipatorischen Sozialismus". Es wurde ein komplexes und überaus dichtes Netz von Neben-, Kultur- und Vorfeldorganisationen aufgezogen, gleichsam ein globales alltagskulturelles „Aussteigersystem", ein „Staat im Staat", der das Leben des einzelnen in einen historischen und existentiellen Sinnzusammenhang stellen und ihm Sicherheit, Selbstbewußtsein und Zukunftsgewißheit vermitteln sollte. Zu den größten und bedeutendsten Organisationen dieser Art gehörten Arbeiterjugendbewegung, ASKÖ, Naturfreunde, Freie Schule – Kinderfreunde, Freidenkerbund, der Feuerbestattungsverein „Die Flamme". Daneben gab es Organisationen wie Esperantobund, Schachbund, Arbeiter-Radiobund, Arbeiter-Briefmarkensammler, Bund der Arbeiter-Alpinen-, Gebirgs-, Trachtenerhaltungs- und Volkstanzvereine, Verband der Kleingärtner, Siedler und Kleintierzüchter, Arbeiter-Jäger- und Schützenverband, Arbeiterfischer, Arbeiterflugsportler usw.

Diese Strategie des umfassenden Aufbaus eines gegenkulturellen Netzwerks hat vor allem im Roten Wien eine erstaunlich adäquate Umsetzung erfahren. In dem Ausmaß aber, in dem sich die politischen Verhältnisse verschlechterten und die Umgestaltung der Wirtschaftsordnung in eine ferne, wenngleich auch nachgerade determinierte sozialistische Zukunft projiziert wurde, ist dem subjektiven Faktor „sozialistische Lebensreform" übergroße Bedeutung zugeschrieben worden. Es sollte zudem nicht übersehen werden, daß wichtige Aspekte dieser scheinbar autochthonen Arbeiterkultur mit ihren oft sehr rigiden Zügen nichts anderes waren als Ausdruck einer sich international entwickelnden modernen Industriekultur oder auch popularisierte Versionen ehemals reformbürgerlicher Ansätze. Und: Sollte das Arbeiterleben in seiner Gesamtheit erfaßt und verändert werden, so verlangte dies Führung von oben, Interventionen und bürokratische Eingriffe. Trotz aller durchaus ernsthaften Ambitionen zur Demokratisierung der inneren Organisationsstrukturen (wie sie etwa im Parteistatut von 1926 ihren Ausdruck fanden) zeigt auch die österreichische Sozialdemokratie Merkmale, wie sie die Mitgliedsparteien der Zweiten Internationale insgesamt kennzeichnen: oligarchische Tendenzen und hierarchischer Organisationsaufbau, Willensbildung von oben nach unten. Nun gab es zwischen dem kulturellen Verhalten, den Auffassungen und Bedürfnissen der politischen Eliten und jenen der Basis massive, wenn nicht unüberbrückbare Unterschiede, was für die Sozialdemokratie ein umso schwerwiegenderes Problem darstellte, als eben die Verbindung von Kultur und Politik ein zentrales Moment ihrer Strategie war. Diese Dichotomie zwischen Führung und Massenbasis wurde auch im kulturellen Experiment des Roten Wien niemals aufgehoben; historisch gewachsene und existierende Arbeiter-Subkulturen sowie popularkulturelle Formen wurden bekämpft oder verächtlich gemacht, der sich entwikkelnden kommerziellen Massenkultur – die

Gruppe der Sozialistischen Arbeiterjugend: Dichtes Netz von Neben-, Kultur- und Vorfeldorganisationen
Kat. Nr. 2/5/2

Die Parteiführung grüßt die Mitglieder: Dichotomie zwischen Führung und Massenbasis
Kat. Nr. 1/10/14

einen immer bedeutenderen Stellenwert in der Arbeiterfreizeit einnahm – stand man größtenteils verständnislos gegenüber.

Über eine ständige Mobilisierung der von den Nebenorganisationen erfaßten Massen wurde das Leitbild des schönen, starken, gebildeten, kollektiven Neuen Menschen propagiert – zelebriert in ästhetisch verfeinerten Massenaufmärschen und ästhetisch überhöhten Massenfestspielen (wie beispielsweise anläßlich der Arbeiterolympiade 1931 oder des Maifestspiels 1932 im Wiener Stadion). Die disziplinierten Massen symbolisierten gleichzeitig Stärke und Beschränkung, Drohung und Zähmung, sie waren Symbol für revolutionären Idealismus ebenso wie für die puritanische Nüchternheit des Industriezeitalters. Das Scheitern der österreichischen Sozialdemokratie der Zwischenkriegszeit liegt nicht zuletzt darin begründet, daß sie schlußendlich der von ihr selbst erzeugten Massensuggestion erlag, indem sie ihre sich ständig verringernde gesellschaftliche und politische Macht durch die Stärke und Schönheit des inszenierten Rituals zu kompensieren versuchte und schließlich scheinrevolutionäres Pathos an die Stelle konkreter Aktionen setzte.

Ein munizipaler Sozialismus
Der Erste Weltkrieg hat die Arbeitermassen revolutioniert. Der fundamentale Radikalismus der tausenden und abertausenden Heimkehrer und Kriegsinvaliden, die allgemeine Hungersnot, unvorstellbare soziale und hygienische Verhältnisse, grenzenlose Wohnungsnot, das allgegenwärtige Gespenst einer drohenden, massenhaften Arbeitslosigkeit, die qualitativ neuen Organisationsformen der Arbeiter- und Soldatenräte, die zum überwiegenden Teil radikal linke Positionen einnahmen und zu einer zentra-

Leitbild des schönen, starken, gebildeten, kollektiven Neuen Menschen
Kat. Nr. 3/9/8

len Gegenmacht in dem sich eben erst formierenden neuen staatlichen Gebilde wurden – all dies konstituierte eine Atmosphäre der sozialen Revolution. In dieser Situation setzten sowohl die Gewerkschaften als auch die Sozialdemokratische Partei – die aus den Wirrnissen des Zusammenbruchs der Habsburgermonarchie als einzige gestärkt hervorgegangen waren – ihre gesamte Autorität ein, um die Entwicklung des neuentstehenden Kleinstaates in demokratischen Formen zu garantieren.

Die österreichische Industrie hatte mit dem Zerfall des alten Reiches sechs Siebentel ihrer alten, zollgeschützten Absatzgebiete verloren. Sobald sich die kaiserliche Armee aufgelöst hatte, sobald ihr Gewaltapparat nicht mehr imstande war, die auseinanderstrebenden Nationen zusammenzuhalten, zerfiel das habsburgische Reich. Nachdem sich die anderen Nationen losgerissen und verselbständigt hatten, blieb Deutschösterreich als ein ohnmächtiger Kleinstaat zurück, abgeschnitten von seinen traditionellen Rohstofflieferanten und seinem agrarischen Hinterland. Es blieb zurück als ein Staat in höchster Not, der für keine vierzehn Tage Lebensmittel und Kohle hatte, sofern die Siegermächte nicht bereit waren, diese zu liefern. Partei und Gewerkschaften war somit klar, daß ein ernster Konflikt mit den Siegermächten, der im übrigen auch die Gefahr eines Bürgerkrieges heraufbeschworen hätte, nicht gewagt werden konnte. Die Ohnmacht gegenüber den Siegermächten zwang, wie dies Otto Bauer formulierte, die Revolution in die Schranken der bürgerlichen Demokratie. Eine Erkenntnis, die durch den schnellen Zusammenbruch der rätedemokratischen Experimente in Ungarn und in München nur verdeutlicht wurde. Aber es waren auch diese Bedingungen, die unter dem Druck der revoltierenden Arbeitermassen dem demokratischen und reformistischen Sozialismus seine bislang größten Erfolge ermöglichten. Bald nach Kriegsende hatte eine bedeutende internationale Retablierungskonjunktur eingesetzt, die Inflation zerstörte zwar Kapitalien, erhöhte aber auf längere Sicht die Massenkaufkraft, die Löhne stiegen schnell, die Macht der Arbeiter im Betrieb und im Staat wuchs, die Gewerkschaften und die Arbeiterpartei konnten immense Zuwachsraten bei den Mitgliederzahlen verbuchen und wurden so zu einem zentralen Träger des politischen Lebens.

Auf wirtschaftlichem Gebiet hingegen blieben zentrale Problemfelder offen. Insbesondere die durch eine überdimensionierte Rüstungsproduktion geschaffenen Überkapazitäten in der Eisen-, Stahl- und Metallindustrie sowie die Auflösung der großräumigen Arbeitsteilung, die sich im Rahmen der Habsburgermonarchie entwickelt hatte, stellten die österreichische Industrie vor schier unlösbare Probleme. Halbherzige Sozialisierungsversuche nach dem Gesetz über die Errichtung gemeinwirtschaftlicher Betriebe aus dem Jahre 1919 waren kläglich ge-

Die sozialdemokratische Volkswehr verteidigt 1919 das Parlament: Die Revolution in die Schranken der bürgerlichen Demokratie gezwängt
Kat. Nr. 1/4/5

scheitert und die sozialdemokratischen Konzeptionen zu einer Vergesellschaftung lebenswichtiger Betriebe vor allem der Grund- und Schwerindustrie bald obsolet geworden. Nach dem Zerfall der Großen Koalition 1920 orientierte sich die Sozialdemokratie an einer Politik der prinzipiellen Opposition, und insbesondere nach dem Desaster der spontanen Revolte der Wiener Arbeiterschaft im Juli 1927 beschränkte sie sich auf eine reine Defensivpolitik und zog sich auf ihr Aufbauwerk in den großen Städten und in den Industrieregionen zurück.

Die Kommunalpolitik – und hier insbesondere in Wien, das 1920 Bundesland geworden war, womit gänzlich andere Finanzierungsmöglichkeiten von kommunalen Projekten gegeben waren – wurde zur einzigen Umsetzungsmöglichkeit der austromarxistischen Theorie im öffentlich-rechtlichen Bereich. Mit dem Aufbau des Projektes eines „munizipalen Sozialismus" in Wien – der ersten Millionenstadt unter sozialdemokratischer Verwaltung – wurde ein aktives und radikales Reformprogramm umgesetzt und das Rote Wien zum ersten praktischen Beispiel einer langfristigen sozialistischen Strategie zur Umformung einer gesamten metropolitanen Infrastruktur. Der Wiener Kommunalpolitik wurden im Selbstverständnis der Partei Vorbildcharakter und ein entscheidender Stellenwert in der Erlangung sozialistischer Hegemonie auf gesamtstaatlicher Ebene zugewiesen; eine Politik, die unleugbare Erfolge erzielen konnte und in der überwiegenden Mehrheit der Bevölkerung auf ungeteilte Zustimmung stieß.

Kernstücke der kommunalen Reformstrategie waren – neben der von Otto Glöckel initiierten und betriebenen Schulreform – die Wohnungspolitik und das Fürsorgewesen. Die Fürsorgepolitik, die als „Wiener System" Berühmtheit erlangen sollte, ist eng an das Wirken des Anatomen Julius Tandler gebunden. Als notwendige Ergänzung zur Sozialgesetzgebung der Koalitionsperiode unter Ferdinand Hanusch konzipiert, konzentrierte sie sich bald auf die Jugendfürsorge. Tandler ging in Ablehnung der traditionellen „Wohltätigkeit" von der gesellschaftlichen Verpflichtung zur und dem individuellen Recht auf Sozialfürsorge aus. In ihrer Mehrzahl waren die fürsorgerischen Maßnahmen familienbezogen und zielten auf ein höheres familiales Reproduktionsniveau über höhere Standards im Bereich der Kinder- und Säuglingspflege und des elterlichen Erziehungsverhaltens, im Fall desolater Familienverhältnisse auf deren Ersatz durch Jugendheime. Zu diesem Zweck wird ab 1922 ein dichtes System der fürsorgerischen Beratung und Kontrolle geschaffen.

Wie immer man heute zu dieser Politik stehen mag, die Erfolge des Roten Wien waren sicht- und greifbar. Am 21. September 1923 beschloß der Wiener Gemeinderat kurz vor den anstehenden Parlamentswahlen ein auf fünf Jahre berechnetes Wohnbauprogramm, wobei ab 1924 jährlich 5000 Kleinwohnungen errichtet werden sollten. Bereits 1927 war dieses Plansoll erfüllt, und am 27. Mai dieses Jahres wurde der weitere Bau von jährlich 6.000 Wohnungen bis 1932 beschlossen. 1933 verwaltete die Gemeinde insgesamt 58.667 Wohnungen und 5.257 Siedlungshäuser; 10,8 % aller Wiener wohnten darin. Die Gemeinde vermeinte in gigantischen Superblocks – den sogenannten „Volkswohnpalästen" – die Lösung der Arbeiterwohnfrage gefunden zu haben; immerhin hätte es einer Gartenstadt von 7,5 km^2 bedurft, um Siedlungshäuser mit 20.000 Wohnungen derselben Größe zu bauen. Auch garantierte eine Maximalverbauung von 40 % der Grundstücke (bei späteren Bauten 30 %) gegenüber der erlaubten „Spekulationsverbauung" der alten Zinskasernen von 85 % die Anlage geräumiger, begrünter und lichtdurchfluteter Innenhöfe. In beinahe allen Höfen befanden sich Kinderspielplätze, in vielen Kinderplanschbecken. In den Wohnungen waren Vorräume, eigenes WC, Wasserleitungen, Gas und/oder Elektrizität obligat, außer in wenigen, anfänglich errichteten Bauten waren Schlaf- und Wohnzimmer mit Hartholz ausgelegt; überdies hatten viele der Wohnungen einen eigenen Balkon. Die sozialdemokratischen Kommunalpolitiker sprachen enthusiastisch von einer „neuen, proletarischen Wohnkultur", um so mehr, als die größeren Anlagen mit Kindergärten und -horten, Spielsälen für Kinder, Mütterberatungsstellen, Schulzahnkliniken, Tuberkulosestellen, Leseräumen und Bibliotheken, Versammlungs- und Sektionslokalen, Turnhallen, Zentralwaschküchen, Brause- und Wannenbadeanlagen ausgestattet waren.

Bei der Finanzierung wurden völlig neue Wege beschritten, Finanzstadtrat Hugo Breitner führte direkte Steuern ein. Die Wohnbausteuer war zweckgebunden und unterlag ebenso wie die Verbrauchssteuern einer extremen Progression. Mit dem Breitnerschen Steuersystem, finanzpolitische Voraussetzung für die gesamte Wiener Kommunalpolitik der Zwischenkriegszeit, setzte die Gemeinde eine Umstrukturierung ihrer Volkswirtschaft in Gang. Ziel war die Ausweitung des kommunalen Sektors und die Erhöhung der lokalen industriellen Investitionen zu Lasten des Luxuskonsums und des ausländischen Anlagemarktes. Als durch einschneidende staatliche Eingriffe 1932 die Wohnbausteuer ihren ursprünglichen Charakter verlor, mußten die Wohnbauinvestitionen radikal gesenkt werden; der kommunale Wohnbau kam dadurch praktisch zum Erliegen.

Wie groß auch immer die Erfolge des reformistischen Rathaussozialismus gewesen sein mögen, das Schicksal der österreichischen Arbeiterschaft wurde von einem tiefgreifenden ökonomischen Schrumpfungsprozeß entscheidend mitbestimmt. Seit dem Jahre 1923 herrschte eine strukturelle Massenarbeitslosigkeit, die noch durch die nach 1929 mit aller Vehemenz einsetzende Weltwirtschaftskrise verschärft wurde. Ein immer schärferer Widerspruch entstand zwischen der durch die Krise sukzessive kleiner werdenden gesellschaftlichen und ökonomischen Macht der Arbeiterschaft und ihrem zähen Festhalten an den politischen und sozialen Errungenschaften der Jahre 1918/1919. Sozialismus, so formulierten es die austromarxistischen Theoretiker in ehrlicher Überzeugung, ist die Selbstbestimmung der Arbeiterklasse. Er ist ohne die initiative Rolle der Arbeiterschaft nicht möglich. Es gehört zur besonderen Tragik der österreichischen Sozialdemokratie, daß sie, gefangen in ihrer doppelten Strategie des antizipatorischen Sozialismus und der defensiven Gewalt, dieser Initiative genau in dem Moment entgegentrat, als die österreichische Rechte die parlamentarischen Formen ihrer Herrschaft durchbrach. Und es gehört zu den Verdiensten der österreichischen Arbeiterschaft, daß ihre letzten kampfbereiten Reste der autoritären Rechten im Februar 1934 – in einem aussichtslosen Kampf und gegen den Willen der Parteiführung – entgegentraten.

Wahlplakat 1927: Das Rote Wien als Beispiel für die Umformung einer gesamten metropolitanen Infrastruktur
Kat. Nr. 3/6/3

Literatur

Detlev Albers, Horst Heimann und Richard Saage (Hg.): Otto Bauer – Theorie und Politik. Berlin 1985.

Tom Bottomore und Patrick Goode: Austromarxism. Oxford 1978.

Josef Buttinger: Am Beispiel Österreichs. Ein geschichtlicher Beitrag zur Krise der sozialistischen Bewegung. Köln 1953.

Alfred G. Frei: Rotes Wien. Austromarxismus und Arbeiterkultur. Sozialdemokratische Wohnungs- und Kommunalpolitik 1919–1934. Berlin 1984.

Erich Fröschl und Helge Zoitl (Hg.): Otto Bauer (1881–1938). Theorie und Praxis. Wien 1985.

Ernst Glaser: Im Umfeld des Austromarxismus. Ein Beitrag zur Geistesgeschichte des österreichischen Sozialismus. Wien 1981.

Helmut Gruber: Red Vienna. Experiment in Working-Class Culture 1919–1934. New York, Oxford 1991.

Charles A. Gulick: Österreich von Habsburg zu Hitler. Wien 1948.

Hans Hautmann und Rudolf Hautmann: Die Gemeindebauten des Roten Wien. Wien 1980.

Franz Kadrnoska (Hg.): Aufbruch und Untergang. Österreichische Kultur zwischen 1918 und 1938. Wien 1981.

Helmut Konrad und Wolfgang Maderthaner (Hg.): Neuere Studien zur Arbeitergeschichte. Zum fünfundzwanzigjährigen Bestehen des Vereins für Geschichte der Arbeiterbewegung. Wien 1984.

Peter Kulemann: Am Beispiel des Austromarxismus. Sozialdemokratische Arbeiterbewegung in Österreich von Hainfeld bis Dollfuß. Hamburg 1979.

Dieter Langewiesche: Zur Freizeit des Arbeiters. Stuttgart 1980.

Norbert Leser: Zwischen Reformismus und Bolschewismus. Austromarxismus als Theorie und Praxis. Wien 1968.

Raimund Löw: The Politics of Austromarxism. In: New Left Review. 118, Dezember 1979, S. 15–51.

Raimund Löw, Siegfried Mattl und Alfred Pfabigan: Der Austromarxismus. Eine Autopsie. Drei Studien. Frankfurt/Main 1986.

Wolfgang Maderthaner: Kommunalpolitik im Roten Wien. Ein Literaturbericht. In: Archiv für Sozialgeschichte. Band XXV. Bonn 1985, S. 240–250.

Helene Maimann (Hg.): Die ersten hundert Jahre. Österreichische Sozialdemokratie 1888–1988. Wien 1988.

Alfred Pfoser: Literatur und Austromarxismus. Wien 1980.

Anson Rabinbach: The Crisis of Austrian Socialism. From Red Vienna to Civil War 1927–1934. Chicago 1983. In der deutschen Übersetzung erschienen als: Vom Roten Wien zum Bürgerkrieg. Wien 1989.

Anson Rabinbach: The Austrian Socialist Experiment. Social Democracy and Austromarxism 1918–1934. Boulder, London 1985.

Karl Slabik: Julius Tandler. Mediziner und Sozialreformer. Eine Biographie. Wien 1983.

Reinhard Sieder: Zur alltäglichen Praxis der Wiener Arbeiterschaft im ersten Drittel des 20. Jahrhunderts. Habilitationsschrift. Wien 1988.

J. Robert Wegs: Growing Up Working Class. Continuity and Change among Viennese Youth 1890–1930. Pennsylvania, London 1988.

Josef Weidenholzer: Auf dem Weg zum „Neuen Menschen". Bildungs- und Kulturarbeit der österreichischen Sozialdemokratie in der Ersten Republik. Wien 1981.

**Architektur
und Raum**

Karl Mang

Architektur und Raum

Gedanken zum Wohnbau im Roten Wien

Der kommunale Wohnbau der Stadt Wien in der Zwischenkriegszeit als Beitrag zur Geschichte der modernen Architektur, vor allem als Lösung des so wichtigen Problems der Neubeschaffung von Wohnraum für eine bisher benachteiligte Klasse, wies durch seine taktvolle Einbindung in die gewachsene Struktur der Stadt einen Weg, der über 40 Jahre lang in manchen seiner Leistungen zu wenig Beachtung fand. Erst heute, in einer Zeit, die nicht mehr so unbedingt an den reinen Funktionalismus glaubt (ohne ihn allerdings aus Gründen der Opportunität zu verdammen) und wieder überlieferte Werte in den Vordergrund stellt (dabei aber leider nur zu oft in eine übertriebene Nostalgie verfällt), kann diese Möglichkeit einer Stadtveränderung, sowohl vom städtebaulichen als auch vom gesellschaftspolitischen Standpunkt aus, als ein durchaus gangbarer Weg zur Verhinderung des Entstehens einer „Megalopolis" gesehen werden. (...)

Ansätze zur Architektur einer veränderten Gesellschaft werden sichtbar. Nicht durch Revolution, sondern durch Evolution wird der Begriff des „Wohnhauses des Proletariats" vermenschlicht, eine Stufe höher gestellt – immer im Rahmen der damaligen finanziellen Möglichkeiten – und Werten zugeführt, die vielleicht erst heute sichtbar werden. Der große, weite und mit Bäumen bepflanzte Hof, in dem Kinder spielen können und der der Gemeinschaft dient, ist nicht „ländlich", sondern im besten Sinne „urban".

„Stadt" – nicht „Megalopolis" wird angestrebt und gesellschaftspolitisch durch eine durchaus gezielte Vermögensumschichtung ermöglicht. Bei aller Monumentalität der großen Höfe (fälschlich „Superblocks" genannt) entsteht durch den Einsatz einer Vielzahl gestaltender Architekten insgesamt so etwas wie eine Architektur der Stille, nie revolutionär, sogar oftmals kleinbürgerlich, aber in den besten Beispielen durch Einordnung und einen nicht abzuleugnenden Charme vielleicht nur optisch im Gegensatz zu den Strömungen der Zeit stehend. Eine Sonderleistung, die das wichtigste städtebauliche Anliegen unserer Zeit, nämlich die konsequente Gestaltung, aber auch die Veränderung von Wohnvierteln, im positiven Sinne vorwegnimmt.

Karl Mang: Architektur einer sozialen Evolution. In: Kommunaler Wohnbau in Wien. Aufbruch – 1923 bis 1934 – Ausstrahlungen. Katalog zur gleichnamigen Ausstellung. Wien 1978

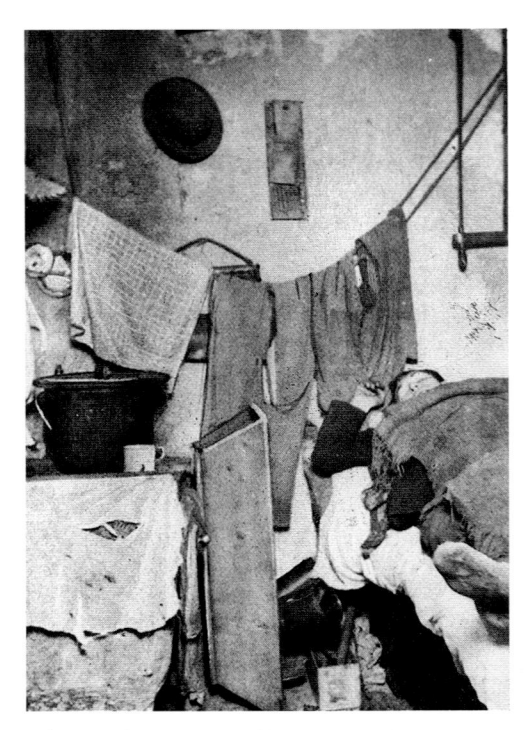

Arbeiterwohnraum um 1900
Kat. Nr. 3/1/1

Revolution oder Evolution?

Der Weg zur „Modernen Architektur" und zu den sich daraus ergebenden städtebaulichen Tendenzen, getragen etwa durch die Vorbilder der russischen Revolutionsarchitekten, die Entwicklungen im Bauhaus, die frühen städtebaulichen Arbeiten Le Corbusiers, war ein sichtbar revolutionärer. Den öden, kaum mehr als bewohnbar zu bezeichnenden grauen Vorstädten ohne Licht und ohne Hoffnung wurde die Vision radikal in neuen Raumbezügen geordneter und in Grün gebetteter Wohnhäuser, lichtdurchfluteter und heller Wohnungen gegenübergestellt. In Wien, einer Stadt, nach dem Ersten Weltkrieg vom Schicksal eines verlorenen Krieges geschlagen, ja in ihrer Existenz bedroht und in ihrem Wachstum behindert durch das Auseinanderbrechen der Habsburgermonarchie, hätte der kühne Versuch einer Revolution (sinngemäß der Russischen) in Architektur und Städtebau eine vorerst jahrelange theoretische Phase bedeutet, deren praktische Auswirkung eine Steigerung des Wohnungselends gewesen wäre. Eine Entwicklung, die versuchte, bestehende Ordnungen langsam, tastend zu ändern, war Realität in der Vision des sozialen Umbruchs. Überdies setzte eine Revolution auf den Gebieten der Architektur und des Städtelebens zwar nicht zwangsläufig eine Revolution im gesellschaftlichen und damit politischen Bereich voraus, doch zumindest den theoretischen Willen dazu. Die Wiener Sozialdemokratie entschied sich gegen die Revolution und für einen evolutionären Weg der gesellschaftlichen Veränderung.

„Evolutionär" heißt, daß die Architektur der Wohnbauten von einer durch die Bauaufgaben der Bürgerstadt des 19. Jahrhunderts geprägten, konservativ geschulten und sich erst tastend an den neuen Aufgaben versuchenden Architektenschaft geplant wurde, in aller Vielfältigkeit einander widersprechender Schulen und Formen. Die Finanzierung durch eine Art Umverteilung und nicht durch eine radikale Enteignung von Vermögenswerten war zwar neu, doch nicht revolutionär – dies hätte eine Enteignung des Vermögens aller, besonders aber die Enteignung von größtenteils in Privatbesitz befindlichem Grund und Boden bedeutet. Evolutionär war die Einordnung in eine bestehende Stadtstruktur. Kaum irgendwo wurde der Versuch unternommen, der gewachsenen Bürgerstadt, aber auch den desolaten Arbeitervierteln neue Architektur- und Städtebauelemente aufzuzwingen oder an den Randbereichen neu entstehen zu lassen. Revolutionär war allerdings der geglückte Versuch, der Arbeiterschaft (dem Proletariat) in den „Höfen" durch Verzicht auf kapitalistisches Mietzinsdenken ein abgesichertes, menschenwürdiges Wohnen zu gewährleisten und diesen Wohngemeinschaften durch Einrichtungen vielfältigster Art alle soziale Hilfe angedeihen zu lassen. Gerade in diesem Bereich lag – und liegt – die tatsächliche „Revolution", die uns heute wichtiger erscheinen müßte als alle denkbaren, aber damals kaum zu realisierenden „modernen" Visionen auf dem Gebiet der Architektur und des Städtebaus.

Bauen hat seine Wurzeln im baulichen Geschehen vorangegangener Generationen. Im Zuge der rasanten Entwicklung der Städte im 19. Jahrhundert kann man bei der Schaffung von Arbeitervierteln mit wenigen Ausnahmen weder von Architektur noch von Stadtbaukunst sprechen. Im Wien des 19. Jahrhunderts, dies gilt für die Ringstraße ebenso wie für die bürgerlichen Bezirke innerhalb des Gürtels und die Arbeiterviertel

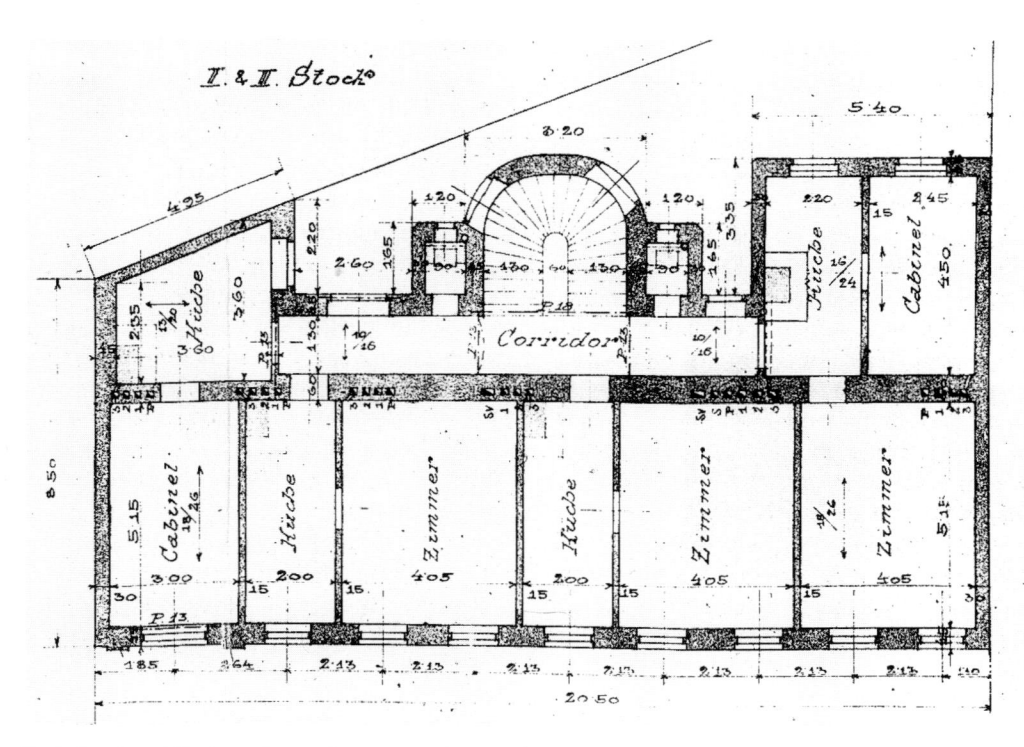

Typischer Grundriß eines „Bassenahauses" aus der Gründerzeit
Kat. Nr. 3/1/2

der neuen Vorstädte, gehorchte die Stadterweiterung kapitalistischen Gesetzen. Entlang bestehender Verkehrsverbindungen (im gleichen Maß gültig auch für die neuangelegte Ringstraße) entstanden Randverbauungen blockartiger Gebilde. An der Ringstraße waren es herrschaftliche Häuser (nur zu oft mit dem Talmiglanz historisierender, dem Katalog entnommener Architekturelemente versehen), die Hauptfenster der aufgereihten Wohnhäuser gegen die Straßenzüge, mit Höfen, die gerade so groß waren, wie es die bestehende Bauordnung erforderte, und die damit im Sinn kapitalistischen Bauens eine optimale Grundstücksausnutzung ergaben. Sogar in den geplanten neuen Villenvierteln, etwa im Währinger Cottage, rückte man die Villen so nahe aneinander, daß kaum benutzbare Gärten entstanden, so daß lediglich der baumbepflanzte Straßenraum eine Art Erweiterung des Grünraums ergab. Immer dichtere Verbauungen der blockartigen Parzellen der Arbeiterviertel ergaben trostlose Straßenzüge ohne Ende. Das Elend der lichtlosen Arbeiterwohnungen mit Klosett und Wasser am Gang, kaum als Wohnungen, sondern als kümmerliche Unterkünfte zu bezeichnen, mit hohen Mietzinsen und Bettgehern, hatte einen Zustand erreicht, der dringend einer Sanierung bedurfte. In den Vorstädten verkümmerte die „Hofbildung" nur zu oft zu einem „Lichthof", eine Verbauung, die keineswegs Licht, kaum mehr die nötige Luftzufuhr ermöglichte. War tatsächlich ein Hof vorhanden, entstanden Werkstätten und Lagerräume, lärmend und geruchsbelästigend.

Die Voraussetzungen
In dieser Situation, lange noch vor dem Ersten Weltkrieg (1896), entstanden die frühen sozialdemokratischen Wohnbauprogramme.[1] Die Vorschläge beschränkten sich weitgehend auf die Beobachtung vorhandener Verhältnisse und versuchten, die schlimmsten Zustände zu verbessern, etwa durch eine neue Bau- und Wohnungsordnung zur Verhinderung der Vermietung sanitätswidriger Wohnungen, durch Förderung eines „gesunden Wohnens" und durch die Förderung des Erwerbs unverbauter Grundstücke im großen Maßstab durch die Stadtverwaltung, um darauf billige Wohnungen bauen zu können.

In der Folge wird das Hauptaugenmerk auf den Vorschlag gerichtet, Wohnungen auf gemeindeeigenem Grund zu errichten, für die kein höherer Mietzins als die Selbstkosten und ein mäßiger Zinssatz zu verlangen wären. 1919 steht die Qualität der zu erbauenden Wohnungen im Vordergrund. In diesem Jahr verlangt Otto Bauer im Programm der Sozialisten unter anderem ein effektives Enteignungsrecht und ein garantiertes Recht des Bürgers auf eine Wohnung und die Selbstverwaltung der Miethäuser: „Es sollen nicht Notstandswohnungen sein, sondern solche, auf welche die Gemeinde hinweisen kann, wenn es sich darum handelt, wie ein Haus und eine Wohnung ausschauen sollen, die vom Standpunkt der Wohnungsreform gebaut sind. Vor allem werden nicht einzelne Baustellen ins Auge gefaßt, sondern es sollen Baublöcke verbaut werden. (...) Es darf kein Lichthof gebaut werden, die Baublöcke müssen so eingeteilt werden, daß sich weiträumige Rasenplätze zwischen ihnen eröffnen, daß für Kinderspielplätze Vorsorge getroffen wird und daß jede Wohnung genügend und reichlich Licht, Luft und Sonne hat. (...) Es soll in jeder Wohnung Badegelegenheit mit Zu- und Abflußgelegenheit sein. (...) Jede Wohnung soll ihr eigenes Klosett, jede Wohnung soll einen Warmwasserkocher und eine Warmwasserleitung haben (...), sie soll aus mindestens zwei Zimmern mit einer Wohnküche im Umfang eines Zimmers und einem zweiten Zimmer bestehen."[2]

Die Mißstände in den Behausungen der Arbeiterviertel hatten allerdings lange vorher sozial engagierte Menschen angespornt, neue Wege zu beschreiten, etwa Ludwig Förster, der schon 1849 in Wien seinen Entwurf zu einem „Etablissement für Arbeiterwohnungen"[3] vorlegte. Von den vielen Versuchen, im späten 19. Jahrhundert „bewohnbare" Arbeiterwohnhäuser (auf Vereinsbasis, aber auch als Werkswohnhäuser) zu erbauen, sind zwei von besonderer Bedeutung für die Entwicklung zum Wohnbau des Roten Wien: die Erbauung des Lobmeyrhofes und die Errichtung von Betriebsgebäuden der Wiener Straßenbahn. Die „Kaiser Franz Josef I.-Jubiläumsstiftung für Volkswohnungen und Wohlfahrtseinrichtungen" wurde 1896 gegründet, wobei die Stiftung dafür zu sorgen hatte, das Wohnungsangebot in Wien zugunsten der ärmeren Bevölkerung zu beeinflussen. Die Wettbewerbsausschreibung sah im Gegensatz zum üblichen Gangküchenhaus jede Wohnung als abgeschlossene Einheit vor, Belichtung und Belüftung aller Räume direkt vom Freien, das WC im Wohnungsverband und bestimmte Mindestraumgrößen. Kinderhorte, Sporträume, Sport- und Badeanlagen, Bibliotheken usw. waren dem Wohlfahrtsstiftungshof zugeordnet: Der in Ottakring erbaute Lobmeyrhof kann somit als frühe Erfüllung sozialdemokratischer Forderungen angesehen werden – noch in der christlichsozialen Ära der Wiener Stadtverwaltung.[4]

Die Wohnbautätigkeit der Stadt Wien begann mit der Kommunalisierung der Gas- und Elektrizitätswerke und der Übernahme der Straßenbahnlinien in das Eigentum der Stadt Wien. Unter Bürgermeister Lueger wurden neue Gas- und Elektrizitätswerke errichtet, bei diesen Betrieben, die bislang mehrheitlich in ausländischer Hand gelegen waren, erhielt die Stadt Wien nun die Monopolstellung. Im Zuge der Umbauarbeiten oder der vollständigen Neubauten von Bahnhöfen wurden nun auch Wohnungen für die Bediensteten der Tramwaygesellschaft geschaffen. Meist wurde das Verwaltungsgebäude mehrstöckig ausgeführt, wobei das untere Geschoß für Kanzleiräume, Wartesäle und Kassenräume genutzt wurde, oft befand sich hier auch noch eine Arztpraxis oder eine Schneiderei, die oberen Stockwerke waren kleinen Wohnungen vorbehalten. Auch reine Wohngebäude wurden auf freien Flächen von Bahnhöfen errichtet. Nach mehreren Versuchen (Betriebsbahnhof Hernals), die sich vorerst in der Anordnung der Wohnungen kaum von den Wohnvierteln der Spätgründerzeit unterscheiden, wurde der Betriebsbahnhof Speising 1913 eröffnet, in dessen Bereich sich ein langgestrecktes Wohngebäude befindet. In der Planungsphase von 1912 wird nur in den seltensten Fällen das WC bereits in den Wohnungsverband integriert, die WC-Anlagen befinden sich zu großen Gruppen zusammengeschlossen und mit einem Vor-

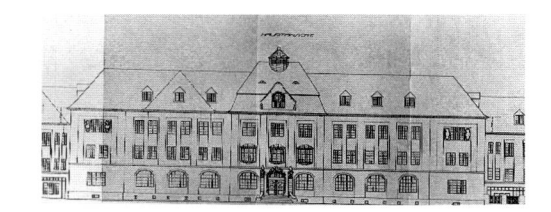

Die Architektur der Fassaden des Betriebsbahnhofs Speising orientiert sich an bürgerlichen Vorbildern.
Kat. Nr. 3/1/3

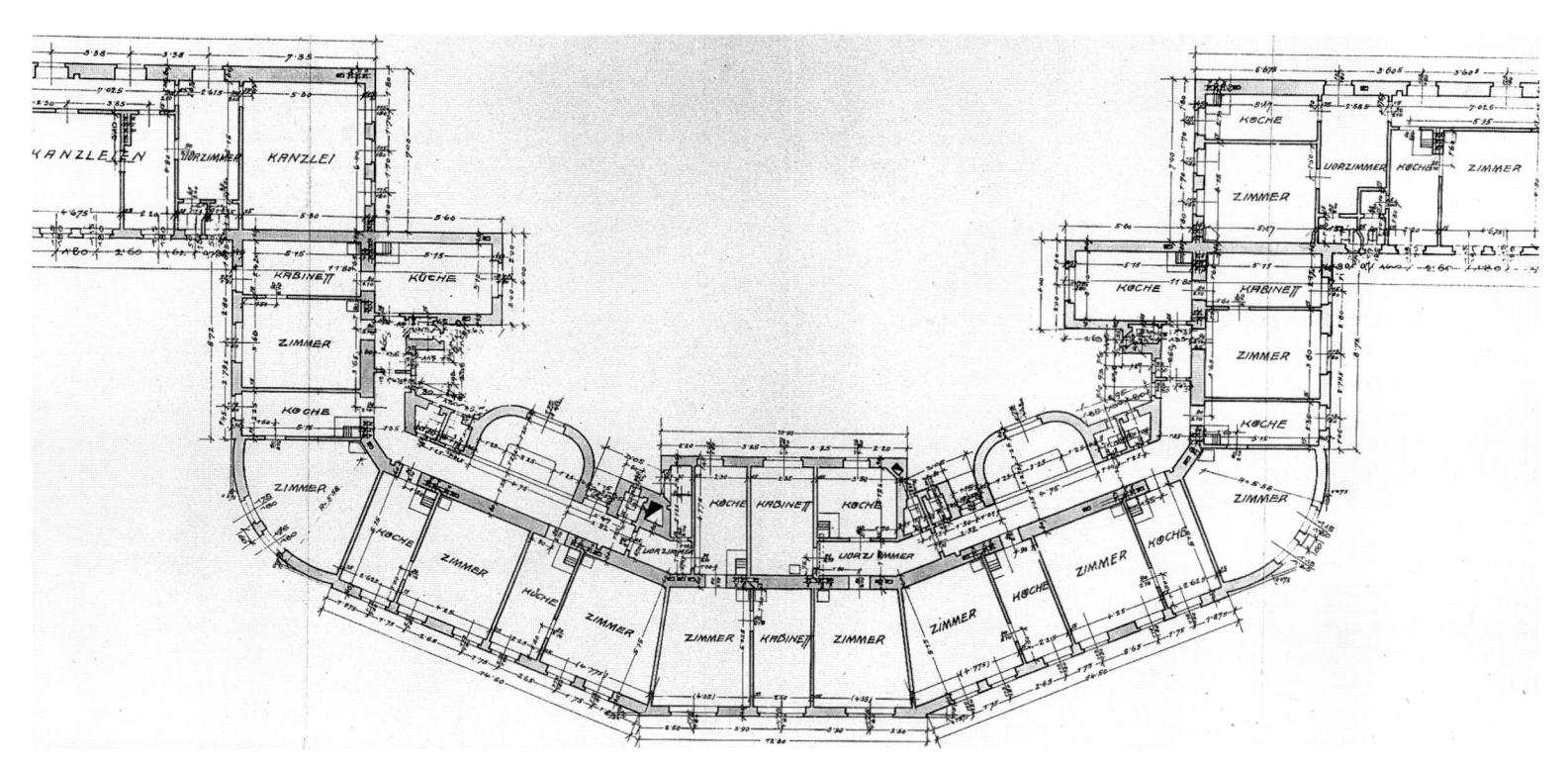

In der zweiten Planungsphase des Betriebsbahnhofs Speising (1913) wurden die meisten Wohnungen mit innenliegendem WC ausgestattet.
Kat. Nr. 3/1/4

raum versehen am Gang. In der zweiten Planungsphase wird nun die überwiegende Zahl der Wohnungen mit einem WC und einem kleinen Vorraum ausgestattet. Die Wohnungen werden von einem längeren Gang erschlossen, durch die geringe Trakttiefe ist die Anlage von Gangküchen ohne Direktbelichtung weitgehend vermieden, so daß fast alle Räume direkt belichtet werden. In dieser Anlage läßt auch eine dem Charakter der Wiener Werkstätte angeglichene Fassadengestaltung spätere Architekturüberlegungen vorausahnen. (Die in der Zwischenkriegszeit nahe den Betriebsbahnhöfen erbauten Wohnhausanlagen – Lindenhof, Hanuschhof usw. – nahmen die Tradition der Arbeiterwohnhäuser für Straßenbahner auf. Die Errichtung dieser Wohnhäuser für die sehr früh ihren Dienst antretenden Straßenbahnangestellten war nicht nur eine sozial bedingte Notwendigkeit, die Wiener Sozialdemokraten statteten damit auch den wohl treuesten Kampfgenossen ihren Dank ab.)

Der „Hof" hatte in Wien eine lange Tradition. Man muß nicht unbedingt zu den frühen barocken Klöstern oder Palaisbauten zurückgehen, in denen der „Hof" eine andere Funktion hatte, es genügt der Hinweis auf die Entwicklung des Großwohnhauses, das bereits vor der Ringstraßenperiode versuchte, jenseits der die Innenstadt umgebenden Festungswälle „Stadt"-Wohnhausanlagen mit Mietwohnungen zu errichten. Das klassizistische Großwohnhaus, wie es etwa das sogenannte Seilerhaus am Heumarkt (1826) repräsentiert, war mit seinem weiten, baumbestandenen, von der Straße über ein Tor zugänglichen Hof, durch den die Stiegen erreicht werden konnten, nicht nur Vorbild späterer „Großzinshäuser", sondern hatte sicherlich Einfluß auf den „Hof" der Wiener Gemeindebauten.[5]

Stadtraum im 19. Jahrhundert: Straßenraum

Die Stadt des 19. Jahrhunderts: Rasantes Wachstum, Entstehen der Vorstädte, radikale Ausnutzung des Bodens, Spekulationsbauten. Es ist dies die Realität der Baublöcke, der geschlossenen Randverbauungen, der Straßenzüge, die nun das Bild der Vorstädte bestimmen. Straßenraum also, als wesentlicher, der Öffentlichkeit zugeordneter Raum, ein Raum, der gleichzeitig Verkehrsträger war.

Straße als Raum: Zwar einem menschlichen Maß der Höhe nach entsprechend, war dieser Raum in seiner eher zufälligen Form nicht „Stadtbaukunst", sondern lediglich notwendiger Zugang zu Hauseingängen, Verbindungsweg, Verkehrsader. Noch Otto Wagners Stadterweiterungskonzept von 1910 ging von gleichen Grundsätzen aus. 1914, in der 4. Auflage zu „Die Baukunst unserer Zeit", stellt Otto Wagner fest: „Ebenso berechtigt und ebenso künstlerisch verwerflich sind absichtliche, unmotivierte Straßenkrümmungen, unregelmäßige Straßen- und Platzlösungen usw., um angeblich malerische Straßenbilder zu erzielen. Jede Großstadt wird mehr oder weniger solche gekrümmte Straßen und Unregelmäßigkeiten haben müssen; sie seien aber nur dann künstlerisch begrüßt, wenn sie aus dem Straßen- oder Verkehrsorganismus entstanden oder durch Terrainverhältnisse usw. bedingt sind. Der repräsentative Ausdruck einer Stadt entsteht durch das bestehende Schöne und durch das neuzuschaffende Schöne."[6]

Otto Wagners Vorschlag für die Erweiterung von Wien (22. Bezirk) weist jene Blockstruktur auf, die mit Beginn der Gründerzeit den Charakter Wiens prägte, eine „bürgerliche" Stadterweiterung, sicherlich von hoher Qualität, doch kaum mit Zukunftsvisionen erfüllt.

In seiner Strenge muß man diesen Vorschlag auch als Antwort Otto Wagners auf Camillo Sittes 1889 veröffentlichtes Buch „Der Städtebau" sehen. Diese Schrift kann als Grundlage für jene Richtung städtebaulicher Überlegungen gesehen werden, die den Versuch unternahm, Prinzipien gewachsener Städte in die neue Struktur des Wohnbaues zu übersetzen. Camillo Sitte verdammt die Einfallslosigkeit des „Modernen Städtebaus": „Das Ziel, welches bei allen dreien ausschließlich ins Auge gefaßt wird, ist die Regulierung des Straßennetzes. Die Absicht ist daher von vornherein eine rein technische. Ein Straßennetz dient immer nur der Communication, niemals der Kunst, weil es niemals sinnlich aufgefaßt, niemals überschaut werden kann, außer am Plan." Dann: „Erschreckend arm geworden ist der moderne Städteerbauer an Motiven seiner Kunst. Die schnurgerade Häuserflucht, der würfelförmige ‚Baublock' ist alles, was er dem Reichthume der Vergangenheit entgegenzusetzen vermag." Und er stellt fest: „So kam es, daß alle guten Motive des künstlerischen Stadtbaues der Reihe nach fallengelassen wurden, bis nichts mehr davon übrig blieb, nicht einmal die Erinnerung daran, was leider bewiesen werden kann, denn wir empfinden zwar deutlich den ungeheuren Unterschied, der zwischen den uns heute noch erfreuenden alten Plätzen und den einförmigen modernen besteht, finden es aber trotzdem selbstverständlich, daß Kirchen und Monumente in der Mitte der Plätze stehen müßten, daß alle Straßen sich rechtwinkelig kreuzen und ringsher breit in die Plätze münden, daß die Gebäude um einen Platz sich nicht ringsherum zu schließen brauchen und Monumentalbauten nicht einzufügen seien in diesen Abschluß der Plätze."[7]

Zur Bautätigkeit des Roten Wien

Die nur wenige Jahre umfassende Bautätigkeit des Roten Wien wird nicht nur durch politische oder sozialpolitische Programme deutbar, durch notwendige Sparmaßnahmen im Bereich der Standortwahl (im Bereich bestehender Versorgungsleitungen), sondern auch durch sichtbares Eingehen auf Traditionen (Höfe), städtebauliche Fakten und Einbindung von Lehrmeinungen bestehender Architekturschulen. Der Wohnbau dieser Zeit bleibt immer vielfältig, abwechslungsreich, in seiner Architektur bürgerlich, ja konservativ, sparsam nicht nur durch Verzicht auf hohen Komfort (Badezimmer, Aufzüge, Wohnungsgrößen), sparsam auch durch die Baudurchführung (etwa gleiche Fenster und Türen). Seinen Höhepunkt erreicht er im sozialen Bereich.

Die immense Wohnungsnot bestimmte auch die Bautechnik. Versuchte man anderswo, den notwendigen Wohnraum unter Einsatz neuer technischer Mittel, sozusagen als Produkt einer damals als richtig erkannten Industrialisierung zu verstehen, wurde in Wien, nicht nur aus Gründen der Bekämpfung der hohen Arbeitslosigkeit, der konservative Ziegelbau als vorrangig angesehen. Allerdings gelangte man zur Überzeugung, daß nur dann wirtschaftlich gebaut werden konnte, wenn in Einzelteilen hohe Produktionszahlen erreicht wurden, etwa bei Fenstern und Türen der Wohnungen. Diese gleichartigen Bauelemente ergaben also auch jene formale Einheit, die, durch Baumassengliederung und Verwendung verschiedenster Fassadenelemente wie Erker oder Gesimse, von den planenden Architekten aufgelockert wurde.

Eine Aneinanderreihung blockartiger Wohnbauten prägt Otto Wagners Studie für den 22. Wiener Gemeindebezirk.

Die Tradition und die große Erfahrung des Baugewerbes im Ziegelbau, geschult an den Bauten der Gründerzeit, garantierten eine hohe Qualität der ausgeführten Bauten.

Mitentscheidend blieb jedoch die Akzeptanz des bestehenden Straßenraums durch die sozialdemokratische Stadtverwaltung, die Einordnung in ein historisch gewachsenes Stadtgefüge, das zu dieser Zeit im wesentlichen funktionierte: Hauptstraßen als Verkehrsträger, Nebenstraßen noch den Bewohnern überlassen, Nahversorgung durch die vielen kleinen Läden.

Als man in Wien um 1922 daranging, die ersten größeren Wohnhausanlagen zu errichten, war also höchste Sparsamkeit Grundbedingung. Zwangsläufig griff man daher auf die bestehende Blockstruktur zurück – mit dem Unterschied, nun Höfe mit Licht und Luft zu schaffen. Der „Hof": jene Form der Verbauung, die zwar die „Straße" akzeptierte, ihr aber größere Innenhöfe, nun lichtdurchflutet und mit parkähnlichen Anlagen versehen, gegenüberstellte. Dieser „Hof" wurde gleichzeitig zum Mittelpunkt des Versuches, eine sozialdemokratische Gesellschaftsordnung zu organisieren. Nicht nur der Gemeinschaftsgeist (etwa die Anordnung der Stiegeneingänge aus den Höfen) wurde unterstützt, es wurde auch jene soziale Ordnung geschaffen, die sich in Kindergärten, Kinderbädern, Gemeinschaftsanlagen aller Art ausdrückte.

Die erste Bauetappe des Metzleinstalerhofes (mit Front gegen den Margaretengürtel) wurde 1916 noch als „Zinshaus" geplant.
Kat. Nr. 3/2/1

Die noch relativ schmalen Höfe der Bauten des Roten Wien um 1922 (Wohnhausanlage Balderichgasse)
Kat. Nr. 3/2/10

Straße, Hof, Siedlung

Die Bauten des Roten Wien haben im wesentlichen zwei Fronten: gegen die Straße mit Akzeptanz des Straßenraumes, der nur ab und zu durch eine Öffnung des Hofes nach außen erweitert wird. Die Fassaden dorthin sollen beeindrucken, signalisieren, vielleicht sogar die neuen Wohnbereiche „abschließen". Die Hoffront wird als raumbildendes Element eingesetzt. Raum, menschlich faßbarer Raum, mit Grün durchsetzt, darüber, von jeder Wohnung aus spürbar, der Himmel, wird zum Maßstab der Gesamtanlage. Da man nicht mit der Rentabilität des eingesetzten Kapitals rechnen mußte, wird der „Hof" immer mehr zum Symbol einer neuen proletarischen Freiheit.

Daß dabei, die Vierspännertype der Wohnhausgrundrisse voraussetzend, den Mietern unterschiedliche Wohnqualität (reine Nordlage, reine Straßenlage) zugemutet werden mußte, lag an der Begrenzung der Wohnungsgrößen.

Dort, wo die Sanierung von lichtlosen Baublöcken in den Arbeitervierteln einsetzte, gelangte man zu Lösungen (Baulückenverbauungen), die in ihren besten Beispielen unser heutiges Bemühen um Stadtsanierung vorwegnehmen. Sie verdienen besondere Beachtung: Von sechs bis acht Parzellen eines Baublocks wurden zwei bis drei angekauft und darauf kleine Wohnbauten errichtet, die immer von verschiedenen Architekten gestaltet wurden. Die Höfe wurden zusammengeschlossen und gärtnerisch gestaltet. Es entstanden ruhige Bereiche: Gärten mit Hecken und Rosenbüschen kontrastieren mit den kahlen Mauern der kärglichen Hinterhöfe der Bassenahäuser, weite Räume stehen gegen die trostlosen Lichtschächte. Städtebaulich bedeutete gerade dieses Beispiel der Bautätigkeit des Roten Wien eine innere Stadterneuerung, eine Stadtverbesserung, die sich, streng an die gegebene Bauordnung haltend, dem gewachsenen Charakter der Stadt ein-, ja unterordnete.

1926 wurde der Kongreß des „Internationalen Verbands für Städtebau, Landesplanung und Gartenstädte" in Wien abgehalten. Zu dieser Zeit wurde aus verschiedenen Kreisen der Massenwohnbau vehement angegriffen – noch immer lag die Auseinandersetzung Gartenstadt in Flachbauweise gegen den städtischen Stockwerksbau in der Luft. Josef Frank trat, obwohl er selbst Wohnhausbauten errichtete, polemisch gegen den „Volkswohnungspalast" und für das Einfamilienwohnhaus ein: „Das Wiener Wohnhaus ist deshalb auch gänzlich veraltet, in seinem ursprünglichen Zustand fast unbewohnbar und bietet keinen Übergang zu der heute bei uns angestrebten Wohnungsreform, wie diese in freieren Ländern seit langem ihren Einfluß ausübt. Bedenken Sie, welche Folgen diese Gesinnung hatte: Unsere Paläste sind übervoll mit Ornamenten aus Stuck und Putz beklebt. Dieser Putz und die dicken Mauern dahinter sowie die damit verbundene Aufwendung unmäßiger Materialmengen machen deren gute Qualität und die gute Arbeit unnötig. Das wurde auf alle Häuser übertragen, so daß unsere Häuser die dicksten Mauern, die schwersten Decken und Dächer hatten und deshalb die teuersten waren. (…) Die Sehenswürdigkeiten Wiens bestehen heute zum großen Teil aus diesen alten Palästen; da ist es kein Wunder, wenn dieser Einfluß durch so lange Zeit hindurch wirkt, denn es ist viel leichter, ein bestehendes Ideal zu haben, als ein unbekanntes. Das Wiener Bürgertum, zu Geld, Sicherheit und damit Gesinnungslosigkeit gekommen, glaubte jenes Erbe, soweit es anging, oder wie sie es äußerlich sahen, antreten zu müssen. Ein jeder glaubte, in seinem vierten Stock, von dessen Podest aus Türen in drei Wohnungen führen, nach Schönbrunn kommen zu müssen. (…) Über die Ziele dieser Wohnungsreform gibt es wohl keine Zweifel: Hebung der Wohnkultur, Licht, Luft, Raum, Sonne usw. Nun soll ja auch noch daran gegangen werden, die Bewohner mit dem notwendigen Hausrat zu versehen, der ihre schlichten Räume füllen soll im Volkswohnungspalast. Und hinter diesem Wort – und das Wort ward Fleisch und wohnt unter uns – sehen wir auf einmal wieder eine ganze Gesinnung auftauchen, die des gesinnungslos gewordenen Kleinbürgertums. Eine Gesinnung, die vom Stützpunkt des Palastes ausgehend, ihren ganzen Drang nach Repräsentation auf Kosten der Wohnkultur in unsere Zeit gerettet hat. Gewiß, wir konnten keinen anderen Weg gehen. (…) Es kann nicht oft genug betont werden, daß das Einfamilienhaus die Grundlage unserer gesamten modernen Baukunst und unserer Stadtanlagen ist. Und dieses zu vervollkommnen, ist viel wichtiger, als daß wir schöne Fabriken, Büros und Garagen haben, denn diese sind letzten Endes nur dazu da, den Menschen ein angenehmes Heim zu schaffen. Mittel und nicht Zweck."[8]

Aber die Frage Gartenstadt – Massenwohnbau war zu dieser Zeit längst entschieden, die Gründe waren durchaus finanzieller Art, wenn auch zu bedenken ist, daß rein politische Überlegungen eine Rolle gespielt haben könnten. „Gemeinschaft" war in den großen Höfen zu Hause und nicht in kleinen Häusern mit Garten, zumindest in Wien, denn Traditionen des Wohnens sind stark – wie das Beispiel Englands zeigt, dessen bevorzugte Wohnform sozial benachteiligter Bevölkerungsschichten nach wie vor die Reihenhaussiedlung, etwa in den „Gartenstädten", blieb. In Manchester und Leeds mußten nach dem Zweiten Weltkrieg zwei nach Wiener Muster gebaute Wohnhöfe abgerissen werden, da sie sich zusehends in Slums verwandelten. Die in den letzten Jahren des Roten Wien unter der Leitung von Josef Frank erbaute Werkbundsiedlung (1930–1932) wurde zu einer Siedlung der Intellektuellen, nicht aber der Arbeiter.

Zu den Bauten
Man hat in letzter Zeit versucht, die Bauten des Roten Wien in Kategorien einzuteilen, zu klassifizieren, Stilepochen unterzuordnen. Die wenigen Jahre der Bautätigkeit (nur eineinhalb Jahrzehnte!) und die Vielfalt der daran beteiligten Architektenschaft wie auch die unterschiedlichsten Bezugnahmen auf Vorbilder lassen eine kunstgeschichtlich fundierte Einordnung nicht zu. Von der Tradition eines bürgerlichen Wohnbaus bei Otto Wagner und seinen Schülern, den biedermeierlichen Bezügen der Wiener Werkstätte, von der Amsterdamer Schule (die Architektur von M. de Klerks Wohnblock

mit den versetzten Balkonen am Vrijheidslaan, 1921–1922), dem Expressionismus der Nachkriegsjahre, Tessenows feinfühliger Schlichtheit, von all dem ist in den Bauten etwas zu spüren. Wichtiger als jede stilkritische Studie bleibt die Tatsache, daß die Wohnungsnot in einer Form gelindert wurde, die den Bewohnern der Bauten das Gefühl gab, daß ihre Wohnbedürfnisse den Umständen gemäß erfüllt wurden, und der Stadt kein nicht wieder gut zu machender Schaden zugefügt wurde. (Sparsamkeit der Ausführung und Verzicht auf sensationelle Architektureskapaden unter Wahrung aller notwendigen Überlegungen moderner Wohnphilosophie wäre wohl auch heute, in einer Zeit, die sich wieder kapitalistischer Mietzinsbildung zuwendet, ein Gebot der Stunde, um im sozialen Wohnungsbau weiterhin Beispielfunktion wahrzunehmen.)

Es scheint klüger zu sein, die Vorzüge einzelner Bauten (oder Architekten) ins rechte Licht zu stellen und Vergleiche zu ziehen. Überdies ist es bei einer Anzahl von über 60.000 Wohnungen und der Verschiedenartigkeit (in Begabung und Ausbildung) der planenden Architekten undenkbar, allen Bauten ein gleiches Qualitätssiegel umzuhängen. Auch bei der Anlage der Ringstraße kann man das Prädikat „hohe Baukunst" nur an wenige Bauten vergeben, die Masse der Ringstraßenhäuser ist sowohl vom Grundriß als auch von der Fassadengestaltung her nichts anderes als unvollkommene und ungekonnte Konfektion. Die Geschlossenheit und Kompaktheit der Baublöcke bestimmt die Wirkung.

Bei aller Gleichförmigkeit der Dachform, der Fensterausbildung oder den durchgehend üblichen Beschriftungen „Erbaut von der Gemeinde Wien ..." ergeben sich aus der Baumassenbewältigung, vor allem aber

Dominanter Mitteltrakt und der Ehrenhof kennzeichnen die Bauten des Otto Wagner-Schülers Hubert Gessner (Reumannhof).
Kat. Nr. 3/4/3

in der Durchbildung der architektonischen Details, erhebliche Qualitätsunterschiede. Aber ihre einprägsame Form sticht noch heute vor allem in den ehemaligen Arbeiterbezirken jenseits des Gürtels aus der ungekonnt historisierenden Fassadenromantik der Bassenahäuser und den nackten, armseligen Straßenfronten der Wohnbauten aus der Zeit nach dem Zweiten Weltkrieg heraus.

Karl Ehn, Wagner-Schüler und Mitarbeiter des Planungsstabs der Stadt Wien, geht sehr früh den vielleicht konsequentesten Weg. Von der Anlage in der Balderichgasse (1922), bei der noch einige Stiegen von der Straße begangen werden und die einen noch relativ schmalen Hof aufweist, führt der Weg über den noch mit expressionistischen Fassadenelementen versehenen Lin-

Städtebauliche Romantik des Rabenhofs: Die Bauten der Architekten Schmid und Aichinger sind wahrscheinlich durch den Einfluß Camillo Sittes geprägt.
Kat. Nr. 3/4/31/8

Verglaste Loggien prägen die einfachen Fassaden des Speiserhofs.
Kat. Nr. 3/4/17

denhof (1924) zum Bebelhof (1925), dessen weiter, mit Bäumen, Lauben und Blumen bestandener Innenhof ebenso beeindruckt wie manches „festungsartige" Detail der Außengestaltung. Der Karl Marx-Hof, sein bedeutendstes Werk, nimmt durch eine geschickte Gliederung viel von seiner Größenentwicklung. Getrennt durch den „Platz" mit den riesigen, fast plakativ wirkenden Bögen des Mittelteiles, weisen die seitlichen Baubereiche luftige Innenhöfe mit überaus menschlichen Maßstäben auf.

Hubert Gessner, der sich als bewußter Sozialdemokrat schon vor dem Ersten Weltkrieg dem Bau von Arbeitersiedlungen widmete, läßt in seinen Bauten (Reumannhof, Karl Seitz-Hof) die Schule Otto Wagners anklingen. Der Reumannhof wird zum „Volkspalast", weit in den Gürtelbereich hinein Zeugnis gebend von der Macht des Proletariats, das sich hier durch Masse, Symmetrie und spielerische Details bürgerlich gibt.

Die Wagner-Schüler Heinrich Schmid und Hermann Aichinger übernehmen früh nach der klaren, im Ausmaß eher bescheidenen Hofbildung des Fuchsenfeldhofes (1922) eine romantische Gestaltung der Straßenflucht (viel spricht für den Einfluß Camillo Sittes), aber auch der architektonischen Detailausbildung, allerdings mit Beibehaltung des „Hofcharakters". Der Rabenhof, der trotz seiner Größe die Höhen der Nachbarbauten annimmt, lebt „räumlich" durch seine großen Höfe, deren Kinderplanschbecken, Loggien und eine große Versammlungshalle einst blutvolles Leben aufnahmen. Gleiche städtebauliche Grundprinzipien liegen Wiens größter Wohnhausanlage, Sandleiten (1924–1928), zugrunde, wobei der Abfolge von Plätzen und Höfen ein Bereich mit gartenstadtartigem Charakter (Mehrfamilienhäusern) als Übergang zu den im Grünen liegenden Vorortesiedlungen angeschlossen ist.

Der Paul Speiser-Hof (1929), vor allem der von Ernst Lichtblau entworfene Teil, weist einen der schönsten Höfe auf. Im Zusammenklang mit dem Baumbestand wirken jene in Loggien übergehenden Balkone harmonisch. Im Frühjahr dort zu sitzen, bedeutet, in einer Oase der Ruhe zu sein, die Wiesenblumen und das frühe Grün der Bäume zu genießen.

Im Bereich der „Ringstraße des Proletariats" (Margaretengürtel) ist es der Franz Domes-Hof von Peter Behrens (1928), dessen Hof sich zur Straße öffnet, heute leider zum stark befahrenen Gürtel. Hier wird eine Annäherung an die „Moderne Architektur" sichtbar. Der in der Nähe gelegene kleine Bau in der Diehlgasse (Fritz Judtmann und Egon Riss, 1928) zeigt, wie gut proportioniert auch Straßenfronten durch das Einfügen von verglasten Loggien sein können und den Charakter wohnlicher Intimität auch im Arbeiterwohnhaus ausstrahlen.

Josef Hoffmanns fast biedermeierlicher Klose-Hof (1924–1925) besticht durch die stille Art der gut proportionierten und zurückhaltenden Detaillösung, doch verhindert der sich in der Mitte der Anlage befindliche Wohnturm eine räumlich-großzügige Wirkung des Hofes.

Der von den Architekten Siegfried Theiss und Hans Jaksch erbaute Quarinhof (1924–1925) kann als gelungenes Beispiel für die Bauten jener Gestalter gelten, die der Technischen Hochschule Wien nahestanden. Der Hof öffnet sich nach Süden durch ein Herabzonen des Eingangsbereiches, ohne den geschlossenen Charakter zu verlieren. Ein reicher künstlerischer Schmuck und präzise Detaillösungen verleihen diesem Bau die Atmosphäre gestalterischer Dichte. Die Qualität der noch vorhandenen Pläne zeugt für den erheblichen Arbeitsaufwand dieses Büros und für das Bewußtsein von der Wichtigkeit dieser Bauaufgabe.

Bei vielen der Bauten des Roten Wien beweist das Ergebnis, nämlich die Realisierung eines gut durchgearbeiteten Entwurfes, das Engagement der zumeist bürgerlichen Architekten für das Erkennen einer der wichtigsten Bauaufgaben dieser Zeit, nämlich die Schaffung einer qualitätvollen Wohnumwelt für eine bisher unterprivilegierte Schichte.

Mit dem George Washington-Hof (Karl Krist und Robert Oerley, 1927–1930), zur Zeit seiner Erbauung am Rande der Stadt gelegen, wird versucht, anscheinend aufgrund der Kritik anläßlich des Internationalen Kongresses für Wohnungs- und Städtebau, mit einer aufgelockerten Blockverbauung den Weg in die Weitläufigkeit einer Gartenstadt zu finden. Die einzelnen „Höfe" wurden gärtnerisch einheitlich ausgestaltet, sie tragen bezeichnenderweise nur die Namen der dort angepflanzten Bäume (Birken-, Ahorn-, Ulmenhof usw.).

Schlichte, fast biedermeierliche Atmosphäre in Josef Hoffmanns Klosehof
Kat. Nr. 3/4/31/15

Leider hat die in den letzten Jahren erfolgte Revitalisierung dieser schönen Anlage Teile des Hofes in Parkplätze verwandelt – nirgends wird so deutlich der Weg einer Wohnhausanlage für Arbeiter zur Behausung von Menschen unserer Konsum- und Autogesellschaft sichtbar, ohne tatsächlich die Konsequenzen daraus zu ziehen: Vorrang des den Menschen beschützenden

Raumes vor den Autos, deren Platz unter der Erde wäre. Der Mensch von heute ist verpflichtet, für die Qualität seiner Wohnumwelt auch das finanzielle Opfer (der Parkraummiete) zu bringen.

Auch manche der kleineren Bauten sind – im positiven wie im negativen Sinn – bemerkenswert. Etwa die Wohnhausanlage Rauchfangkehrergasse (Anton Brenner, 1924–1925), bei der, im Sinne der „Modernen Architektur", Wohnungen mit Trennwänden aus Schrankelementen und Klappbetten ausgestattet wurden.

Die Wohnhausanlage in der Weimarer Straße von Karl Dirnhuber (1924–1925), deren stark plastisch bestimmte Architektur den umgestalteten Schubertpark mit einschließt, oder die ebenfalls in der Weimarer Straße gelegene Anlage von Konstantin Peller mit einer höchst expressiven Ziegelfassade und einer Eingangshalle, die in ihrem Ausmaß jeden bürgerlichen Wohnbau der Jahrhundertwende übertrifft, sind Beispiele höchst unterschiedlicher Architekturauffassungen.

Innerhalb des Gürtels entstanden nur wenige Bauten, einer davon, der Ludo Hartmann-Hof (Architekt Cäsar Poppowitz, 1924–1925), weist größere Wohnungen auf (teilweise Vier-Zimmer-Wohnungen, ein Dienstmädchenzimmer war eingeplant). Dieser Bau war für höhere Rathausbeamte bestimmt. Ein Pfeilergang mit keramikverkleideten Säulen betont als bürgerlich-historisierendes Element den Standort im 8. Bezirk.

Von den Siedlungen scheinen die beiden Arbeiten in der Nähe des Lainzer Spitals besonders reizvoll. Die kleine Gemeindesiedlung „Hermeswiese" von Karl Ehn bringt englische Reihenhausromantik der Gartenstadt, wohlgepflegte Gärten an der Rückseite und eine gelungene Eingangs-

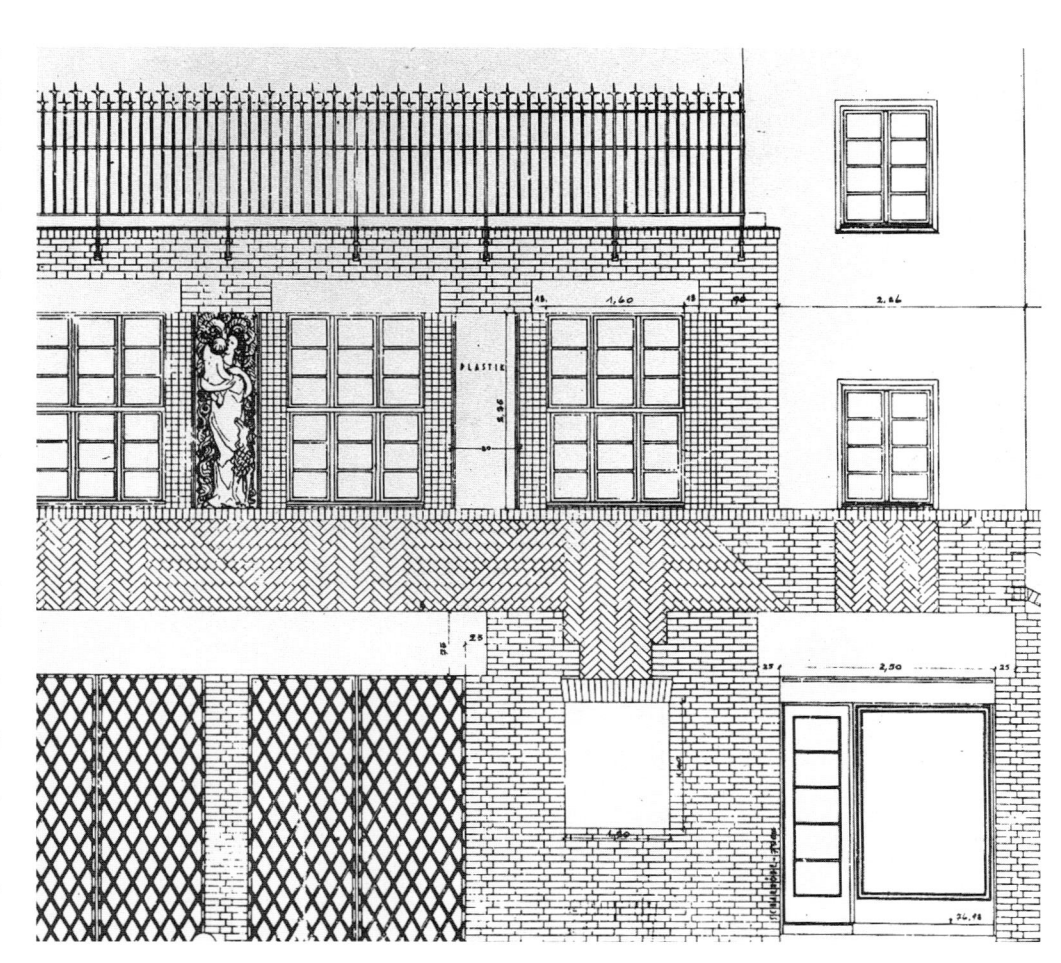

Detaillierte Planungen als Grundlage für qualitätvolle Bauten der Architekten Theiss und Jaksch (Quarinhof) Kat. Nr. 3/4/42

lösung, während die „Lockerwiese" (1928–1932, Karl Schartelmüller) durch ihre Raumwirkung der leichtgeschwenkten Straßenfluchten besticht. Besonders bemerkenswert ist die Anordnung der kleinen Gärten, die absolut geschützt und kaum einsehbar angelegt sind.

Wilhelm Peterles Siedlung „Am Tivoli" (1927) entspricht einem geradezu bürgerlichen Idyll von Mehrfamilienhäusern in Gärten. Fußgeherwege erschließen die Anlage, in der man heute noch am Sonntag idyllisches Leben mit Kaffeejause oder Kartenspiel beobachten kann.

Von der Baulückenverbauung sind es die drei so gänzlich verschiedenen, kleinen Bauten in der Cervantesgasse – Meiselstraße – Gründorfgasse, deren nun gemeinsamer

Hof die Überlegenheit sozialdemokratischer Planung für die Gemeinschaft über die trostlosen Höfe der Bassenabauten signalisiert.

Die Bauten des Roten Wien beherrschen also in ihren Bereichen die inneren Strukturen durch ihre Höfe. Die Straße wird – bis zu den letzten Bauten (etwa dem Wettbewerbsprojekt von Siegfried Theiss und Hans Jaksch für den Eisenstädter Platz 1929, dessen Ausführung jedoch der Geldknappheit zum Opfer fiel) – akzeptiert, als unumgänglicher Teil der Stadtplanung anerkannt. Revolutionäre Ideen, die das Grundgefüge der Stadt zu verändern suchten, fanden keine Berücksichtigung.

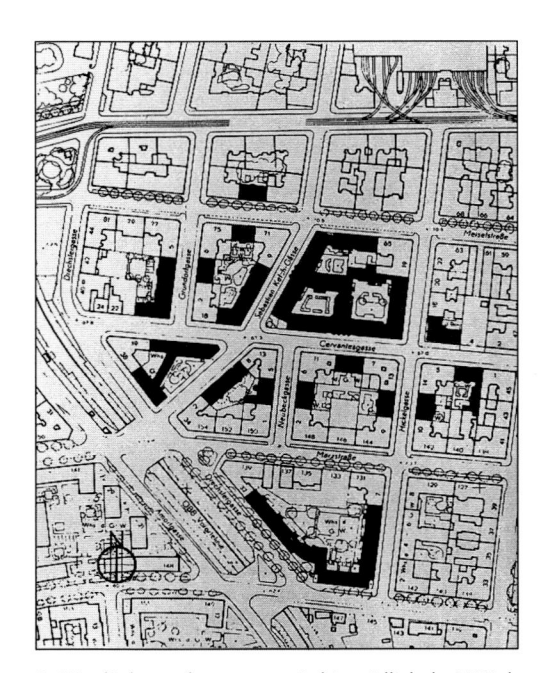

Bei Baulückenverbauungen, wie hier südlich der Hütteldorfer Straße, entstehen zusammenhängende, gärtnerisch gestaltete Höfe.

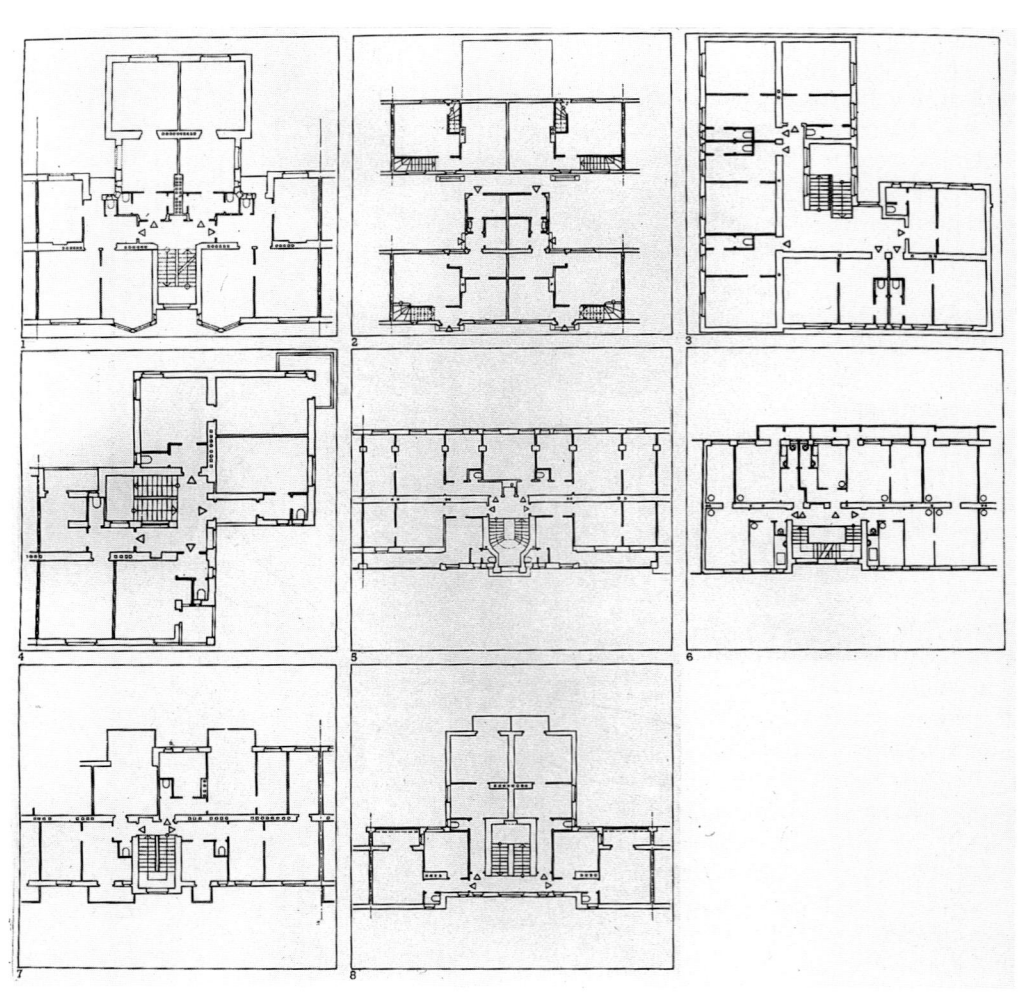

Die Entwicklung der Grundrisse im Bauprogramm des Roten Wien
Kat. Nr. 3/4/33/13

1. Metzleinstaler Hof, Kalesa und Gessner, 1919
2. Gemeindesiedlung „Hermeswiese", Ehn, 1923
3. Konstanziagasse 44, Behrens, 1924
4. Rabenhof, Schmid und Aichinger, 1925
5. Karl Marx-Hof, Ehn, 1927
6. Diehlgasse 20–26, Judtmann und Riss, 1928
7. Paul Speiser-Hof, Lichtblau, 1929
8. Werndlgasse 11–19 und 14–18, Schmid und Aichinger, 1931

Die Architektur des Wohnbaus XVIII, Weimarer Straße 1, schließt die Neugestaltung des Schubertparks mit ein.
Kat. Nr. 3/4/32/1

Elemente experimenteller Ziegelarchitektur prägen den Bau in der Weimarer Straße 8–10.
Kat. Nr. 3/4/32/2

Eine großzügige „bürgerlich" anmutende Halle ersetzt in der Weimarer Straße 8–10 den Hof und übernimmt die Verteilerfunktion für die einzelnen Stiegen.
Kat. Nr. 3/4/32/3

Als Palmenstämme ausgebildete Säulen und große Wohnungen kennzeichnen den Ludo Hartmann-Hof, der sich in die Josefstadt, einen rein bürgerlichen Bezirk, einordnet.
Kat. Nr. 3/4/32/15

Gekrümmte Straßenzüge und Platzbildungen verleihen der Siedlung „Lockerwiese" einen dörflichen Charakter.
Kat. Nr. 3/4/28

Siedlung „Am Tivoli": Mehrfamilienhäuser mit Gärten und baumbestandene Straßen erinnern an ein bürgerliches Cottageviertel.
Kat. Nr. 3/4/34/7

Revolution gegen die Straße?

Le Corbusier hat (um 1925), als die großen Bauten des Roten Wien errichtet oder schon in Planung waren, die Straßen der Stadt vehement angegriffen: „Die Straße liegt in der Tiefe dieser Abenteuer, sie liegt in ewigem Halbdunkel. Der Himmel als schöne Hoffnung sehr weit, sehr hoch droben. Die Straße ist eine Rinne, ein tiefer Spalt, ein enger Gang. Man kann nicht atmen; das Herz wird immer noch beklemmt davon, obwohl man schon tausend Jahre daran gewöhnt ist. Die Straße ist voller Menschen, man muß sehr auf seinen Weg achten. Seit einigen Jahren ist sie voll rascher Fahrzeuge; zwischen den beiden Abgrenzungen des Bürgersteigs droht der Tod. Aber wir sind dazu dressiert, dem Zerquetschtwerden die Stirn zu bieten. Die Straße wird von tausenderlei verschiedenen Häusern gebildet; bereits haben wir uns an die Schönheit des Häßlichen gewöhnt – das heißt unser Unglück von der guten Seite betrachten. Die tausend Häuser sind schwarz und ihre gegenseitige Nachbarschaft ist wie ein Mißton. Es ist furchtbar (...), aber wir gehen daran vorbei. (...) Die Straße verbraucht uns. Sie ekelt uns an. Warum existiert sie denn eigentlich noch? Zwanzig Jahre Automobil (und noch andere Dinge, die uns in den hundert Jahren des Maschinenzeitalters in neue Abenteuer gestürzt haben) führen uns vor neue Entscheidungen."[9]

Die Konsequenz, die Le Corbusier daraus zog, war sein Entwurf der „Ville contemporaine", 1925 umgesetzt im „Plan Voisin" für Paris. Es war eine Kampfansage an die gewachsene Stadt, der Versuch, überlieferte, städtebauliche Grundzüge (und damit auch dem Haussmannschen Paris) die Weite einer Hochhausstadt gegenüberzustellen, Trennung von Verkehr und Fußgängerwegen, Durchlässigkeit dieser Ebene. Le Corbusier: „Ich möchte das Porträt der zeitgenössischen ‚Straße' zeichnen. Leser, versuche in dieser neuen Stadt zu spazieren und überlasse Dich den Wohltaten einer nicht akademischen Initiative. Also: Du wirst Dich unter Bäumen befinden inmitten großer Rasenplätze, ungeheuer grüner Flächen. Gesunde Luft. Fast kein Geräusch. Du siehst keine Häuser mehr. Wie denn? Durch das Geäst der Bäume, durch das liebliche Arabeskennetz der Blätter wirst Du gegen den Himmel weit voneinander entfernt ungeheure Kristallkörper erblicken, höher als irgendein Gebäude der Welt. Kristall, das im All spiegelt, das im grauen Winterhimmel leuchtet, das viel mehr in der Luft zu schweben scheint, als auf dem Boden zu stehen, Kristall, das bei Nacht ein Funkeln ist, ein elektrisches Zauberwerk. Eine Untergrundbahn fährt unter jedem dieser hellen Prismen, sie gibt die Distanz an, die sie voneinander trennt."[10]

Eine visionäre Weite der Grünlandschaft und Hochhausverbauung einzutauschen gegen ein Bauen mit menschlichem Maß im Städtebau (allerdings auch mit offensichtlichen Fehlern), in der Weiterentwicklung überkommener Strukturen: ein Gedanke, der in genialen Händen zwar einigen Erfolg haben konnte, in der Durchführung zweitrangiger Städtebauer aber zu den bekannten Auswüchsen der Vorortsiedlungen der Nachkriegszeit führte.

Vision einer Stadt für Menschen?

Die Bauten des Roten Wien ließen das System der Straßen unverändert. In den großen Wohnblöcken herrscht das Grün vor und der Himmel ist zu sehen, die Kinder können spielen und alte Leute auf den Bänken sitzen. Zumindest diese Vision ist wahr geworden. Das Zeitalter der Herrschaft des Autos über Menschen und Straßen, in dem wir uns befinden, war noch nicht voraussehbar.

Das Rote Wien hat uns aber den Weg gezeigt zur notwendigen Veränderung der Stadt. Es liegt nun an uns, den Schritt weiterzugehen, Straße und Höfe zu vereinen oder zu öffnen, Plätze zu schaffen, den Verkehr zurechtzurücken, zumindest zum Teil zu verbannen, weg von der Ebene des Menschen. Der Weg ist gangbar für jene Viertel, die sich um die City gruppieren, während diese anderen Gesetzen gehorcht. Bei dieser laufen wir heute Gefahr, riesige denkmalgeschützte Bereiche dem pulsierenden Leben vorzuziehen. Draußen am Rande der Stadt kann vielleicht, etwas vermenschlicht, Le Corbusiers Vision der Hochhausstadt, in kompakter Form allerdings, Wirklichkeit werden.

Jede Stadt hat ihren Charakter. Jede Stadt muß sich verändern im Sinne von Raumabfolgen, die dem Menschen Ruhe und Würde geben. So kann man die Botschaft jener Zeit sehen.

Noch bei den letzten Projekten des Roten Wien (Projekt Theiss – Jaksch für den Eisenstadtplatz) dominiert der Gedanke des „Hofes".
Kat. Nr. 3/4/52

Anmerkungen

1 Rainer Bauböck: Wohnungspolitik im sozialdemokratischen Wien 1919–1934. Salzburg 1979, S. 111 ff.
2 Wie Anm. 1, S. 120.
3 Förster'sche Bauzeitung. Jg. 1840, Pl. 26.
4 Zeitschrift des Österreichischen Ingenieur- und Architektenvereines. Jg. 1898, S. 77 ff.
5 Elisabeth Lichtenberger: Die Wiener Innere Stadt. Wien 1985, S. 48 f.
6 Otto Wagner: Die Baukunst unserer Zeit. Wien 1979, S. 78.
7 Camillo Sitte: Der Städtebau. Wien 1965, S. 97.
8 Josef Frank: „Der Volkswohnungspalast". In: Der Aufbau. Jg. 1926, S. 107 ff.
9 Le Corbusier et Pierre Jeanneret: Œuvre complete 1910–1929. Zürich 1960, S. 110 ff.

**Grünräume im
Roten Wien**

Brigitte Mang

Grünräume im Roten Wien

Im Roten Wien der Zwischenkriegszeit sind im Umfeld der kommunalen Wohnhausanlagen und in ihnen zahlreiche öffentliche und halböffentliche Freiräume entstanden. Die Neuanlage und der Ausbau öffentlicher Grünräume erfolgte nicht im Rahmen einer eigenständigen, städtischen Grünraumpolitik und war nicht eines der eigentlichen Ziele der Kommunalpolitik,[1] sondern ist als eine Art Nebenprodukt der Wohnbau-, Sozial- und Gesundheitspolitik zu sehen. Die Anlage halböffentlicher Freiräume in sämtlichen kommunalen Wohnhausanlagen war ein erklärtes Ziel der Wohnbaupolitik, das mit sozialen, hygienischen, gesundheitlichen, pädagogischen, gesellschaftlichen und politischen Notwendigkeiten begründet wurde. Für die halböffentlichen Freiräume sowie Teile der öffentlichen Grünräume kann sinngemäß Wilhelm Kainraths These vom Wohnbau als Teil einer sozialistischen Konzeption[2] übernommen werden.

Die öffentlichen Grünräume

Zu den öffentlichen Grünräumen zählt die Neuanlage von Parks, wie jene des Kongreßparks bei der Wohnhausanlage Sandleiten, des Wasserparks bei der Floridsdorfer Brücke, des Hugo Wolf-Parks, des Herder-Parks und des Arne Carlsson-Parks, die Umgestaltung der um 1870 aufgelassenen Ortsfriedhöfe in Parkanlagen, so z. B. Währinger Park, Waldmüller-Park, Schubert-Park, Haydn-Park, Märzpark, Paul Stock-Park und Strauß – Lanner-Park, die Erhaltung des St. Marxer Friedhofes, der Bau bzw. die Erweiterung und Umgestaltung von Bädern, wie Kongreßbad, Hohe Warte Bad, Gänsehäufel und diverse Vereinsbäder an der Alten Donau, die Errichtung von Kinderfreibädern in bereits bestehenden und in neu angelegten öffentlichen Parkanlagen wie im Kongreßpark, im Auer-Welsbach-Park, im Türkenschanzpark und im Schweizer Garten. Kinderfreibäder wurden auch in größere Wohnhausanlagen integriert, so z. B. in den Rabenhof und in den Fuchsenfeldhof. Die Anlage von Bädern (Sport-, Luft-, Sonnenbäder) und Kinderfreibädern ist insbesondere im Zusammenhang mit den Gesundheitsprogrammen zu sehen. Einige der öffentlichen Parkanlagen, wie der Waldmüller-Park, der Schubert-Park und der Währinger Park sowie die Kinderfreibäder wurden in unmittelbarer Nähe kommunaler Wohnhausanlagen errichtet.

Die neuen Parks ergänzten in quantitativer und qualitativer Hinsicht die bestehenden öffentlichen Grünflächen Wiens, die aus ehemals kaiserlichem oder adeligem Besitz

Durchgangsbögen im Fuchsenfeldhof: Interessante Gestaltung räumlicher Sequenzen
Kat. Nr. 3/2/11

stammten bzw. in der 2. Hälfte des 19. und Anfang des 20. Jahrhunderts angelegt worden waren. Die Parkanlagen des Roten Wien waren weder funktionell noch räumlich-gestalterisch besonders innovativ, sie setzten in vielem vorhandene Traditionen fort. Sie weisen entweder architektonische oder landschaftliche Gliederungen bzw. eine Mischung beider Formensprachen auf. Ihre Ausstattungselemente wie Pergolen, Salettl'n und Bänke können als typisch für die 1920er Jahre und direkt vergleichbar mit jenen der Gartenhöfe der Gemeindebauten bezeichnet werden.

Die halböffentlichen Grünräume

Die Anlage halböffentlicher Freiräume in sämtlichen kommunalen Wohnhausanlagen der Zwischenkriegszeit in Form von begrünten Innenhöfen war neben vielen anderen städtebaulichen und baulichen Anforderungen eine der zentralen Vorgaben bei der Errichtung der städtischen Wohnbauten. Die von der Gemeinde aufgestellten Richtlinien, so auch jene zur Herabsetzung des Verbauungsgrades, basierten und reagierten sehr konkret auf die Mißstände der gründerzeitlichen Arbeiterwohnhäuser, in diesem Zusammenhang auf die extrem dichte Bebauung, die engen Lichthöfe und die hohe Anzahl indirekt belichteter und belüfteter Räume und die daraus entstehenden hygienischen und gesundheitlichen Probleme.[3]

Grundlage für die Schaffung begrünter Innenhöfe war der von der Gemeinde angestrebte Verbauungsgrad von maximal 50 % der gesamten Grundfläche. Die Höfe hatten, gemeinsam mit den Straßen, die ausreichende Belichtung und Belüftung der Wohnungen, das heißt aller Aufenthaltsräume, der Küchen und Toiletten sowie die direkte Besonnung zumindest eines Raumes zu ge-

Gartenhof im Bebelhof: Die Wege sind als Erschließungs- und Aufenthaltszonen gestaltet und werden als Spielbereiche genutzt.
Kat. Nr. 3/4/9

Aufenthalts- und Spielbereich mit einfachster Ausstattung in der Wohnhausanlage Sandleiten
Kat. Nr. 3/4/12

Wohnhausanlage Sandleiten: Beispiel für den differenzierten funktionalen und räumlich-gestalterischen Umgang mit Höhenunterschieden sowie für die Mischung einzelner Funktionsbereiche (Aufenthalt, Spiel, Hausarbeit)
Kat. Nr. 3/4/15

Treppenanlage in der Siedlung Lockerwiese als Beispiel für die Gestaltung räumlicher Übergänge und den Umgang mit Niveauunterschieden
Kat. Nr. 3/4/27

*Spielplatz im Rabenhof: Die panoptische Konzeption der Höfe ermöglichte die Obhut der Kinder.
Kat. Nr. 3/4/31/6*

*Karl Marx-Hof: Der geringe Verbauungsgrad besonders der „Superblocks" ermöglichte großzügige Hofanlagen.
Kat. Nr. 3/4/33/3*

währleisten ("Licht, Luft und Sonne"). Sie dienten der Erschließung der Wohnhausanlagen, standen für einige Hausarbeiten (Müllentsorgung, Teppichklopfen) zur Verfügung und waren Aufenthalts-, Kommunikations- und Spielräume im Freien. Ihre grundsätzliche Ausstattung und Ausgestaltung wurde durch die Gemeinde vorgegeben – sie sollten Sitz- und Spielbereiche mit einfachster Möblierung (im Regelfall nur Sitzbänke), Plätze zur Aufstellung von Coloniakübeln und Teppichklopfstangen sowie eventuell Planschbecken für Kinder enthalten. Weiters waren sie gärtnerisch auszugestalten, die Platz- und Wegeflächen sollten staubfrei hergestellt werden.[4] Die Vorgaben für die Ausstattung und Ausgestaltung der Höfe sind auch im Zusammenhang damit zu sehen, daß vornehmlich junge Familien mit Kindern in die neu errichteten Wohnhausanlagen eingezogen sind.[5] Die Entwürfe zur Gestaltung der Höfe wurden entweder von den mit der Planung des Wohnhauses beauftragten ArchitektInnen oder von der Gemeinde selber ausgearbeitet. Im Falle der Planung durch die ArchitektInnen wurden in vielen Fällen keine gesonderten Pläne zur Freiflächengestaltung erstellt, die Darstellung erfolgte im Lageplan oder in den Erdgeschoßplänen. Ergänzend dazu wurden gegebenenfalls Detailpläne für einzelne Ausstattungselemente erarbeitet. Die einzelnen ArchitektInnen setzten sich in unterschiedlicher Intensität und Detailgenauigkeit mit der Freiraumgestaltung auseinander. Die künstlerische Ausstattung mit Skulpturen, Plastiken usw. erfolgte durch KünstlerInnen, die ebenfalls im Auftrag der Gemeinde arbeiteten. Ausstattungselemente und Werke der bildenden Kunst standen zumeist in engem formalen Zusammenhang mit den Gebäuden. Einige Hofgestaltungen wurden,

Der Alltag in den Wohnhausanlagen: Die Müllabfuhr an der Arbeit
Kat. Nr. 3/8/8

vermutlich aus Kostengründen, unter Weglassung von Elementen wie Brunnen u. a. einfacher als geplant ausgeführt. Die Ausführung der Gartenbauarbeiten und die Pflege der Anlagen erfolgten entweder direkt durch die Gemeinde oder durch von ihr beauftragte Firmen.

Die den Verbauungsgrad betreffenden Richtlinien wurden bei den Lückenverbauungen eingehalten bzw. bei einigen aufgrund der vorgefundenen Situation überschritten. Die Höfe der Lückenverbauungen unterschieden sich in ihrer Größe zumeist nicht wesentlich von jenen der anschließenden gründerzeitlichen Wohnbauten, an die sich die kommunalen Wohnhäuser im Prinzip mit Baulinien, Baufluchtlinien, Höhen und Baumassen anpaßten. Im Gegensatz zu der gründerzeitlichen Bebauung wurden die Höfe jedoch nicht verbaut bzw. befestigt und durch über zweieinhalb Meter hohe Mauern von den benachbarten Grundstücken abgegrenzt. Es wurde im Gegenteil versucht, innerhalb eines Baublockes die Höfe der Gemeindebauten miteinander zu einer größeren, zusammenhängenden Grünfläche zu verbinden.[6] Im Falle der Zusammenlegung blieben die einzelnen Funktionsbereiche jedoch zumeist den jeweiligen Häusern zugeordnet und wurden nicht zusammengefaßt. Die Höfe wurden, auch wenn es sich um Einzelanlagen, die sich nicht zusammenlegen ließen, handelte, immer mit Bereichen für Aufenthalt, Spiel und Hausarbeit ausgestattet sowie gärtnerisch gestaltet. Zu der Mindestausstattung zählten Bänke, befestigte Wege und Platzflächen, Rasenflächen, Strauch- und Baumpflanzungen sowie Bereiche mit Klopfstangen und Coloniakübeln. In Einzelfällen wurden die Höfe mit Brunnen, Pergolen oder Skulpturen geschmückt. Niveauunterschiede wurden durch Treppen überwunden. In kleineren Wohnhäusern dienten die Höfe jedoch nicht der Erschließung, diese erfolgte traditionell direkt von der Straße aus. Insgesamt weisen die Gartenhöfe der Lückenverbauungen eine einfachere Ausstattung und Ausgestaltung sowie einen privateren Charakter als jene der Blockverbauungen und "Superblöcke" auf. Sie sind in allen Fällen weiträumiger, grüner und besser nutzbar als jene der Gründerzeit.

Bei den Blockverbauungen wurde der vorgegebene Verbauungsgrad eingehalten oder unterschritten, bei den "Superblöcken" teilweise bis auf 20 % reduziert. Die Höfe dieser beiden Bebauungsformen wiesen ebenso die geforderte grundsätzliche Bereichsgliederung sowie die gärtnerische Ausgestaltung auf und wurden darüber hinaus durch Funktionsbereiche wie Kinderplanschbecken und -freibäder sowie zumeist durch Elemente wie Treppen, überdachte Sitzplätze, Pergolen, Brunnen, Wasserbecken, Skulpturen, Plastiken, Pflanzschüsseln, Lampen, Mauern mit Zäunen oder Zäune reichhaltiger ausgestattet und ausgestaltet. Die Höfe dienten, mit Ausnahme einiger weniger früher Blockverbauungen, der Erschlie-

Der zentrale, sich zum Margaretengürtel hin öffnende Hof des Reumannhofes weist einen stark repräsentativen Charakter auf.
Kat. Nr. 3/4/5

ßung. Diese erfolgte von der Straße über den Hof zu den einzelnen Stiegen. Weiters waren in die Anlagen diverse Gemeinschaftseinrichtungen wie zentrale Waschküchen, zentrale Badeanlagen, Kindergärten, Horte, Jugendämter, Büchereien, Vortragssäle, Tuberkulose- und Mutterberatungsstellen, Krankenkassenambulatorien, Geschäftsräume für Lebensmittelbetriebe, Konsumvereine und anderes mehr integriert, die auch von den BewohnerInnen umliegender kleinerer Gemeindebauten genutzt wurden. Bei den Blockverbauungen wurden diese Einrichtungen zumeist in die Wohnhäuser eingefügt, bei den „Superblöcken" als eigene Baukörper in den Höfen untergebracht. Die Gartenhöfe wiesen im Vergleich zu den Lückenverbauungen insgesamt eine reichhaltigere Ausstattung und Ausgestaltung sowie einen öffentlicheren und repräsentativeren Charakter auf. Der höhere Öffentlichkeitsgrad war durch die größere Anzahl an BewohnerInnen und die Gemeinschaftseinrichtungen bedingt.

Die Funktion der Höfe als Erschließungszonen förderte die Kontakte und die Kommunikation innerhalb der Wohnhausanlagen. Sie bedingte gleichermaßen auch eine starke soziale Kontrolle und Überwachung der MieterInnen. Die Höfe als Aufenthaltsräume im Freien sollten die Wohnungen und Gemeinschaftseinrichtungen ergänzen.[7] Sie dienten dem Beisammensitzen, „ruhigen" Spielen und gemeinsamen Feiern. Sie waren wichtige Zentren des Miteinander-Lebens, der Gemeinschaft und Geselligkeit. Die Gartenhöfe förderten und unterstützten durch die Art ihrer Anlage, Ausstattung und Nutzung das in den Wohnhausanlagen bestehende Gemeinschaftsgefühl. Sie waren, neben vielem anderen, mit ein Grund für die hohe Identifikation der MieterInnen mit „ihrer" Wohnhausanlage, für die Akzeptanz der Wohnsituation und ihre positive Einschätzung durch die BewohnerInnen.

Die Gartenhöfe genügten in ihrer Ausstattung und Ausgestaltung den an sie gestellten Ansprüchen vollauf. Sie wurden funktionell durch die Straßen und Gassen, die in der Zwischenkriegszeit noch nicht völlig vom Individualverkehr dominiert wurden und somit weitgehend zur Verfügung standen, durch städtische *Frei*räume wie unverbaute Flächen, G'stettn und Bauplätze in ihrer näheren und weiteren Umgebung sowie durch öffentliche Grünräume wie Parkanlagen, Wiesen und Wälder, ergänzt. In diesen fanden „lautere" und raumgreifendere Aktivitäten, die in den Höfen aufgrund ihrer Ausstattung nicht möglich bzw. nicht erlaubt waren, statt. Die in den meisten Fällen in bezug auf das Stadtgefüge eher periphere Lage der Gemeindebauten begünstigte diese funktionale Ergänzung der Höfe. Die Nutzung der Straßen und Gassen als Aktionsräume insbesondere der Buben, Burschen und Männer stand auch in Zusammenhang mit der Bedeutung und Tradition, die diese Räume für die Wiener Arbeiterschaft von der Gründerzeit bis in die Zwischenkriegszeit hinein gehabt hatten.[8]

Lindenhof mit Kinderhort: Die Gemeinschaftseinrichtungen waren oft in den Gartenhöfen situiert. Kat. Nr. 3/4/31/4

Konzert im Südtirolerhof: In den Höfen fanden teilweise auch kulturelle Veranstaltungen statt.
Kat. Nr. 3/5/5

Die freie und unbeaufsichtigte Nutzung der städtischen *Frei*räume durch Kinder und Jugendliche war in der Zwischenkriegszeit, sowie auch davor, nicht im Sinne von Pädagogen und Bildungsfunktionären. So gesehen war die Anlage halböffentlicher und öffentlicher Grünräume daher auch von Bedeutung, um mehr Obhut und Kontrolle über die Kinder und Jugendlichen zu erlangen.

Die Nutzung der Höfe war durch Vorschriften der Gemeinde vorgegeben und geregelt und wurde, sowie auch ihre Sauberkeit, durch Wohnungsinspektoren und Hausmeister kontrolliert und überwacht.[9]

Nutzungseinschränkungen erfolgten u. a. in bezug auf die (Nicht-)Betretbarkeit der Rasenflächen, die Art der erlaubten Spiele und den Geräuschpegel. Zu Nutzungskonflikten innerhalb der Wohnhausanlagen ist es zweifelsohne trotz aller Reglementierungen und Kontrollen immer gekommen. Diese haben insbesondere Konflikte zwischen älteren BewohnerInnen und Kindern bzw. Jugendlichen und das Thema Lärmbelästigungen betroffen. Die Nutzungsvorschriften und Überwachungen haben auch das bereits erwähnte Ausweichen in andere städtische Frei- und Grünräume gefördert. Ein Problem der Anfangszeit der Wohnhausanlagen war die aufgrund der neu angelegten Bepflanzung geringe Beschattung der Höfe. Diese waren an heißen Sommertagen nur eingeschränkt nutzbar.

Neben den bereits erwähnten Funktionen der Höfe, die in direktem Zusammenhang mit dem Wohnen und dem Alltag standen, fanden in manchen der größeren Höfe diverse kulturelle und sportliche Aktivitäten und Veranstaltungen statt. Rein politische Aktivitäten hat es jedoch in den Gartenhöfen keine gegeben.[10]

Die Freiraumgestaltung der Höfe ist durch einige wenige, durchgehend angewandte Gestaltungsprinzipien charakterisiert – geometrische Gliederung, einfache Bepflanzung mit Rasenflächen, geschnittenen Hecken, Büschen und Bäumen, Verwendung künstlerisch geprägter Ausstattungselemente. Auffallend ist, insbesondere in den größeren Anlagen, der oft sehr differenzierte Umgang mit räumlichen Sequenzen und Niveauunterschieden sowie deren interessante gestalterische Lösungen. Ein weiteres Qualitätsmerkmal ist in etlichen Anlagen die gelungene Abfolge öffentlicher, halböffentlicher und privater Räume. Wie die Wohnhausanlagen selbst weisen die einzelnen Höfe sehr unterschiedliche Gestaltungsqualitäten auf, vermitteln jedoch insgesamt einen sehr geschlossenen und einheitlichen räumlich-gestalterischen Eindruck.

Die Gartenhöfe als integraler Bestandteil der kommunalen Wohnhausanlagen bedeuteten für die BewohnerInnen eminente hygienische, gesundheitliche, soziale und gesellschaftliche Fortschritte. Es galt als ein Kennzeichen des Wohnens im Gemeindebau, daß die Sonne in die neu errichteten Wohnungen drang.[11] Im Hinblick auf den Bestand an halböffentlichen Freiräumen bis

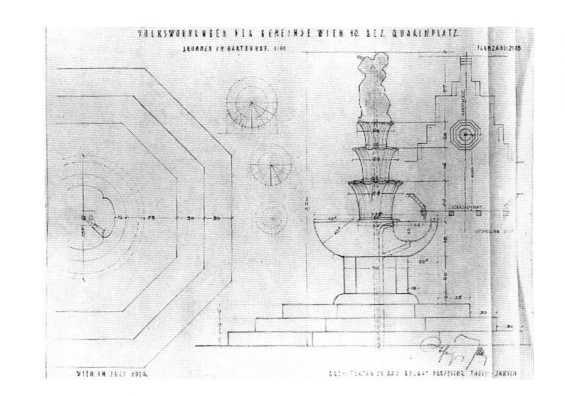

Der Plan zur Gestaltung eines Brunnens im Quarinhof zeigt die teilweise bis in alle Details gehende Planung der Freiräume durch die Architekten.
Kat. Nr. 3/4/40

in die frühen zwanziger Jahre und auf die Entwicklung nach dem Zweiten Weltkrieg bis heute wie auch in bezug auf ihre Quantität und ihre sozialen, gesellschaftlichen, funktionellen sowie räumlich-gestalterischen Qualitäten können die Höfe der Zwischenkriegszeit als eine fast revolutionäre Innovation und als einzigartig bezeichnet werden.

Die Höfe des Roten Wien heute

Die halböffentlichen Freiräume des Roten Wien sind heute wesentliche Bestandteile des Grünflächensystems der Stadt. Ihr Wert liegt darin begründet, daß sie den BewohnerInnen der Gemeindebauten trotz etlicher Einschränkungen nach wie vor wichtige wohnungsnahe Freiräume sind (oder sein können). Sie erfüllen mit ihrer mittlerweile stattlichen Bepflanzung wesentliche kleinklimatische Funktionen und stellen in gewisser Weise „grüne Oasen" im dichtbebauten Stadtgebiet dar. Die Höfe präsentieren sich in unterschiedlichen Erhaltungs- und Pflegezuständen – sie sind teilweise gut gepflegte, intensiv genützte und attraktive, teilweise jedoch auch etwas verwahrloste, triste Freiräume. Auffallend ist, daß jene Gartenhöfe, die gut gepflegt sind und offensichtlich benützt werden, insbesondere im Umfeld der Hauseingänge und entlang der Gebäude zahlreiche Eigeninitiativen von MieterInnen in Form von kleinen liebevoll gepflegten Blumen- und Staudenbeeten aufweisen. Zahlreiche Ausstattungselemente wie Brunnen, Wasserbecken, Kinderplanschbecken funktionieren heute nicht mehr oder sind überhaupt verschwunden. Die Gründe für eine derzeit teilweise geringere Akzeptanz durch die BewohnerInnen der Gemeindebauten liegen in ihrem teilweise mangelnden Pflegezustand, in ihrer Ausstattung, in

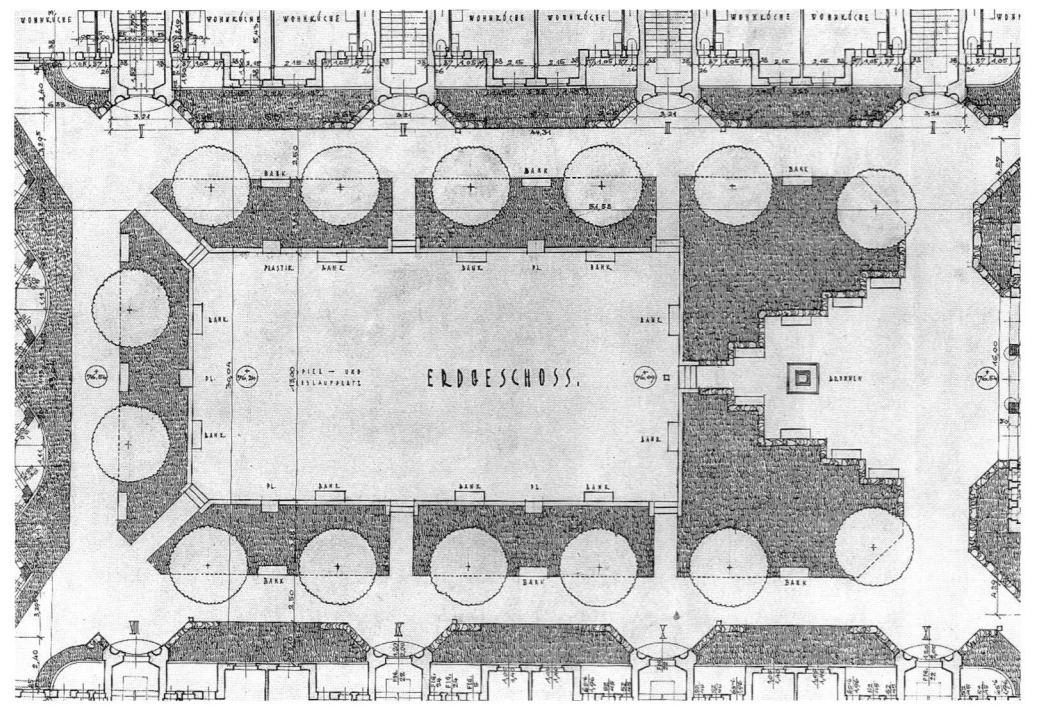

Die Freiraumgestaltung im Quarinhof (Architekten Theiss, Jaksch, 1924) ist ein Beispiel für die sehr differenzierte räumlich-gestalterische Auseinandersetzung der Architekten mit den Gartenhöfen (Grundriß Erdgeschoß, Maßstab 1 : 100).

der Alters- und Sozialstruktur der MieterInnen sowie in den höheren Ansprüchen, die an sie gestellt werden. Diese haben ihre Ursachen im gestiegenen Lebensstandard, in geänderten Lebensverhältnissen und in einem anderen Freizeitverhalten. Die aus heutiger Sicht eingeschränkten Nutzungsmöglichkeiten der Gartenhöfe werden durch den Verlust an informellen städtischen *Freiräumen* und an zur Verfügung stehendem Straßenraum in ihrem Umfeld noch verstärkt.

Die Höfe der kommunalen Wohnhausanlagen der Zwischenkriegszeit für die BewohnerInnen als wohnungsnahe Freiräume wieder attraktiver und besser nutzbar zu machen und sie gleichzeitig als Gartendenkmal der zwanziger und dreißiger Jahre zu akzeptieren und zu erhalten, muß – und wird – eine wichtige Aufgabe städtischer Freiraumplanung sein, die in direktem Zusammenhang mit der Sanierung der Wohnbauten selbst steht.

Die Mietergärten der Wohnhausanlage auf der Schmelz, als Nutzgärten konzipiert und verwendet
Kat. Nr. 3/2/2

Anmerkungen

1 Anfang der 1920er Jahre galt es aus der Sicht der Sozialdemokratie für Wien die Problemkreise Steuerreform, Sanierung und Reorganisation des städtischen Budgets, Herausnahme der Boden- und Wohnungsorganisation aus dem Marktverkehr, Ausarbeitung und Realisierung eines ausgedehnten Sozial- und Gesundheitsprogrammes sowie Erweiterung des innerstädtischen öffentlichen Verkehrs zu lösen. (Vgl. Felix Czeike: Die Kommunalpolitik der zwanziger Jahre. In: Verein der Wiener Festwochen und Österreichisches Gesellschafts- und Wirtschaftsmuseum [Hg.]: Zwischenkriegszeit – Wiener Kommunalpolitik 1918–1938. Katalog zur gleichnamigen Ausstellung. Wien 1980, S. 5.) Eine eigenständige städtische Grünraumpolitik zählte nicht zu den vordringlichen Notwendigkeiten dieser Zeit.

2 „Wohnbau als Teil einer sozialistischen Konzeption: Der Wohnbau wurde bewußt als Thema aufgefaßt, das ein Stück Sozialismus auszufüllen hätte. Dahinter steht der Gedanke, daß jeglicher Lebensbereich von der Politik zu bestimmen wäre, daß sozialistisches Gedankengut in alle Ritzen des täglichen Lebens einzudringen hätte. Erst durch das Eindringen sozialistischer Konzeptionen in die Praxis des Alltags könnte die Gesellschaft in ihrer Gesamtheit sich in Richtung einer sozialistischen, klassenlosen entwickeln. Es war daher notwendig, Wohnbau nicht in erster Linie als technische, finanzielle, administrative Angelegenheit anzusehen, sondern als eine zutiefst politische. Die tatsächlichen oder vermeintlichen Sachzwänge wurden überwunden im Bewußtsein, daß der politische Wille, machtvoll vorgetragen, Berge versetzen kann." (Wilhelm Kainrath: Die gesellschaftspolitische Bedeutung des kommunalen Wohnbaus im Wien der Zwischenkriegszeit. In: Kommunaler Wohnbau in Wien. Aufbruch – 1923 bis 1934 – Ausstrahlungen. Wien 1978.)

3 Konkrete Ansätze zu einer Verbesserung dieser Zustände hat es bereits ab der zweiten Hälfte des 19. Jahrhunderts aufgrund der Initiative einzelner Unternehmer und wohltätiger Vereine gegeben. Diese Versuche waren jedoch Einzelfälle geblieben, da die Wohnungspolitik und die Verbesserung der Wohnungsfrage in Wien erstmals von den Sozialdemokraten als Aufgabe der öffentlichen Hand erkannt und „als Bestandteil gesellschaftlicher, öffentlicher Verantwortung" verstanden wurde. (Wilhelm Kainrath: wie Anm. 2.)

4 Vgl. Die Verwaltung der Bundeshauptstadt Wien in der Zeit vom 1. Jänner 1923 bis 31. Dezember 1928. 2. Band.

5 Reinhard Sieder: Zur alltäglichen Praxis der Wiener Arbeiterschaft im ersten Drittel des 20. Jahrhunderts. Habilitationsschrift. Wien 1988, S. 420.

6 Ein interessantes und gut gelungenes Beispiel dieser „Hofzusammenlegungen" sind die Höfe der Gemeindebauten Neubeckgasse 4/Cervantesgasse 9/Hickelgasse 11 sowie Gründorfgasse 4/Meiselstraße 73/Sebastian Kelch-Gasse 5–7 im 14. Bezirk.

7 „Schließlich aber muß man sehen, daß hinter diesen kleinen Wohnungen ein Konzept stand, wonach die Menschen nicht nur in ihren kleinen Wohnungen abgekapselt werden sollten. Sie sollten vielmehr das Wohnen auch in jenen Gemeinschaftseinrichtungen fortsetzen, die in so zahlreichem Maße angeboten wurden. ... Das begann bei den großzügigen Grünanlagen ... Solcherart blieb „Wohnen" nicht bloß eine private Angelegenheit einzelner Menschen oder Familien, sondern war integriert im solidarischen Zusammenleben – oft auch in der gemeinschaftlichen politischen Auseinandersetzung – einer großen Wohnhausanlage, ja eines ganzen Wohnquartiers." (Wilhelm Kainrath: wie Anm. 2.)

8 „Straße" und „Nachbarschaft" waren charakteristische Bereiche des (gründerzeitlichen) Arbeiterlebens. (Vgl. Hans Safrian und Reinhard Sieder: Gassenkinder – Straßenkämpfer. Zur politischen Sozialisation einer Arbeitergeneration in Wien. 1900–1938. In: Lutz Niethammer [Hg.]: Wir kriegen jetzt andere Zeiten. Auf der Suche nach der Erfahrung des Volkes in nachfaschistischen Ländern. Berlin, Bonn 1985, S. 117 ff.)

9 Wie Anm. 5, S. 432–434.

10 Stefan Schmidt: Gärten im Roten Wien. In: Topos – European Landscape Magazine. Nr. 2, 1993, S. 97.

11 Wie Anm. 5, S. 417.

Literatur

Maria Auböck: Die Gärten der Wiener. Wien 1975.

Felix Czeike: Wiener Wohnbau vom Vormärz bis 1923. In: Kommunaler Wohnbau in Wien. Aufbruch – 1923 bis 1934 – Ausstrahlungen. Katalog zur gleichnamigen Ausstellung. Wien 1978.

Brigitte Mang: Lückenverbauungen im kommunalen Wohnbau der Zwischenkriegszeit. In: Stadt Wien – Geschäftsgruppe Wohnen und Stadterneuerung (MA 24) und Ingenieurkammer für Wien, Niederösterreich und das Burgenland (Hg.): Wohnen in der Stadt – Ideen für Wien. Wien 1989, S. 18 ff.

Gottfried Pirhofer: Politik am Körper: Fürsorge und Gesundheitswesen. In: Verein der Wiener Festwochen und Österreichisches Gesellschafts- und Wirtschaftsmuseum (Hg.): Zwischenkriegszeit – Wiener Kommunalpolitik 1918–1938. Katalog zur gleichnamigen Ausstellung. Wien 1980, S. 65 ff.

Politik in der Idylle

Josef Seiter

Politik in der Idylle

Die plastischen Monumente der Ersten Republik

„Aus breiter Grundfläche (...) schießt das nach oben rasch sich verjüngende Postament empor, einer vulkanischen Eruption nicht unähnlich. Der gewaltige Schub von unten reißt die Pflastersteine der geborstenen Straße mit zur Höhe, läßt im unteren Drittel des Postaments die eruptive Kraft für einen Augenblick ermatten, um im nächsten mit erneuter, gestraffterer Auftriebsstärke zur gewünschten Höhe zu gelangen, die in Lassalles flammenden Bronzekopf übergeht. Das Ringen der erd- und volksgeborenen Sehnsucht der Arbeiterschaft zur Höhe, gehemmt, gehindert und immer zu neuem Auftrieb ansetzend, ist in diesem aus der Straße geborenen Postament symbolisiert."[1]

So wortgewaltig, expressiv befand Max Ermers das „erste proletarische Denkmal" in der Festschrift, die anläßlich seiner Enthüllung am 6. Mai 1928 herauskam. Ermers beschrieb damit Bilder vom überhöhten Verständnis der Urkraft dieser Volksbewegung, Bilder der chtonischen Mächte und Gewalten, Bilder, die frühe Bildwerke und allegorische Darstellungen der sozialdemokratischen Arbeiterbewegung als Symbole der visualisierten Zukunftshoffnung immer wieder illustrierten. Dieses Bildverständnis hatte die organisierte sozialdemokratische Arbeiterschaft noch immer verinnerlicht, genauso wie die Verehrung Lassalles – eine Verehrung, die schon zu seinen Lebzeiten, besonders aber nach seinem Tode 1864 eingesetzt hatte. Lassalle, der Erlöser des Proletariates, der Weckrufer und Erwecker – so hieß es auch auf der in das Denkmal gemauerten Stiftungsurkunde.

Der Bildhauer Mario Petrucci hatte jedoch mit der formalen Lösung seines Monuments Neues gesucht: „Ich freue mich, daß es gerade Ferdinand Lassalle ist, dessen Denkmal ich frei vom Konventionalismus

Mario Petrucci: Früher Entwurf zum Lassalle-Denkmal Kat. Nr. 3/5/13

Mario Petrucci: Entwurf zum Lassalle-Denkmal Kat. Nr. 3/5/13

der vielgeliebten Sockeln, Hermen, Obelisken und Balustraden, die unüberwindlich seit Jahrhunderten durch das skulpturale Leben spuken, gestalten durfte. (...) Ein Versuch, architekturbefreiter Skulptur auch befreite, selbständige Form zu geben; Verlegenheitsformen, überlieferungsgeheiligt, die seit Jahrhunderten ödes Schablonenleben in Ateliers und Werkstätten führen, auszuweichen."[2]

Nun war dieses Denkmal wohl ein Denkmal des Roten Wien, aber kein Denkmal der Kommune. Die Gemeinde hatte zwar Grundstück und finanzielle Mittel zur Fundamentierung des Denkmals im „Winarsky-Hof" zur Verfügung gestellt, die Mittel für das Denkmal wurden aber von der sozialdemokratischen Arbeiterschaft selbst aufgebracht. Das zentrale politische Monument der Kommune war hingegen das „Denkmal der Republik", jener Republik, als deren Hüterin sich die Sozialdemokratie, das Rote Wien, ja immer gefühlt hatte. Mit der Enthüllung dieses Monument am 10. Jahrestag der Republiksgründung, dem 12. November 1928, war der Sozialdemokratie die Aufstellung des wichtigsten öffentlichen Bildwerks gelungen.

Die strenge monumentale Denkmalsarchitektur ist Hintergrund und Rahmen für das skulpturale Tryptichon dreier bedeutender, verstorbener Führer und Vorkämpfer der Republik – zu deren und der Republik Ehren: Auf Granitstelen stehen die Porträtbüsten des ersten sozialdemokratischen Bürgermeisters Jakob Reumann, des Sozialpolitikers Ferdinand Hanusch und in deren Mitte das Idealbild des Parteigründers Victor Adler. Ihn hatte Anton Hanak expressiv porträtiert, die beiden anderen Büsten stammten von Franz Seifert und Carl Wollek. Die Architektur des Denkmals hatte ebenfalls

Mario Petrucci: Lassalle-Denkmal. XX., Winarsky-Hof, Stromstraße 36–38:
„Lassalles Kopf, den Wirklichkeitszügen des Volksführers entnommen und doch ins lodernd Übermenschliche gesteigert. Bronzebänder legen sich um die Kanten des eruptiven Steins, in feuervergoldeten Lettern feurige Wahrworte aus Lassalles unsterblichen Schriften und Aufrufen übernehmend." (Max Ermers)
Photo: Ansichtskartenzentrale Ascher

Anton Hanak, Carl Wollek, Franz Seifert: Das Denkmal der Republik. I., Dr. Karl Renner-Ring
Photo: Österreichische Lichtbildstelle

Hanak entworfen. Dabei war er selbst mit dieser Denkmalskonzeption wenig zufrieden gewesen. Folgt man seiner Biographin Hedwig Steiner, hatte er dazu tendiert, einen „schmal und steil gestreckten Jüngling" zu bilden, „der den Anfang jedes Staatswesens hätte symbolisieren können".[3] Die Auftraggeber hatten jedoch schon zu Beginn eigene Vorstellungen zur Gestaltung des Denkmals eingebracht und waren dementsprechend mit dem Ergebnis äußerst zufrieden. Hatte man doch somit das erste plastische Monument der freien Republik auf der zentralen, bis dahin durch und durch imperialen und großbürgerlichen Repräsentationsstraße errichten können – unmittelbar neben dem Parlamentsgebäude, dem Haus der Volksvertretung.

Eigentlich hatten die Sozialdemokraten schon länger Handlungsbedarf. Schon zwei Jahre vorher, am 19. September 1926, war ein anderes Denkmal enthüllt worden – gleichsam ein „Konkurrenzprojekt". Dieses war hauptsächlich ein Anliegen der anderen politischen Massenorganisation, nämlich der Christlichsozialen Partei, gewesen: Josef Müllners Monument für Bürgermeister Karl Lueger. Im Reigen der Ringstraßendenkmäler der beiden ersten Jahrzehnte des 20. Jahrhunderts wirkt seine Architektur äußerst imperial und verherrlicht Lueger historisch-klassizistisch als Parteiführer und Volkstribun der Wiener Kleinbürger.[4]

Ein drittes Denkmalsprojekt an der Ringstraße – der Architekt Friedrich Ohmann plante es mit einer figürlichen Darstellung des neuen Staates „Deutsch-Österreich" für den Platz vor der neogotischen Votivkirche – wurde hingegen nie verwirklicht.[5] Schließlich war das Vertrauensverhältnis zu diesem Reststaat „Deutsch-Österreich" in beinahe allen politischen Lagern ein gebrochenes. Warum diesem angeblich so ungeliebten Staat gar ein Denkmal errichten?

Mit dem „Denkmal der Republik" hatte es die Sozialdemokratie geschafft, ihr erstes Monument in den prominentesten Hort der Wiener Denkmalskultur zu plazieren. In der zweiten Hälfte des 19. Jahrhunderts war mit der Anlage der Wiener Ringstraße – auch als zentraler Ort der Denkmäler und Bauplastiken – ein kaum zu übertreffendes ästhetisches Ambiente bürgerlicher Identifikation geschaffen worden. Es war der Sozialdemokratie nur punktuell gelungen, diese großbürgerliche Visualität auch ästhetisch zu konkurrenzieren, wie etwa alljährlich mit den Aufmärschen zum 1. Mai. Ehrlicherweise: Auch das „Denkmal der Republik", dieses so wichtige Monument sozialdemokratischen Bewußtseins, mußte sich noch immer recht schmalschultrig zwischen die gründerzeitlichen Palais und Repräsentationsbauten zwängen.

Die anderen Denkmäler des Roten Wien, sieht man vom Denkmal für den Sozialpolitiker Julius Ofner – dem „Sämann" in der Taborstraße – ab, befinden sich auf wenig proponierten Stellen: Der „Sämann" vor dem Karl Marx-Hof und die Bildnisbüste des ersten sozialdemokratischen Bürgermeisters Reumann stehen geschützt in den Ehrenhöfen der Volkspaläste.[6]

Die plastischen Monumente des Roten Wien waren gebunden an die neuen Heimaten der Wiener Bevölkerung, an die Fassaden, an die Höfe und Gärten der neuen Volkswohnbauten und Siedlungen. Durch die reduzierte öffentliche Präsenz erscheint die Menge der in der Ersten Republik aufgestellten plastischen und bauplastischen Werke weit geringer, als sie es tatsächlich war.

Die eigentlichen bauplastischen Monumente des Roten Wien waren die Volkswohnbauten. Auch wenn es seit dem Frühjahr 1928 ein „Lassalle-Denkmal" gegeben hatte, auch einen vom selben Bildhauer gestalteten Porträt-Kopf von Friedrich Engels[7] am „Friedrich Engels-Hof" in Wien-Simmering, wer vermißt die Plastik desjenigen, der der Sozialdemokratie das Instrumentarium der Analyse und Aktion vorgegeben hat? Statt der öffentlichen Denkmalsplastik des Karl Marx im Roten Wien gibt es diesen gigantischen Gemeindehof mit 1325 Wohnungen und einer Straßenfront von einem Kilometer Länge, der den Namen des Begründers des wissenschaftlichen Sozialismus trägt. Dies ist ein markantes Zeichen für das Verständnis der politischen Ästhetik des Roten Wien. Diese 15 Jahre der sozialdemokratischen Stadtregierung in Wien hatten trotz aller Defizite großartige soziale und kulturelle Projekte aufzuweisen, deren Durchführung die Leistungsfähigkeit der sozialdemokratischen Politik erfolgreich demonstrieren konnte – und es auch sollte: Denn mit der Beauftragung dieser unverwechselbaren Architektur des Volkswohnbaus verfolgte die Sozialdemokratie auch einen unmittelbar politischen Zweck, Beispiel für ganz Österreich zu sein,[8] gerühmtes Zeichen für die ganze Welt.

Libertär und historistisch: die Vorbilder der Plastik

Die Wiener Sozialdemokratie wählte, fühlte sie sich doch schon vor der Ersten Republik als Erbin des freiheitlichen Gedankengutes der bürgerlichen Revolution, deren Petrefakte zum Objekt der Erinnerung und Verehrung: Der Obelisk, der zum Andenken an die Opfer der Märztage von 1848 am Zentralfriedhof errichtet worden war, war beispielsweise seit den achtziger Jahren des 19. Jahrhunderts alljährlich das Ziel der sogenannten Märzgänge, großer Prozessionen unter Beteiligung zehntausender Sozialdemokraten und Sozialdemokratinnen. Unter der Repression des monarchistischen Obrigkeitsstaates sollte der Friedhof bis zur Ersten Republik beinahe ausschließlich der einzige Ort bleiben, an dem es den Genossen und Genossinnen möglich war, Monumente und Denkmäler öffentlich zu errichten: Die Grabmäler für den 1913 ermordeten Franz Schuhmeier (von Siegfried Bauer gestaltet), für die Opfer der Teuerungsdemonstration von 1911, für die sozialdemokratischen Funktionäre Anton Schlinger (Bauer), Julius Popp (Hubert Gessner), Josef Scheu (Richard Luksch), Emil Kralik (Fritz Hänlein). Zwar konnte die Parteipresse die zusehends monumentalere Gestaltung solcher Denkmäler als Zeichen der Erstarkung der Bewegung werten, sie waren letztlich doch noch immer Mahnmale von Rückschlägen und Niederlagen, die den langen Weg des Aufstiegs der Sozialdemokratie kennzeichneten.

Analysiert man den Stil der Skulpturen, die die Wiener Gemeindeverwaltung der Ersten Republik beauftragt oder angekauft hatte, dann sind sicher viele Elemente aus den „Historismen" zu finden. Zum einen im Historismus des vorigen Jahrhunderts, zum andern auch in jenem, der nach den wenigen Jahren secessionistischer Plastik für die Planung und Dekoration der späten Bauprojekte der Wiener Ringstraße wiederbelebt wurde: etwa für den Bau der Neuen Burg oder des Kriegsministerialgebäudes. Im Gegensatz zum Historismus des 19. Jahrhunderts wurden dafür die Themen vereinfacht. Figuren, Puttis und Girlanden ornamentierten die Schaufassaden und Gartenterrassen, sich kaum der historischen Allegorien bedienend.[9]

In diesen beiden „Historismen" bestand aber ein enger organisatorischer und künstlerischer Kontakt zwischen Bildhauern und Architekten. Die Skulpturen waren zeitweise unabdingbare Faktoren des Gebäudes und hatten sich der Architektur untergeordnet. Die Secessionisten übernahmen zunächst ohne wesentliche Umformung die tradierten Aufgaben der Plastik, doch bildeten sich dabei konträre Funktionen heraus: Zum einen verschmolz die Plastik mit der Wand des secessionistischen Gebäudes, klang harmonisch mit dem Bauwerk oder geriet gar zur Applikation auf der passiven Fläche – zum andern konnte die Plastik frei vor die Wandfläche „treten" und die Wandfläche „negieren". All dies waren Vorgaben, die die Dekoration des Wohnbaus der Zwischenkriegszeit wohl beeinflussen sollten.

Dabei forderte die ihres Inhalts entleerte und trotzdem ökonomisch aufwendige plastische Ornamentierung der späten Gründerzeitarchitekturen eine Besinnung auf den Baukörper selbst. Der Wiener Adolf Loos hatte als einer der ersten mit seiner spezifischen Definiton des Bauens radikal Stellung bezogen. Seine Konzeption floß, wenn auch nur kurzzeitig, in die Gestaltung der frühen Volkswohnhäuser ein. Außerdem gab die planungsbeauftragte Magistratsabteilung 22 auch die Zweckmäßigkeit der künstlerischen, bildhauerischen, malerischen Ausstattung der Gemeindebauten vor. Oberstes Prinzip war dabei, auf die zweckentsprechende Einfachheit und die zweckdienliche Schönheit der Architektur zu achten und die Vergeudung von Kapital für die luxuriöse Ausgestaltung und den entbehrlichen Schmuck zu verhindern, notgedrungen sparsam zu planen.[10] In weiterer Entwicklung orientierte sich der Gestaltungswille

Josef Riedl: Ornamentaler Fries. II., Ybbsstraße 40–42
Photo: Martin Gerlach

Wilhelm Frass: Arbeiter. XXI., Werndlgasse
Photo: Martin Gerlach

Josef Riedl: Körperkultur. XIX., Karl Marx-Hof, Heiligenstädter Straße 82–92
Photo: Martin Gerlach

Otto Hofner: Jüngling mit dem Hammer. XV., 2. Zentralberufsschulgebäude, Hütteldorfer Straße 7–17. Das Bild des „Neuen Menschen": Der jugendliche Arbeiter, aktiv und kraftvoll
Kat. Nr. 3/10/4

stilistisch an anderen Vorgaben – auch an denen der Sezession und am Stil des Heimatschutzes. Sie ließen der Plastik am Bau in dieser Folge mehr Platz als der internationale Stil, der deswegen keineswegs aus der Wohnbauplanung verbannt wurde.

Den Ort der Plastiken und der Ornamentierung bestimmte auch beim Volkswohnhausbau der Ersten Republik noch immer der Architekt. Dieser griff noch immer, wenn auch seltener als im Historismus, in die Ornamentierung ein – wie etwa Hubert Gessner, der dem kommunalen Wohnbau wahrscheinlich die stärksten Gestaltungsvorgaben geliefert hatte.

Arbeiterheld und tollende Putti
Bevorzugte Standorte für Plastiken, die in Bindung an den Wohnbau errichtet wurden, waren exponierte Stellen über Toren und Durchgängen. Die Statuen wurden auf Konsolen in die Fassaden oder auf den Schlußsteinen der Bögen postiert, Figuren konnten Eckpfeiler entschiedener definieren. Manchmal übersteigerten monumentale überlebensgroße figurale Reliefs und Figurengruppen die Situation der Durch- und Eingänge, manchmal verhielten sie sich zurückhaltend im kleinen Supraportenrelief. An einigen Wohnbauten wurde beim Versuch, eine „Wandplastik" zu formen, die Wand selbst rhythmisierend, expressiv gegliedert. Plastisch ornamentaler Schmuck umrahmte die Fenster, fügte sich in Schnittlinien von Erkern und Wandfläche, akzentuierte Sockel, Kandelaber, Blumenschalen.

Diese zahlreichen Einbindungen der Plastik, auch der Freiplastik, in angewandte Bereiche, wie auch etwa zum Zwecke der Brunnenplastik, weisen auf die starke kunstgewerbliche Dimension der Plastik hin. Der Bezug zum Kunstgewerbe wird auch bei

Hugo Taglang: Tänzerin. X., George Washington-Hof, Triester Straße 52–56
Photo: Martin Gerlach

Komposition und Thema der zahlreichen kleinformatigen Reliefs offensichtlich: Biedermeierlich, jugendstilisiert und kinetistisch tollen hier Putti und Tiere, verstecken sich Tiere in Ornamentfriesen.

Gartenplastik, Tierfiguren, Putti tauchten schließlich in dieser Privatheit der Anwendung den Gemeindebauhof ins Licht der Idylle. Diese scheinbare Nebensächlichkeit des Aufstellungsortes ist auch nicht unschuldig an einer spezifisch minderbewerteten Einschätzung der Plastik im und am Gemeindebau. Nobel ausgedrückt, wird ihr noch der Wert einer gleichsam bildnerischen Gelegenheitsdichtung zuerkannt.[11] Und das leider nicht ganz zu Unrecht. (Zudem kann noch vermutet werden, daß die Vielzahl der Bildhauer und Bildhauerinnen von dem neuen Auftraggeber mit der spezifisch gesellschaftspolitischen Dimension seiner Beauftragung nicht unwesentlich verunsichert waren. Und solche Störungen unterwanderten sicher auch die Ausführung der Objekte.)

Plastiken hoch an den Fassaden mußten schon wegen ihrer Dimension ernster genommen werden. Sie waren durchaus als Wächter und idealisierte Abbilder der Besitzer und Besitzerinnen der neuen Wohnhöfe zu verstehen – schon allein deswegen wurden diese Figuren kaum als Atlanten und Träger einzelner Gebäudeteile mißbraucht. Was sie hingegen nicht leugnen können, ist die Vorstellung eines spezifischen Bildes von Mann und Frau.

Als Anton Hanak den „Arbeiter" und die „Arbeiterin" für die Fassade der Arbeiterkammer in Graz[12] im Sommer 1926 fertiggestellt hatte, fühlte er *„unheimlichen Stolz"* an der ausgeführten Arbeit. „(...) jedes an seinem Platz – führt *er* das Werkzeug, hütet *sie* die Kinder." Und Hedwig Steiner charakterisierte diese Skulpturen sicher im Hanakschen Sinn: „Nach einem gemeinsamen Ziel sind sie gerichtet durch Haltung, Blick und Führung. Das wilde Gegeneinander der Kräfte, das Hanak in seiner Arbeit oft gewaltsam übersteigert, ist hier zu kraftgeladenem, sicherem Miteinander gebändigt. *Zu höchster Leistung vereint*, dies Wort des Bildhauers könnte man zu dem Doppel-Standbild des *‚Menschenpaares'* sprechen." (Die kursiven Bemerkungen bezeichnen Hanaks eigene Worte. J. S.)[13]

Nie schienen sich Hanaks Kunst und das Bild vom sozialdemokratischen „Neuen Menschen", dem philosophisch-pädagogischen Leitmotiv der Sozialdemokratie, so nahe gekommen zu sein. Und genauso wie in den Schriften Max Adlers bereits vor der Republik dieses Bild des „Neuen Menschen" theoretisch formuliert wurde, trugen schon seit dem ersten Jahrzehnt dieses Jahrhunderts diverse Medien der sozialdemokratischen Bildpropaganda – Abzeichen, Maifestschriften etwa[14] – das Bild des siegreichen, des durch den Kampf unversehrten, ja erstarkten Arbeiters.

Diese ersten Bilder zeigten zunächst noch den idealtypischen Handwerker, den Schmied, der auch zum älteren Arbeiter mutiert, der schwer unter dem ihm aufgezwungenen Joch des Kapitalismus zu leiden hatte. Doch zur Jahrhundertwende und mit dem Aufstieg der Partei begann sich das Bild des Arbeitsmannes langsam zu verjüngen. Erschien doch der junge, in der Gemeinschaft politisch aktive Arbeiter geeigneter, den Aufstieg der Partei zu veranschaulichen, als der mit seinem Schicksal ringende Mensch. Dieses Bild des jungen kräftigen Arbeiters wird auch im sogenannten „Jüngling mit dem Hammer" (von Otto Hofner, 1926) reproduziert, der im Hof der Zweiten gewerblichen Fortbildungsschule im 15. Wiener Gemeindebezirk den dort geschulten Lehrlingen Vor- und Sinnbild sein sollte.

Doch diese Bildmutation betraf nur das Bild des Mannes. Denn auch jener Frauentyp, den Hanak noch so aufrecht gehen ließ, entsprach tatsächlich dem Bild der Frau, die in ihrer „klassischen" Rolle als Mutter, der sorgenden und der fruchtbaren, gerecht zu werden hat. Und dieser Symbolik hatte sich der Bildhauer auch bei den Aufträgen für die Wiener Gemeinde besonders angenommen: bei der fürsorgenden „Magna Mater" (Frühling 1927), dem Monument im Garten der Wiener Kinderübernahmsstelle, auch bei den „Früchteträgerinnen", den beiden übergroßen Figuren an dem Wohnbau in Wien 19, Philippovichgasse (schon im Herbst 1924 beendet). Wenngleich Hanaks „Schmerzensmutter" (1927), die Skulptur für die Gefallenen des Ersten Weltkriegs am Wiener Zentralfriedhof, vielleicht sogar dieses klischeebehaftete Frauenbild überwinden kann, die Mehrzahl der skulpturalen Frauendarstellungen lassen sich, wie Stephanie Matuszak es formuliert hat, in zwei komplementären Kategorien beschreiben: als vorbildhafte, unschuldige „neue Madonna" oder als verführerische, schuldige „ewige Eva".[15]

Anton Hanak: Zwei Fruchtträgerinnen. XIX., Philippovichgasse 1: Die fruchtbare Eva
Kat. Nr. 3/10/1

Kat. Nr. 3/10/2

Anton Hanak: Kriegerdenkmal am Wiener Zentralfriedhof
Photo: Martin Gerlach

Joseph Josephu: Mutter mit Kindern. X., Troststraße 68–70.
Photo: Martin Gerlach

Franz Sautner: Nixe. XI., Herderplatz
Photo: Martin Gerlach

Weniger oft begegnet man Arbeitsdarstellungen auf oder vor den Fassaden der Wohnbauten. Auf der Suche danach fallen erstaunlicherweise gerade zwei Freiplastiken mit dem Motiv des Sämanns auf: nämlich beim Denkmal für den Sozialpolitiker Julius Ofner auf der Taborstraße im 2. Wiener Bezirk und beim Jüngling des Karl Marx-Hofes. Erstaunlicherweise deswegen, weil die Sozialdemokratie als Partei der Industriearbeiterschaft in ihrer Kontaktnahme mit der Landarbeiterschaft wenig erfolgreich gewesen war. Doch auch das Motiv des Aussäens durchzog die Bildpropaganda der Frühzeit der Bewegung. Natürlich stand dahinter auch das bekannte Bild des Sämanns nach gemalter Vorgabe des französischen Romantikers Françoise Millet. In sozialistischer Tendenz konnte das Bild, beispielsweise von Chat Roux (das ist der Bildhauer Siegfried Charoux) gezeichnet, so uminterpretiert werden: „Säet, säet den Sozialismus!"[16]

In anderen Arbeitsdarstellungen dominiert das Hand- und Taglöhnerwerk, nicht die Industriearbeit: auf dem Relief „Die Städtebauer" (Otto Hofner, 1925) oder „Die Arbeit" (Angela Stadtherr, 1931). Einzuwenden wäre, daß sich die Wiener Arbeiterbewegung doch seit jeher auch zu einem Gutteil aus der Handwerkerschaft rekrutiert hatte. Auf den Fresken des sogenannten „Märchenhofes" am Vogelweidplatz umrahmen eben Märchenbilder die verschiedenen Handwerksdarstellungen. Interessanterweise geben sich aber andere Fresken am gleichen Hof weniger idyllisch, dafür beinahe propagandistisch: Bilder zum Thema „Bauwesen", „Unterricht", „Wohlfahrt" und „Sport" (Rudolf Jettmar, 1927) weisen auf die Lebensqualitäten des Roten Wien hin.

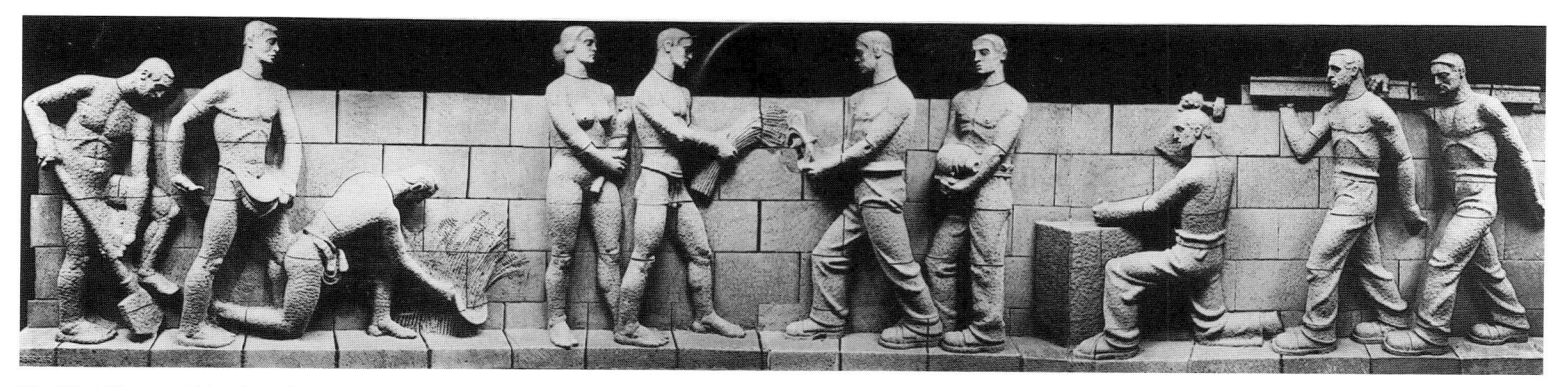

Siegfried Charoux: Fries der Arbeit. X., Zürcher-Hof, Laxenburger Straße 49–57
Photo: Martin Gerlach

Heinrich Scholtz: Putti. XVI., Sandleitengasse 43–47
Photo: J. Scherb

Tatsächlich wurden die sogenannten großen Themen von vielfältigen Themen der Idylle begleitet: Putti in zahlreichen Bildvariationen: „Putto mit Zicklein", „Putto auf Fisch reitend", „Putto auf Schnecke", „Putti musizierend", Putti als Allegorien für die „Vier Jahreszeiten", „Putto eine Weltkugel tragend". Putti auf Reliefs, auf Brunnen, auf Pfeilern und Stiegenaufgängen, zumeist, aber nicht immer im Bereich von Kindergärten und Spielplätzen. Und neben den Putti, die manchmal auch erwachsener ausgefallen waren – Mädchen und Knaben –, grasten die Tiere, exotisch und heimisch: Pelikan, Kugelfisch, Nashorn und Elefant, auch Schildkröte und Bär mit und ohne Brunnen – doch versöhnlich, friedlich spazierten bekannte Haustiere – und Rehe noch dazu.

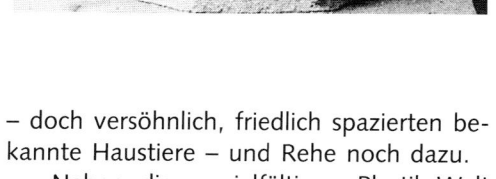

Neben dieser vielfältigen Plastik-Welt hatte gerade die Porträtplastik als Zeichen der sozialdemokratischen Personenverehrung ihren besonderen Platz: Dabei wird natürlich auch das Problem der Verehrung von Führerpersönlichkeiten in einer auf Gemeinschaft und Solidarität ausgerichteten Bewegung offensichtlich, aber auch die Schwerpunktsetzung bestimmter, durch Personennennung präzis deklarierter Werthaltungen offenbar.

Vollplastisch porträtiert oder im Reliefmedaillon finden wir primär Politiker aus dem Umfeld des Marxismus, Sozialismus und Wegbereiter der Demokratie – oft in idealisierter Darstellung: August Bebel, Robert Blum, Friedrich Ebert, Giacomo Matteotti, auch George Washington, Franz Domes, Julius Tandler neben den schon erwähnten Politikern und Theoretikern wie Adler, Reumann, Hanusch, Engels und Lassalle. Erstaunlicherweise wird jenen Personen, deren pädagogische, philosophische und kulturelle Leistung besonders geschätzt wurde, wesentlich seltener ein plastisches Andenken bewahrt. Die Ausnahmen: der zeitgenössische, eben verstorbene Dichter Anton Wildgans und der Schweizer Pädagoge Pestalozzi.[17]

Max Krejca: Modell des Pestalozzi-Denkmals. XIX., Philippovichgasse 2–4. Ein Bild von der Erziehbarkeit des „Neuen Menschen"
Kat. Nr. 3/10/3

Florian Josephu-Drouot: Putto am Zierbrunnen vor der Bibliothek. XVI., Sandleiten
Photo: Martin Gerlach

Josef Riedl: Kugelfisch. XII., Bebelhof, Steinbauergasse 36
Photo: Martin Gerlach

Künstler und Künstlerinnen vor neuen Auftraggebern

Die Gemeindeverwaltung der Ersten Republik betraute, so scheint es, eher arrivierte und in Wien populäre Bildhauer mit künstlerischen Aufträgen und erwählte damit zumeist auch ein Festhalten an einem traditionellen, ja oft reaktionären Menschenbild, das sich, wie schon erwähnt, besonders im Bild, das die jeweiligen Skulpturen transportierten, spiegelte.

Doch wie die bekannte Bildnisausstellung des Künstlerhauses vom September 1932 zeigte – in ihr waren einige der an den Bauten des Roten Wien beschäftigten Künstler vertreten –, hatten schon manche Künstler auch fortschrittliche Formulierungen gefunden: Von Hanak etwa stammten die dynamischen Porträts von Tandler sowie Adler, und Siegfried Charoux hatte neben Julius Braunthal, dem Chefredakteur der sozialdemokratischen Tageszeitung „Das kleine Blatt", expressive Statuen von Ghandi und Stalin ausgestellt. Angepaßter: Alfons Riedel zeigte die Porträtbüsten der sozialdemokratischen Politiker Robert Danneberg und Albert Sever, Anton Endstorfer ein Porträt des sozialdemokratischen Abgeordneten Paul Richter, und Josef Riedl brachte das des Stadtrates Anton Weber, Heinrich Scholz hatte Karl Seitz in Bronze gegossen. Andere in dieser Ausstellung präsente Künstler, die zu diesem Anlaß zwar keine Arbeiten gebracht hatten, welche im Zusammenhang mit der Gemeindeverwaltung waren, die aber durchaus mit ihr in Arbeitsverhältnissen standen, waren Wilhelm Frass, Otto Hofner, Rudolf Schmidt, Carl Wollek, Josef Heu, Ferdinand Opitz, Oskar Thiede, Ludwig Hujer, Karl Philipp, Karl Stemolak, Theodor Stundl.

Von all diesen war tatsächlich Josef Franz Riedl derjenige, dem die Kommune die meisten Aufträge übergeben hatte. Beinahe ähnlich erfolgreich waren Theodor Igler, Otto Hofner und Rudolf Schmidt. Wollek, Frass, Franz Seifert, Stemolak, Thiede, Endstorfer, Max Krejca, Scholz, Robert Obsieger wurden schon geringer dotiert. Gemessen an der Menge der Aufträge gehörten auch Siegfried Bauer und Siegfried Charoux zu dieser eher unterprivilegierten Gruppe – schließlich auch Hanak. Doch waren seine Aufträge, wenn auch der Zahl nach gering, thematisch und konzeptuell wesentlich bedeutender als die Objekte aller anderen.

Insgesamt wurden somit an die 70 Bildhauer und Bildhauerinnen während der Ersten Republik für die plastische Ausgestaltung der Wohn- und Verwaltungsbauten und für die öffentliche Freiplastik beauftragt. Die meisten von ihnen wurden, und es waren nicht immer nur die jüngeren, mit kleineren Aufträgen bedacht. Zu den geringer subventionierten sind auch die einzigen drei Künstlerinnen zu zählen: Angela Stadtherr, Hanna Gärtner und Teresa Fjodorowna Ries. Wenn die meisten dieser so sparsam bedachten „Jungen" auch „Figurative" waren – darunter: Otto Fenzl, Eduard Rasch, Georg Samwald, Johann Troyer, Felix Weiß, Fritz Wotruba –, einige schenkten den Fassaden expressiv-kinetische Elemente: etwa Alois Böck und Anton Sinn, die in der Siedlung Freihof einige kleine Genossenschaftshäuschen mit expressiv-kinetischen pflanzlichen und figürlichen Supraportenreliefs bedachten (1924).

Was wir hingegen kaum wissen, ist, welches ideologische Verhältnis diese von der Gemeinde beschäftigten Künstler tatsächlich zur sozialdemokratischen Bewegung hatten. Schließlich äußerte sich auch der bedeutendste österreichische Bildhauer der ersten Jahrzehnte unseres Jahrhunderts, Anton Hanak, eindeutig widersprüchlich: „Kunst und Politik – oder Politik und keine Kunst, Kunst und Wissenschaft oder Wissenschaft alleine – irgendwie ist alles wahr, nur dem Menschen ist alles eine willkommene Lüge."[18] Und die „Deutschösterreichische Tageszeitung" verstieg sich am 24. April 1927 sogar zur Feststellung: „Zur größten Verwunderung vieler, die ihn kennen, ist Professor Hanak nun zu den Sozialdemokraten gestoßen. Derselbe Hanak, der in den ersten Nachkriegsjahren stets in die Kirche lief und betete, daß Kaiser Karl wieder käme. Und nun, siehe da, auf einmal ist er rot!"[19]

Eindeutiger war zumindest das Verhältnis folgender drei Bildhauer zur Sozialdemokratie: Bauer, Petrucci, Charoux. Später gesellte sich Fritz Wotruba (1907–1975) – zumindest im ideologischen Gleichklang – hinzu. Ihn betraute die Kommune erst nach dem Zweiten Weltkrieg mit größeren Aufträgen, sieht man von dem 1930 erworbenen Jünglingsakt (er steht heute in einem Gemeindebau in der Jedleseer Straße) ab.

Der älteste dieser Gruppe „sozialdemokratischer Bildhauer", Siegfried Bauer (geboren 1880), war schon früh von sozialdemokratischen Organisationen, meist zur Gestaltung diverser Grabdenkmäler, später auch für Bauplastiken, geworben worden. Auf einige dieser Arbeiten wurde im Laufe dieses Artikels schon hingewiesen.[20] Der Künstler des „Lassalle-Denkmals", Mario Petrucci (1893–1972), in Italien geboren, schuf in Wien einige politisch engagierte Arbeiten wie etwa die Plastik der „Volksrednerin". 1926 begann er seine Arbeit an der monumentalen „Lassalle"-Büste.[21]

Siegfried Charoux (1896–1967)[22] war Karikaturist bei der „Arbeiter-Zeitung", bevor er in seinem tatsächlichen Metier einigen Erfolg hatte: Als bedeutendste Arbeit für die Kommune war von ihm 1930 die breitgezogene überlebensgroße Figurengruppe am „Zürcher-Hof" geschaffen worden: „Fries der Arbeit". Ihn und Petrucci bedachte die Gemeinde Wien auch nach dem Zweiten Weltkrieg mit weiteren plastischen Aufträgen. Siegfried Bauer mußte 1938, wie Wotruba, Österreich verlassen. Von ihm fehlt seitdem jede Spur.

Besieht man heute den weiteren Verlauf der Ereignisse, fällt zumindest auf, daß die Sympathisanten der sozialistischen Ideologie bei der Auftragsvergabe durch die Gemeinde keineswegs bevorzugt behandelt worden waren. Tatsächlich war eher Gegenteiliges der Fall. Die Kulturverwaltung betonte schließlich, schon erprobte Künstler für ihre Zwecke gewinnen zu wollen. Was schließlich auch der bei der Auftragsvergabe im Wohnungsbau geübten Praxis entsprach: Behrens, Loos, Hoffmann, Holzmeister, Strnad waren keineswegs zu den Sozialdemokraten zu zählen. Und die Angestellten des Stadtbauamtes erwiesen sich auch in den kommenden Zeitläufen als politisch loyale Bedienstete der jeweiligen Stadtverwaltung.

Doch muß in diesem Zusammenhang auch konstatiert werden, daß solche Qualitäten, die etwa jene Architekten in die Wohnbauplanung einbringen konnten, im Bereich der Plastik nicht zu finden sind.

Die international revolutionären Entwicklungen in der Kunst der Plastik, möglich geworden durch die entscheidend neue Bild- und Raum-Sicht des Kubismus und des Konstruktivismus, diese Entwicklungen fanden zwar auch in Wien statt, blieben aber,

Feodorowa Ries: Die Unbesiegbaren. XVI., Kongreßplatz

genauso wie der frische Wind, der an der international beachteten Klasse von Franz Cizek an der Kunstgewerbeschule wehte, ohne tatsächliche Auswirkungen.[23]

Bei dieser Marginalität ist es durchaus gestattet, mit Hedwig Steiner einen Blick auf verschiedene Skizzen Hanaks zu werfen, die sich mit kubischer Denkmalsarchitektur beschäftigen, und einzig rhetorisch die Frage zu formulieren: „Wie hätte sich Hanak zur abstrakten Kunst gestellt?"[24]

Die Kulturdezernenten der Gemeindeverwaltung hätten diese Frage, hätten sie sie auch begriffen, kaum beantwortet – ihre Position war von der Lösung einer anderen Frage bestimmt, nämlich von der der sozialen Unterstützung der Wiener Künstlerschaft.

Wien: Mäzen oder sozialer Kunstverwalter?

Die Gemeinde Wien, als so oft beschworener neuer Mäzen der Künste, war nicht nur Proklamatorin einer neuen Kulturbewegung, sondern auch Verwalterin einer Kapitale eines Kleinstaates, die allein Verwaltungsaltlasten eines ehemaligen Großreiches zu tragen hatte. Die Position Gemeinde – Künstler und Künstlerinnen wurde somit entscheidend auch von der wirtschaftlichen Lage der KünstlerInnen und KunsthandwerkerInnen bestimmt.

Der Bedarf an bauplastischer Dekoration war schon seit der Jahrhundertwende rückläufig, und der moderne Gemeindebau kam ja selbst zumeist ohne Bildhauer und Bildhauerin aus. Zwar hatten die Parteien und Interessensvertretungen selbst Kunststellen eingerichtet: Die Vorkriegsorganisation „Volksbühne" wurde nach dem Krieg in die „sozialdemokratische Kunststelle" umgewandelt, es gab eine „christliche Kunststelle", eine „Kunststelle für öffentliche Angestellte" – doch wurden schließlich all diese Institutionen von der Gemeinde unterstützt.[25]

Für die Gemeinde ergab sich eine klare Hierarchie bei der Förderung der Künste: Architektur, dann Plastik und die Wandmalerei und ganz zuletzt die Malerei. Diese Abfolge wurde natürlich besonders von dem eklatanten Wohnungsmangel in der österreichischen Hauptstadt bestimmt und davon, wie weit Arbeiten der bildenden Künste für diesen Wohnungsbau verwendet werden konnten.

Darüber hinaus mußte die Gemeinde auch Sorgepflichten für die Erhaltung der überkommenen Kunstschätze und -denkmäler übernehmen, aber auch die Verwirklichung unerledigter Denkmalsprojekte leisten – so etwa die Errichtung des Johann Strauß-Denkmals im Stadtpark[26] –, und Kunstpreise verteilen und Subventionen vergeben, Kunstankäufe tätigen, Wettbewerbe ausschreiben, Ausstellungen unterstützen.

Die Modalitäten für solche Maßnahmen zur Förderung der bildenden Künste wurden während der Ersten Republik mehrmals revidiert. Seit 1921[27] etwa konnten Vereine mit künstlerischen und wissenschaftlichen Zielen Fördermittel beziehen. Interessanterweise waren bei dieser Vergabe zunächst Vereine mit dezidierter politischer Anschauung ausgeschlossen.[28]

Seit 1924 wurde schließlich der „Kunstpreis der Stadt Wien" für Dichtkunst, Musik und bildende Kunst vergeben. Seine Preisgelder wurden ausschließlich aus der von der Rathausopposition so angefeindeten „Luxussteuer", richtiger der Lustbarkeitssteuer, geschöpft. Der Vergabetag war jeweils der für die sozialdemokratische Arbeiterbewegung so traditionsreiche 1. Mai. Dadurch wollte die Gemeinde speziell die jungen und aufstrebenden Talente, „die besondere Begabung besitzen und schon auf bemerkenswerte künstlerische Leistungen hinweisen können, ohne jedoch die volle allgemeine Geltung gefunden zu haben", unterstützen.[29] Die Gemeinde war sich durchaus bewußt, daß es sich dabei doch eher um Begabtenförderung und Anerkennung künstlerischer Leistung handeln konnte, nicht aber um tatsächlich wirksame Unterstützung.

Wegen dieser halbherzigen Haltungen und Handlungen wurde die Gemeindeverwaltung immer wieder kritisiert, auch aus den eigenen Reihen heraus: „Während

Karl Stemolak: Modell für schreitende Frau und schreitender Mann. XI., Friedrich Engels-Hof, Herderplatz 5
Photo: Martin Gerlach

Wien anderweitig so rüstig ausschreitet, steht es als Kunststadt völlig still; auf allen Feldern geistiger und materieller Arbeit fortschrittlich, ist es gerade auf einem Gebiet reaktionär, auf dem es sich fortwährend seiner besonderen Begabung rühmt. Wien zehrt hier völlig von seiner Vergangenheit, als lebende Kunststadt spielt es keine Rolle in der Welt. Dies klar und scharf auszusprechen, scheint mir eine unbedingte Verpflichtung zu sein: (…) Wien ist als Kunststadt der Schatten vergangener Jahrhunderte, als lebendiger Faktor existiert es nicht. (…) Eine lebendige Kunststadt muß modern und international gesinnt sein." So schalt Hans Tietze Wien und die Stadtverwaltung, um schließlich die zentrale Frage zu stellen: „Was stellen wir an moderner Kunstförderung jenem preiswürdigen Historismus gegenüber?"[30]

Doch ein Konzept, das seine Frage beantwortet hätte, hatte in der Kulturpolitik des Roten Wien nie existiert. Vielleicht waren auch die permanenten finanziellen Probleme der Kunstförderung ein unwillkommen willkommener Anlaß, ein sozialdemokratisches Konzept für eine Einbindung der bildenden Künste in die Kulturarbeit der Arbeiterbewegung zur Seite zu schieben.

Dabei war sich die Gemeindeverwaltung durchaus dieser sie bedrängenden Kulturaufgaben bewußt: „Die durch den Umsturz hervorgerufenen Veränderungen im sozialen Gefüge und die Errungenschaften der letzten Jahre auf dem Gebiete der Geistesbildung und Volkserziehung haben der Gemeindeverwaltung auch in der Beziehung neue Pflichten auferlegt und sie vor große und schwierige Aufgaben gestellt. In der Erkenntnis der notwendigen Erfüllung dieser Zeitanforderungen und der bedeutenden Vorteile, welche eine künstlerische Volks-

Das mit Fahnen der Vaterländischen Front verhüllte und mit einem Dollfuß-Plakat beklebte Republik-Denkmal Kat. Nr. 7/25

erziehung und die Hebung des allgemeinen Bildungsniveaus zur Folge hat, wurden von der Gemeindeverwaltung die größten Anstrengungen gemacht (…)."[31] Doch die Anstrengungen blieben gerade auf dem Bereich der visuellen Künste und der ästhetischen Erziehung ohne tatsächliche Wirkung.

Gerechterweise muß zum Abschluß aber noch betont werden, daß in der ersten Bauphase der Gemeindebauten bis 1928 50 Wohnbauten mit ornamentaler und figuraler Plastik ausgestaltet und dekoriert wurden, in der zweiten Phase ab 1929 waren es noch 35 Bauten.[32] Für diese bauplastischen Objekte wurde im Zeitraum zwischen 1924 und 1932 schließlich beinahe eine Million Schilling aufgebracht.[33]

Denkmals-Verhüllung

Die blutigen Tage des Februar 1934 blieben auch für die Entwicklung der Plastik und deren Verwendung nicht ohne Folgen. Primär wurden natürlich die Plastiker und Plastikerinnen selbst von den politischen Ereignissen getroffen. Einigen Bildhauern brachte der letzte fehlgeschlagene Versuch, die Demokratie zu retten, einschneidende existentielle Folgen: Wotruba, bald nach ihm auch Charoux, betrat jetzt schon die ersten Stationen der Emigration. Anderen wird es zumindest noch bis 1938 möglich sein, in Österreich zu arbeiten. Neben dem schon erwähnten Siegfried Bauer gehen schließlich von den in Wien beschäftigten Bildhauern noch Josef Heu, Florian Josephu-Drouot, Johann Troyer ins Exil, Anton Endstorfer wird aus dem Künstlerhaus ausgeschlossen und erhält Berufsverbot.

Doch einem nicht unbeträchtlichen Teil derjenigen, die mit den Plastiken des Roten Wien beschäftigt waren, wird es gelingen, sich auch, über den Austrofaschismus hinweg, den braunen Machthabern anzupassen[34] – was schließlich auch Einfluß auf Form und Inhalt ihrer bildhauerischen Arbeit nehmen wird. Formanalysen der Arbeiten von Heinrich Scholz, Rudolf Schmidt, Otto Hofner, Franz Zerritsch, Barwig jun., Oskar Thiede, Ferdinand Opitz, Wilhelm Frass, Josef Müllner, Georg Samwald, Robert Obsieger, Franz Seifert, Karl Stemolak, Otto Fenzl, Josef Riedl zeigten schon Markierungen ihres Wegs ins Haus der Deutschen Kunst.

Doch noch ist es nicht soweit: Die wirtschaftliche Not der Künstler und Künstlerinnen im ständestaatlichen Österreich wird schließlich so groß, daß Albert Bechtold, der Nachfolger Hanaks an der Wiener Akademie, sich gezwungen sieht, in einer Denkschrift auf die unhaltbare Situation der hungernden Studenten und Künstler hinzuweisen.[35]

Deswegen erklärt sich auch das bekannte Rechenschaftswerk der austrofaschistischen Gemeindeverwaltung von 1937, „Wien im Aufbau", in erster Linie diesen immer gravierenderen existentiellen Problemen der Künstlerschaft gegenüber als aufgeschlossen, bindet eine Kunstförderung aber zugleich an die „Erkenntnis, daß (nur) die Wechselwirkung von Interesse und Schaffen (...) ein gesundes Kunstleben entwickeln kann (...)". Darum „will diese Förderung nicht als bloße Unterstützung gedeutet werden, sondern Arbeit schaffen und gleichzeitig die Kunst aus ihrer erzwungenen Volksfremdheit wieder ins unmittelbare Leben zurückführen".[36]

Schließlich reiht der Rechenschaftsbericht auch alle getätigten Unterstützungen und Auftragsarbeiten an. Und gerade diese minutiöse Aufzählung gibt beredte Auskunft über den tatsächlichen Rückgang der Kunstförderung. 1935 startet die Gemeindeverwaltung gar einen Wettbewerb um ein „Denkmal der Arbeit". Doch nach der Prämierung bleiben alle Entwürfe unausgeführt.

Nicht erwähnt wird in diesem Bericht der Gemeindeverwaltung, was mit den ideologisch verfemten Monumenten geschehen war: Ihnen war ein ganz spezielles „Schicksal" zugedacht: Verhüllen, Abtragen, Einschmelzen, Zerstören oder jahrelanges Einmotten.

Das „Denkmal der Republik", dessen sozialdemokratische Porträt-Plastiken 1934 rasch mit Kruckenkreuzfahnen zugedeckt wurden, wurde schließlich ganz abgetragen und mußte gemeinsam mit anderen Monumenten in den Depots auf den neuen Anfang warten. Es wurde am 12. November 1948 zum zweiten Mal enthüllt.

Das Denkmal für Julius Ofner auf der Wiener Taborstraße ereilte solch ein Schicksal erstaunlicherweise erst 1943. Seine Wiederaufstellung erfolgte 1948.

Das Denkmal für den Sozialreformer Ferdinand Hanusch im gleichnamigen Gemeindehof im 3. Wiener Bezirk, der in Bronze gegossene Akt eines athletischen Jünglings von Karl Gelles, wurde schon 1934 von seinem Aufstellungsort entfernt und war damit verschollen. Glücklicherweise überstand die Gußform die Zeitläufe. Als sich 1954 die Arbeiterkammer entschloß, dieses Denkmal wieder aufzustellen, engagierte man zur Herstellung des neuen Gusses Rudolf Schmidt, denjenigen Bildhauer, dem es durch alle politischen Strömungen hindurch immer gelungen war, die richtige formale Lösung zu finden. So manch einer weiß eben doch immer, wo er gebraucht wird.

Das erste proletarische Denkmal, das die Arbeiterschaft des Roten Wien ihrem Wegbereiter Lassalle errichtet hatte, wurde 1934 zunächst schwer beschädigt, 1938 schließlich ganz abgetragen. Es wurde nie wieder aufgebaut. Auch für manche der Bildhauer des Roten Wien gab es keinen Neubeginn.

Anmerkungen

1 Ferdinand Lassalle: Gedenkschrift zur Enthüllung des von der sozialdemokratischen Arbeiterschaft der Brigittenau errichteten ersten proletarisch-revolutionären Denkmals in Wien. Am 6. Mai 1928, S. 10 f. Das Denkmal war Wilhelm Ellenbogen, dem sozialdemokratischen Abgeordneten des 20. Wiener Gemeindebezirkes, zu seinem 25jährigen Abgeordneten-Jubiläum gewidmet. Ellenbogen gehörte gemeinsam mit seinem Nachfolger Karl Michal dem Lassalle-Denkmalskomitee an, das die Vorarbeiten zur Denkmalserrichtung zu leiten hatte. Die Grundsteinlegung erfolgte am 19. April 1928.

2 Wie Anm. 1, S. 11.

3 Hedwig Steiner: Anton Hanak. Werk, Mensch und Leben. München 1969, S. 101.

4 Der Bildhauer hatte schon 1913 den ersten Auftrag für die Gestaltung des Denkmals erhalten. Der Krieg und andere Umstände verzögerten die Durchführung beträchtlich. Siehe: Maria Pötzl-Malikova: Die Plastik der Ringstraße. Künstlerische Entwicklung 1890–1918. Wiesbaden 1976, S. 128 ff.

5 In Überarbeitung von Entwürfen für ein Monument zur Ehrung des 1916 verstorbenen Monarchen Franz Joseph wollte Ohmann, angesichts der durch die Republikgründung veränderten politischen Situation, sein Denkmalsprojekt nicht so rasch aufgeben. Statt der Statue des Kaisers zu Pferde plante er nun eine Figur für den neuen Staat „Deutsch-Österreich" in die Mitte des Denkmals zu plazieren. Wie Anm. 4, S. 125 f.

6 Das Lassalle-Denkmal hatte während seiner Planungsphase auch verschiedene Aufstellungsorte zu durchwandern. Nachdem die ursprünglichen Vorstellungen des Bildhauers Petrucci und des Architekten Hubert Gessner – sie wollten den Lassalle-Hof selbst zum Standort machen – verworfen wurden, folgte die wahrscheinlich sinnhafteste Idee: das Denkmal in die Öffentlichkeit zu stellen – etwa in der Lassallestraße vor die Front des gleichnamigen Hofes. Die ersten Entwürfe reagierten noch auf diesen Aufstellungsort. Schließlich zog sich auch dieses politischste Objekt der Wiener Sozialdemokratie in die Intimität des Wohnbaus, in den „Winarsky-Hof", zurück.

7 Siehe: Fotografie im Archiv des Historischen Museums: Inventar Nr. 59241/544.

8 Hans Hautmann und Rudolf Hautmann: Die Gemeindebauten des Roten Wien 1919–1934. Wien 1980, S. 87.

9 Wie Anm. 4, S. 107.

10 Brigitte Ott: Die Kulturpolitik der Gemeinde Wien 1919–1934. Dissertation, Universität Wien 1968, S. 85 ff.

11 Wie Anm. 8, S. 191.

12 Die beiden Figuren stehen heute im Museum Graz-Eggenberg.

13 Nach einem Brief Hanaks vom 25. November 1924 an Hedwig Steiner, wie Anm. 3, S. 83.

14 Vgl. Josef Seiter: „Blutigrot und silbrig hell …", Bild, Symbolik und Agitation der frühen sozialdemokratischen Arbeiterbewegung in Österreich. Wien 1991.

15 Stephanie Matuszak: Neue Madonna – ewige Eva. Bauplastiken am Wiener Gemeindebau der 1. Republik. In: Ines Lindner u. a. (Hg.): Blick-Wechsel. Konstruktionen von Männlichkeit und Weiblichkeit in Kunst und Kunstgeschichte. Berlin 1989, S. 261 ff.

16 Auf dem Titelblatt des Organs der Wiener Sozialdemokraten: „Der Sozialdemokrat". Nr. 2, 1926, 8. Jg.

17 Ein anderes, gern mit dieser Zeit in Verbindung gebrachtes Projekt, das Denkmal für Gotthold Ephraim Lessing am Judenplatz in der Inneren Stadt, war kein Denkmalsobjekt der Gemeinde. Schon 1909 hatte der Journalistenclub Concordia den Beschluß zur Errichtung eines Lessing-Monuments gefaßt. Doch wurde dieses erst 1935, also schon zur Zeit des Ständestaates, als Werk von Siegfried Charoux, aufgestellt. (Wie Anm. 4, S. 90 f.) Es wurde aber wie einige andere Denkmäler des Roten Wien 1938 von den Nationalsozialisten abgetragen, zerstört und Jahre nach dem Kriegsende wieder aufgestellt.

18 Wie Anm. 3, S. 70.

19 Zit. n. Hans Dichand: Die Künstler der klassischen Moderne in Österreich. Wien 1986, S. 122.

20 Bauer schuf beispielsweise die Halbfigur eines „Arbeiterathleten" (1931) für die Rückseite des Zentralberufsschulgebäudes im 15. Bezirk und für einen Wohnbau im 11. Bezirk den Figurenschmuck. 1938 wurde Bauer, obwohl seit 1919 Mitglied, aus rassischen Gründen aus dem Wiener Künstlerhaus ausgeschlossen. (Zentralsparkasse und Kommerzialbank Wien, Hochschule für angewandte Kunst [Hg.]: Die Vertreibung des Geistigen aus Österreich. Zur Kulturpolitik des Nationalsozialismus, Ausstellungskatalog. Wien 1985, S. 173.) Damit begann für ihn die Zeit der Emigration, die seine Spuren so endgültig auslöschen sollte, daß in der Chronik des Künstlerhauses, 1951 von Rudolf Schmidt herausgegeben, alle Daten zu seiner Person vollständig fehlen. Totschweigen der Opfer – eine besonders gern geübte Art der Vergangenheitsbewältigung. Siehe: Rudolf Schmidt: Das Wiener Künstlerhaus. Eine Chronik 1861–1951. Wien 1951.

21 Siehe: Max Hayek: Der Bildhauer Mario Petrucci. In: Der Sozialdemokrat. Nr. 3, 1926, 8. Jg.

22 Siehe die mit einem Essay von Robert Waissenberger begleitete Mappe mit fotografischen Reproduktionen der Arbeiten des Künstlers: Siegfried Charoux 1896–1967. Wien o. J.

23 Daß es in Wien auch Tendenzen des Konstruktivismus gab, brachte erst kürzlich die Ausstellung „Wille zur Form" wieder ins Bewußtsein: Jürgen Schilling (Hg.): Wille zur Form. Ungegenständliche Kunst 1910–1938 in Österreich, Polen, Tschechoslowakei und Ungarn. Katalog zur Ausstellung. Wien 1993, S. 79. Doch etwa auch die zeitgenössischen Publikationen zur Arbeit der Klasse von Karl Cizek zeigen solche Entwicklungen: z. B. in L. W. Rochowanski: Der Formwille der Zeit in der angewandten Kunst. Wien 1922.

24 Wie Anm. 3, S. 101.

25 Gemeinde Wien (Hg.): Das Neue Wien. Städtewerk, Band 2. Wien 1927, S. 149 f.

26 Gerhardt Kapner: Die Denkmäler der Wiener Ringstraße. Wien 1969, S. 25 f.

27 Wie Anm. 10, S. 14.

28 Wie Anm. 10, S. 16 f.

29 Wie Anm. 25, S. 150.

30 Hans Tietze: Gemeindepolitik und moderne Kunst. In: Der Kampf. Nr. 8, 1927, 20. Jg., S. 373.

31 Wie Anm. 25.

32 Wie Anm. 10, S. 90.

33 Gemeinderatssitzungsprotokolle 28. Jänner 1932, S. 210 ff., zit. n. Ott, S. 100.

34 Schließlich hatten schon einige Künstler im Ständestaat die illegale Zugehörigkeit zur NSDAP gepflegt. Zwei besonders eifrige waren Wilhelm Frass und Rudolf Schmidt, letzterer hatte schon 1937 einen Entwurf für ein damals in Österreich illegales Abzeichen des Winterhilfswerkes geleistet und als Geschenk der österreichischen Parteigenossen an den „Führer" eine Plakette zur „Jahreswende 1937/38" geliefert: darauf ein die Fessel sprengender Reichsadler und ein Hakenkreuz, das sonnengleich aus einer Dornenkrone emporsteigt. Frass führte 1938 gemeinsam mit dem Maler Alfred Janesch die brutale Liquidierung des „Hagenbundes" durch, der den braunen Machthabern als bei weitem zu liberal und zudem noch als „jüdisch versippt" galt. Vgl. Jan Tabor: … und sie folgten ihm. In: Historisches Museum der Stadt Wien (Hg.): Wien 1938. 110. Sonderausstellung. Wissenschaftliche Realisierung durch das Dokumentationsarchiv des österreichischen Widerstandes. 11. März bis 30. Juni 1988, Rathaus, Volkshalle, S. 401, 411.

35 Max Haller: Albert Bechtold. Leben, Geist und Werk eines Bildhauers. In: Monfort. Heft 1, 1968, 20. Jg., S. 5–34. Bechtold wird übrigens unter den braunen Machthabern als Entarteter von der Akademie verwiesen.

36 Siehe: Magistrat der Stadt Wien (Hg.): Drei Jahre Neues Wien. Der Neuaufbau Wiens im berufsständischen Staate. Drei Jahre Aufbauarbeit. Die Personalpolitik der Stadt Wien unter dem Bürgermeister Richard Schmitz 1934–1936, Kapitel: Kunstförderung durch die Stadt Wien. Wien 1937, S. 5 ff.

Die Roten Burgen

Gottfried Pirhofer

Die Roten Burgen

Zur Dialektik des Sozialen im Urbanen

Erst in Zukunft werden wir soweit sein, diese Stadtarchitektur der zwanziger Jahre als Vielzahl kleiner sozialer Kerne zur Intensivierung des alten/neuen Urbanen voll zu verstehen und zu nutzen.

Es gab nie ein vollständiges Rotes Wien

Schon längst sollte man statt von den Wohnanlagen des Roten Wien als Rote Burgen und statt von den Hochglanzfotos einiger weniger Bauten, wie dem Karl Marx-Hof, von der Wiener Stadtarchitektur der zwanziger Jahre sprechen (denn es war primär nicht Siedlungsbau, sondern Stadtarchitektur), so wie man von der Architektur der Gründerzeit, der Architektur der fünfziger Jahre usw. spricht. Man könnte dann fragen, was diese Wiener Stadtarchitektur der zwanziger Jahre umfaßte und was sie nicht enthielt, und man könnte dabei auch mit früheren und späteren Schichten vergleichen. Die Gründerzeit schuf eine Stadt aus Wirtschafts-, Geschäfts-, Wohnfunktionen, Infrastruktur und öffentlichem Raum. Die sozialdemokratische Kommune sprach vom Neuen bzw. Roten Wien, formulierte einen Anspruch auf das Urbane. Die Antwort auf die Frage, ob die magistratlich beauftragte Stadtarchitektur der zwanziger Jahre „vollständig" im Sinn der Bildung einer modernen (Schicht der) Stadt war, ist offenkundig. Es war vor allem Wohnbau, kommunal (und genossenschaftlich) produzierter Wohnbau. Ein neuer (sozialer) Wohnbau macht noch keine neue Stadt, er ist allenfalls – das war der privatkapitalistische Wohnbau in der Gründerzeit – ein Element von Stadtbau. Die Wiener Stadtarchitektur der zwanziger Jahre war im Hinblick auf Stadtentwicklung bzw. Modernisierung und Transformation des Urbanen keineswegs „vollständig" (weder

Karl Marx-Hof: Ikone einer kommunalen Wohnbauarchitektur
Kat. Nr. 3/1/9

funktionell noch typologisch noch stilistisch – die ausgeblendete Moderne – noch gesellschaftlich: auf diese Hälftung war man im Sinn von Klassenstrategie und Lager stolz), auch wenn sie bzw. der sie begleitende Diskurs Vollständigkeit im Sinne eines Neuen oder Roten Wien behauptete.

Eingefügt in die nach wie vor historistische Grundstruktur Wiens, bildet die Stadtarchitektur der zwanziger Jahre eine selbstverständliche, unauffällige mehr oder weniger (eher weniger) urbane Schicht, jenseits der damals und zum Teil noch heute aufgeregten Diskurse „spezifisch" nur für die Spezialisten und die Bewohner, spezifisch auch darin, wenn man weiß, daß noch kein Wohnbau dieser Stadtarchitektur abgerissen wurde, was man weder für frühere noch spätere Schichten behaupten kann. Auch mit anderen zeitgleich entstandenen, architekturgeschichtlich einzigartigen Objekten wie dem Arbeitsamt von E. A. Plischke wird weit nicht so sorgsam umgegangen wie mit den Ikonen dieser kommunalen Wohnbauarchitektur: es ist auch eine politische Architektur, und sie wird dementsprechend politisch geschützt. Es war eine politische Architektur, die sozial war in dem Sinn, daß mit ihr der Wiener Soziale Wohnbau gebildet wurde, der – auf einem heroischen Sockel von etwa 64.000 Wohneinheiten der Zwischenkriegszeit – heute etwa 220.000

Flugschrift zu den „Breitner-Steuern": Umverteilung von Überfluß und Mangel
Kat. Nr. 6/6

Wohneinheiten umfaßt. Eine soziale Baupolitik dieser Größenordnung, von einer Kommunalverwaltung in Gang gesetzt und expansiv (mit gewissen Unterbrechungen und Rückschlägen, wie Austrofaschismus, Nationalsozialismus, Zweitem Weltkrieg) über mehr als ein halbes Jahrhundert betrieben, transportiert und nährt – neben/mittels der Garantie eines „Naturrechts auf Wohnen" als Teil eines sozial „würdigen" Arbeiteralltags – Macht und Interessen. Diese sind geradezu „systemisch" vorausgesetzt, um ein solches Werk in antagonistischer (?) Umwelt erfolgreich durchzuführen: stadtökonomische Rationalität, sozialpolitische Stabilisierung, kulturpolitische Befriedung usw. Eine Reihe von Forschungen zu den Wiener Gemeindebauten der Zwischenkriegszeit analysieren diese Facetten (dis)kontinuierlich. Deleuze/Guattari würden von Machterotik sprechen.

Hier geht es um einen anderen Aspekt, um die Frage, wie es möglich ist, daß die sozialdemokratische Kommunalverwaltung der zwanziger Jahre in der Rede vom Roten oder Neuen Wien – relativ erfolgreich – eine Einheit, eine Vollständigkeit behauptet hat, wo doch der kommunale Wohnbau – das Kernstück dieses Neuen Wien – nur ein Element des Urbanen und dabei über die Stadt verteilt ist: man sprach nicht von sozialen Auffanglagern im Urbanen, welches das Soziale an sich nicht kennt. Welche semantischen Operationen, welche Diskurse und Bilder waren nötig, um diesen Mythos bis zur Gegenwart aufrechtzuerhalten, und welche Operationen der Architektur, um damals diesen Mythos zu produzieren, und welche Ambivalenzen enthielt diese Praxis; aber auch welche Qualitäten: z. B. für die Stabilisierung des Urbanen – wenn auch im Widerspruch zu den Intentionen einer verbalradikal-revolutionären Bewegung. Wir befinden uns heute in einer Phase einer neuen Wertschätzung des Urbanen (dessen unauffällig vervollständigende/dämpfende Schicht die Wohnbauten der Zwischenkriegszeit in Wien fraglos sind), und daher bedeuten solche Fragen keine destruktive Absicht, sondern Abbau von Überbau/Mythos mit der Intention der Freilegung von Qualitäten, die nicht verschwunden sind.

Der expansive Sektor des kommunalen (sowie genossenschaftlichen und staatlich geförderten) Wohnbaus und eine nach wie vor (wieder) sozialdemokratische Gemeindeverwaltung haben Wien nicht vor einer Erosion/Krise des Sozialen bewahren können, den sozialen Fakten einer Risikogesellschaft einschließlich neuer Armut und neuer Wohnungsnot, wobei das soziale Risiko (von Verarmung und Kündigung) auch Mieter im „geschützten Bereich" des kommunalen Wohnbaus trifft. Das Soziale ist brüchig geworden, es gibt mittlerweile keine Totalität/Hegemonie/Sicherheit des Sozialen, wie es Programm und Ziel der sozialdemokratischen Verwaltung der Zwischenkriegszeit gewesen war. Hier ist eine unmerkliche, heute sehr spürbare Transformation erfolgt. In der zeitlichen und gesellschaftlichen Distanz betrachtet, waren Wohnungspolitik und Wohnbau des Roten

Wien Bestandteil eines gemeinwirtschaftlich motivierten Umgangs mit Verteilungskonflikten von Mangelgesellschaften. In einer spezifischen Situation im frühen 20. Jahrhundert, in der die im 19. Jahrhundert produzierte Verelendung großer Teile der Bevölkerung, das Armutsrisiko sich noch einmal zugespitzt hatte, versuchte die sozialdemokratische Kommune eine Umverteilung von Macht – Ohnmacht, von Überfluß – Mangel/Not. Die Totalität dieses Anspruchs, seine Weiterführung in die Gegenwart, die sich dann ganz anders gestaltet hätte, ist – zumindest partiell – gescheitert; die Möglichkeit eines direkten Wiederanknüpfens ist nicht wahrscheinlich. Nach wie vor relevant und Stütze für die angebliche Vorreiterrolle Wiens als europäisch-kultivierte Stadt ist hingegen die damals betriebene/versuchte Kombinatorik von Urbanem und Sozialem: als Frage nach den Möglichkeiten von Stabilisierung, Humanisierung und Modernisierung städtischer (Lebens-) Räume (Modernisierung hat das Rote Wien allerdings nur schwach betrieben). Um diese Qualität des Roten Wien zu erkennen, ist es notwendig, sich von Lagerblick und Mythen der Ausschließungen zu trennen, das Rote Wien als Schicht der Stadt – wie andere Schichten – zu betrachten. Dies betrifft ein generelles Problem von Architektur und von Architekten/Architektenblick: „Die Architektur mag sich noch so sehr darum bemühen, für sich selbst eine Vollständigkeit zu bewahren, die sie vor der totalen Auflösung schützt. Diese Anstrengung wird jedoch durch die Assemblage der architektonischen Einzelstücke in der Stadt vereitelt. Diese Fragmente werden in der Stadt erbarmungslos absorbiert und jeder Autonomie beraubt: ihre Vermessenheit, eine wohlgegliederte, gestaltete Form anzunehmen, ist unnütz."[1]

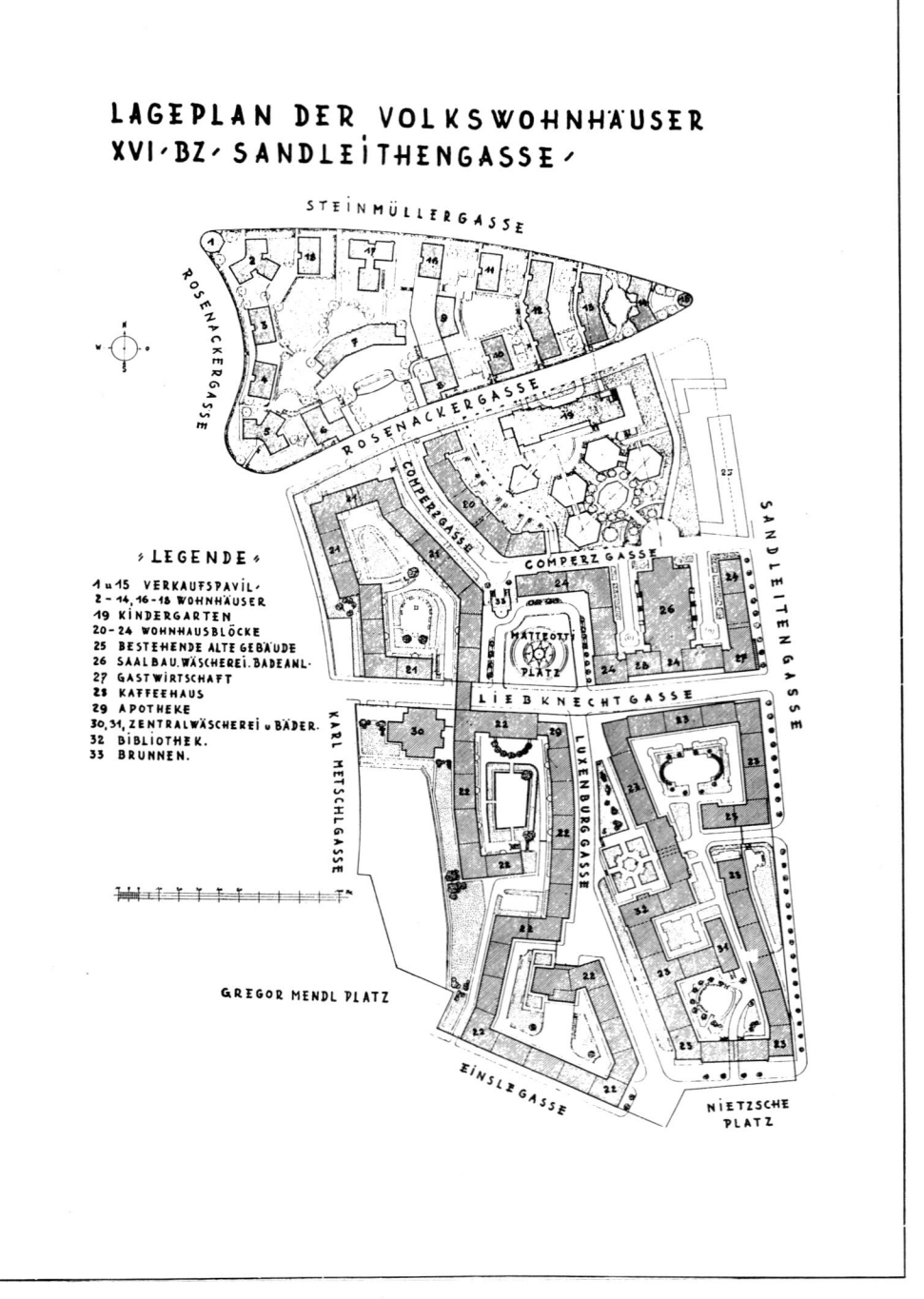

Lageplan der Wohnhäuser und Sozialeinrichtungen in Sandleiten: Kombinatorik von Urbanem und Sozialem
Kat. Nr. 3/5/17

Erstes Kommunalprogramm der Wiener Sozialdemokraten: Die Arbeiterbewegung im Urbanen akkulturiert
Kat. Nr. 1/1/1

Die Geburt des Roten Wien aus der Stadt des 19. Jahrhunderts oder Das A-Soziale als Treibkraft

Es ist Zeit, sich von der aus Gewohnheit behaupteten und eine Reihe von Selektionen/Ausschließungen legitimierenden Einheit/Vollständigkeit eines Roten Wien zu trennen, um die reale Bedeutung/Wirkung des Roten Wien für die Stadt, vorher noch: das Entstehen des Roten Wien aus/in dieser Stadt zu verstehen. Das Rote oder Neue Wien als Einheit ist ein Buch: vierbändig, Großformat und Glanzpapier, und alle Segmente der Kommunalpolitik, eine Vielzahl von Statements von Politikern und Fotos von Gemeindebauten sind darin versammelt.[2] Es ist das vollständigste und geschlossenste und zugleich lehrhafteste und leerste Buch zur Wiener Stadtarchitektur der zwanziger Jahre, denn nahezu alle Widersprüche, die eine Stadt ausmachen, sind darin ausgeblendet: das Städtewerk „Das Neue Wien" ist ein Dokument des sozialdemokratischen Versuchs, das alte Urbane durch neues Politisches zu ersetzen, wobei aber das Politische – deutlich sichtbar am/im Gemeindebau – für Häusliches, für Utopien eines friedlichen Arbeiterlebens figurierte. Diese Utopie wurde spätestens durch den Faschismus zerstört.

Das Rote Wien in Wirklichkeit war eine urbane Praxis. Seine Quellen liegen in den Widersprüchen des Urbanen, wie es sich im gründerzeitlichen 19. Jahrhundert auch in Wien drastisch Geltung verschafft hatte. Die Arbeiterbewegung, die in der Folge das Rote Wien konstituierte, war in diesem Urbanen akkulturiert. Es ging um Aneignung dessen, was man im marxistischen Verständnis selbst produziert hatte und das einem durch das kapitalistische Fabriksregime enteignet worden war. Die Stadt war ein großes kollektives Werk, eine Produktion. Aneignung bedeutete, im Sinn von Engels' Analyse „Zur Wohnungsfrage", nicht die „kleinbürgerliche Lösung" durch Stadtflucht und Cottage (die Linie der Selbsthilfe im Siedlungsbau, der dann – in der extremen Not der Nachkriegsjahre – gleichfalls stattfand), sondern soziale Umverteilung von Macht und Ohnmacht, Überfluß und Armut. Wiener „Kathedersozialisten", wie Josef Popper-Lynkeus und Anton Menger, entwickelten Theorien, in denen sie zwischen „Minimumartikeln" und „Luxusartikeln", einer „Volkswirtschaft des Notwendigen" und einer „Volkswirtschaft des Überflusses" unterschieden, wobei der demokratisch reorganisierte Staat, der „Zukunftsstaat", über die Volkswirtschaft des Notwendigen die Minimumartikel verwalten und verteilen würde. Wohnung wie Nahrung und Kleidung sollte ... als Naturrecht der Menschen allen ausreichend und kostenlos gegeben werden. Im Wohnungssektor sollte statt mühseliger Selbsthilfeversuche eine radikale Umverteilung der städtischen Substanzen in Gang gesetzt werden.

Es sind dies, gerade heute wieder, vergnügliche Diskurse, die ähnlich der Methode von Roland Barthes (Sade, Fourier, Loyola) in den feinen Verästelungen zu analysieren wären. Teilung/Umnutzung von Nobelwohnraum (jene 300 m² und größeren Ringstraßenwohnungen) wäre durch den additiven Zuschnitt des Gründerzeit-Historismus, der noch nicht Kleinfamilienfunktionen rund um Leitungsschächte minimierte, relativ leicht möglich gewesen. Das technische Problem, Küchen zu vervielfältigen, schien durch soziale Phantasie behebbar. Den Sozialvisionären schwebte kein starrer Durchschnitts-Standard vor: „Es ändert nur wenig, und diese Änderung geschieht nur in

Siedlung Rosenhügel im Bau: „Kleinbürgerliche Lösung" durch Stadtflucht
Kat. Nr. 3/2/6

günstigem Sinne, wenn man z. B. voraussetzt, daß in vielleicht nicht ferner Zeit eine Reform der Hauswirtschaft sehr allgemein verlangt wird, die sich in Errichtung von Zentralhaushaltungen, also von Mehrfamilien-Wohnhäusern mit Zentralküchenverpflegung, und der entsprechenden Art des Häuserbaues geltend machen dürfte.[3] Wenn Kultur die Art und Weise ist, „wie unter bestimmten historisch-anthropologischen Bedingungen auf allen Ebenen, von der Aufteilung in elementare Wahrnehmungseinheiten bis zu den ideologischen Systemen, der Inhalt segmentiert (und die Erkenntnis damit objektiviert) wird" (Umberto Eco), dann war dies in der Tat ein kulturrevolutionärer Ansatz. „Alle persönlichen Dienstleistungen werden gut bezahlt werden müssen, falls sich Personen gegen Lohn zu ihrer Übernahme bereit erklären. Sonst wird nichts anderes übrigbleiben, als entweder sich selbst zu bedienen oder eine Gemeinschaft mehrerer Haushaltungen zu etablieren und einen Turnus einzuführen, demzufolge z. B. jede Woche stets eine andere Person für die der Gemeinschaft Angehörigen die Reinigung der Wohnung und Kleider übernimmt, auf gemeinschaftlichem Herd zu kochen, wenn man nicht die Staatsküchen in Anspruch nehmen will, und dergleichen mehr."[4]

Wohnungsanforderung – jene radikalste soziale Praxis des Roten Wien – erfolgte im politischen Klima der Kriegs- und Nachkriegsjahre. Die Kriegswirtschaft hatte den „freien Markt" weitgehend außer Kraft gesetzt: Rohstoffrationierung und Produktaufträge, Kriegsrecht und Lohnbegrenzung in den Industrien durch den Staat, Rationierung der Lebensmittel und Requirierung von Wohnraum für das Militär. Holz, Kohle, Koks, Getreide, Kartoffel wurden von der Bevölkerung zur Linderung ärgster Not von Depots und Feldern organisiert (Diebstahl oder Tauschhandel); Teile des Wienerwaldes wurden abgeholzt; „wilde Siedler" brachen schließlich in die bis 1918/19 grundherrschaftlichen (höfisch – hocharistokratisch – kirchlichen) und öffentlichen (kommunalen) Areale in Form einer spontan-anarchoiden Anforderung von Grund und Boden ein. Und synchron zur Eindämmung bzw. Formalisierung des zunächst „wilden", dann kommunal unterstützten und hegemonisierten genossenschaftlichen Siedelns – jenes andere Ventil von Not und Aufbruch – entwickelte sich die Wohnungsanforderung, die nach einigen provisorischen Verordnungen und Vollzugsanweisungen Anfang 1921 für das neue Bundesland Wien institutionell fixiert wurde.[5] Angefordert werden konnten und wurden: leerstehende, unbenützte oder unzulänglich benützte „Doppelwohnungen"; zur Gänze untervermietete (Doppel-)Wohnungen; einzelne Räume in Wohnungen mit mehr als drei Wohnräumen, wenn die Zahl aller Räume die der Bewohner um mehr als einen überstieg; einzelne Räume, wenn sie zu „unverhältnismäßig hohen" Preisen untervermietet waren; schließlich alle „freiwerdenden" Wohnungen und Wohnräume. Insgesamt wurden 1919 bis 1925 nahezu 45.000 Wohnungen und eine nicht exakt feststellbare Anzahl von Einzelräumen angefordert (allein 1921 wurden rund 27.000 Einzelräume angefordert): und trotzdem gab es 1925 noch immer etwa 16.000 Ansuchen in der „Dringlichkeitsstufe I". 1925 lief das Anforderungsgesetz aus und wurde nicht mehr verlängert oder erneuert. Dieses Instrument der (relativen) Vollständigkeit des Roten Wien ist noch in der Zeit des Roten Wien aufgelassen worden.

Die Hartnäckigkeit der Unterschicht-Stadt des 19. Jahrhunderts im und in den Blindfeldern des Roten Wien: die soziale Realität

Zwar baute das Rote Wien bis 1934 insgesamt rund 64.000 Wohneinheiten, diese bildeten aber doch nur etwa 20 % des Arbeiterwohnens. Hatte sich der Fortschrittsoptimismus des Bürgertums nicht zuletzt darauf beziehen können, daß die „Bauwellen" der Gründerzeit – in und trotz einer massiv expandierenden Stadt – alte Substanzen im „Totalumbau" in großem Maßstab beseitigten, so war im Roten Wien davon nicht die Rede. Abgesehen von einigen „Brettldörfern" und Slums riß man nichts ab, soziale Verbesserung erfolgte immateriell, durch Mieterschutz (und Wohnungsanforderung). Zumindest mittelfristig – aber wie sich dann zeigte: bis heute – waren jene „überkommenen Zinskasernen" keine verschwindenden Restgrößen im sozialen Fortschritt eines Neuen Wien, sie blieben vielmehr fast dualistisch der private Sektor.

Eine Exponentin der sozialdemokratischen „Frauenfraktion", die immer wieder für Erleichterung und Demokratisierung des Wohnalltags (vor allem für Frauen) durch den Bau von Zentralküchenhäusern eingetreten war, Käthe Leichter, erhob 1932 die Arbeits-, Lebens- und Wohnverhältnisse von Industriearbeiterinnen.[6] Diese Untersuchung lenkte erst- und einmalig den Blick über die markierten Lagergrenzen (die Höfe des Roten Wien) auf das gesamte Feld der damaligen Stadt als Lebensgelände der Unterschicht: die reale Vollständigkeit der sozialen Verhältnisse. Insgesamt wohnte nur etwas mehr als die Hälfte der befragten Arbeiterinnen in einer „eigenen" Wohnung; mehr als ein Drittel wohnte bei den Eltern; mehr als 10 % in Untermiete und als Bettgeher immerhin fast 1,5 %. Von den verheirateten Frauen hatten über ein Viertel keine eigene Wohnung, zumeist Jungverheiratete, die entweder bei den Eltern oder in Untermiete wohnten. Trotz der massiv propagierten Bedeutung der Kleinfamilienwohnung in den Diskursen des Roten Wien war diese Wohnform in den Unterschichten längst nicht durchgesetzt worden. Von den ledigen Arbeiterinnen wohnten sogar zwei Drittel bei den Eltern: die alte, „archaische" Funktion der Arbeiterfamilie als das „Selbsthilfe"-System der Gründerzeit blieb somit weiter aufrecht (trotz der Sozialpolitik des Roten Wien und trotz massiver Generationen- und Kulturbrüche in den Arbeiterfamilien seither). Von den verwitweten Arbeiterinnen mußten fast 15 %, von den geschiedenen über 30 % „vom eigenen Heim" zu den Eltern zurück oder in Untermiete. Wie in der Gründerzeit blieb für die weiblichen Arbeiter – nicht zu reden von den vielen Arbeitslosen, die in der Statistik nicht enthalten sind – die elterliche Familie zum (Über-)Leben häufig das einzige Auffanglager. Bei den Wohnungen der befragten Arbeiterinnen fielen Wohn- und Schlafraum in der Regel zusammen. In mehr als 50 % der Fälle schliefen drei bis vier Personen im „Zimmer" als Wohn-, Eß- und Schlafraum. Selbst ein eigenes Bett hatten lediglich 86 % der Befragten; die anderen teilten mit Geschwistern bzw. Mann und/oder Kindern: die familiäre Form des „Bettgeherwesens". Nur

Fußballer auf dem Weg durch den Karl Marx-Hof ins Hohe Warte-Stadion: Eingefügt in die großräumige Stadtstruktur
Kat. Nr. 3/5/11

rund 18 % der Arbeiterinnen hatten „in ihrer Wohnung elektrisches Licht, Gas und Wasserleitung, die drei Voraussetzungen erleichterter Haushaltsführung. Ebenso viele haben noch heute, im Jahre 1932, im großstädtischen Haushalt keines von den dreien in ihrer Wohnung. Noch brennen Petroleumlampen und Kerzen, noch muß täglich der Herd angeheizt, das Wasser immer wieder vom Stiegenhaus geholt werden".[7]

Kombinatorik von Urbanem und Sozialem: das soziale Phantasma im Urbanen

Die Stadtarchitektur der sozialdemokratischen Kommune hat sich sichtlich bemüht, ein Bild von der „Vollständigkeit" eines Roten Wien zu produzieren. Der Wohnbau war jenes Segment der Kommunalpolitik, das am direktesten plakativ, signalhaft wirkte. Die „Rote Burg" – keineswegs eine „Festung für den Bürgerkrieg" – war vor allem eine semantische Operation. Sie zu schaffen, bedurfte großer architektonischer und diskursiver Anstrengung. Man war nicht selbstbewußt auf das freie Feld gegangen – jenes „neue Zion mit weißen Mauern", von dem Adolf Loos träumte –, sondern baute die Roten Burgen in die Stadt, die man als Herrschaftsgefüge erkannt/kritisiert hatte, deren zehrende Wirkung auf Leib, Gesundheit und vor allem Sittlichkeit der Arbeiter man fürchtete. Man baute dem Anspruch nach Gegenwirklichkeiten. Die Erregung, die Rede von den Festungen schien diesen Anspruch zu bestätigen. Im heutigen städtischen Blick – Dezentrierung des frontalen Hochglanzbilds – fügen sich diese Anlagen indessen nicht nur in die großräumige Stadtstruktur, die sie selbst als Großwohnanlagen oder Superblocks bescheiden nachzeichnen und ergänzen, sondern auch in Baulücken –

Enthüllung der Matteotti-Gedenktafel am Matteotti-Hof: Dem Anspruch nach Gegenwirklichkeiten
Kat. Nr. 3/5/12

unauffälliger als heutige Genossenschaftsbauten, die auf Gegenwirklichkeit längst keinen Anspruch mehr erheben, sondern in nacheilendem Gehorsam gründerzeitliche Qualitäten in das System der Moderne verlängern wollen – in das historische Stadt- und Straßenbild. Hundertfach verstreut sind sie ideale Objekte für das Sammeln (das erwähnte Buch und viele neuere Versuche).

Gegenwirklichkeiten schaffen, lautete sinngemäß der politische Auftrag an die Architekten, die – häufig Otto Wagner-Schüler, an denen die internationale Moderne vorbeigegangen war – diesen Auftrag (angesichts von Krise und nahezu völligem Zusammenbruch privaten Bauens) naturgemäß in Kauf nahmen oder zu ihrem Anliegen machten und im Verständnis von Architekten „proletarische Monumente" schufen, manche größer und massiver, die meisten klein und bescheiden. Zinnen, Erker, Fahnenstangen, Tore, Bögen, Säulen, Beschriftung, Farben, Symmetrien, Ecklösungen, Dächer, Türme, Statuen, viel kleines Grün, viel Kunst und Kunsthandwerk am Bau bildeten das Repertoire eines großangelegten architektonischen Versuchs, ein vollständiges und proletarisches und Rotes und Neues Wien zu schaffen. Josef Frank sprach mit einem Wort von Pathos. „Eine Stadt in der Stadt", die „zugleich über die ganze Stadt verteilt" ist (Hans Tietze), gibt es auch bei wohlwollendster dialektischer Betrachtung nicht, allenfalls Partikel, kleine Kerne eines neuen zwischen den Wunden/Narben eines alten Sozialen. Die Stadt (und es gab niemals eine soziale Stadt) war/ist stärker. Mühelos schluckt sie alles, am leichtesten das Soziale. Es sei denn, man hätte das Soziale als Aufkündigung der Legitimation der Stadt verstanden, jene Haltung, mit der die radikale Moderne (aber nicht oder kaum in

Gemeinschaftswaschküche: Die Hausbesorger kamen aus dem hierarchisch-patriarchalen Lernfeld der gründerzeitlichen Stadt.
Kat. Nr. 3/8/1

Kinderfreibad im Fuchsenfeldhof: Konstitution eines proletarischen Lebensgeländes
Kat. Nr. 2/4/12/3

Überflüssige Sehnsucht oder Was die Wohnung beschwert

Jeder trachtet, seine Wohnung so schön wie möglich zu machen. Leider wird Verschönerung so oft verwechselt mit Anräumen und Überladen der Wohnung mit Kram und überflüssigen Dingen. Zu den Dingen, die nicht zum Allernotwendigsten gehören, die man aber doch braucht und die gleichzeitig eine Wohnung verschönern können, kann man zum Beispiel die Polster rechnen. Was aber gibt es alles für Polster! Polster aus Goldspitzen oder solche, die auf Seide handgemalt sind, oder solche mit aufgepreßten Stickereien, mit gestickten Perlen, aufgenähten Goldborten und dergleichen! Jede Hausfrau erschrickt, wenn irgend jemand sich auf diesen Polster setzt, denn diese Polster sind so kostbar und so schwer zu reinigen, daß man sie schonen muß. Aber nicht nur die Hausfrau, sondern auch jeder, der sich auf den Polster legt, erschrickt, denn die Goldspitzen pressen sich in sein Gesicht ein, die Borten lassen auf dem Gesicht ihre Muster zurück, die Seidenmalerei (sei es nur ein Sonnenuntergang am Meer oder Schubert im Kreise der Seinen) hinterläßt Spuren auf seinem Gesicht. Wozu dient ein Polster? Ein Polster muß weich sein, groß und aus möglichst waschbarem Material (waschechtes Leinen, Rips, Waschseide und dergleichen). Wer unbedingt eine Verzierung will, kann sich ein schönes Stück Stoff weben.

Auch die Wahl der Decken ist für die Wohnung wichtig. Wie störend sind alle kleinen Deckchen, die über jeder Kommode, über jeden Tisch hängen, die vielen handgearbeiteten Deckchen, an denen jeder hängenbleibt und mit ihnen zugleich alles, was auf dem Tisch steht, mitherunterzieht, alle die Deckchen, die weit über die Laden reichen, so daß man sie jedesmal weggeben muß, wenn man etwas aus der Lade nehmen will, die Deckchen, die zur Schonung auf dem Lehnsessel oder auf dem Sofa liegen und die sich verschieben, wenn man sie nur berührt — alle diese Deckchen kann man ruhig wegwerfen.

Wirklich schade um die viele Arbeit, die für dieselben aufgebracht wurde! An ihre Stelle können wir mit besserer Wirkung einfache bunte Leinendecken in die heutige Wohnung geben. Wozu braucht man Nippesgegenstände? Es kommt ja vor, daß man irgendeinen kleinen Gegenstand sehr liebt, ob es nun ein schöner Stein ist oder eine Schale oder ein buntes Glas, und daß man das gern in seiner Wohnung sehen möchte. Aber all diese vielen Nippessachen, die in der Wohnung herumstehen, in ständiger Gefahr sind, herunterzufallen und zu zerbrechen, all die kann man doch nicht lieben! Die Tänzerinnen aus Gips, die graziös den Spiegel halten, in den man nicht hineinschauen kann, der als Kavalier verkleidete Hund aus Porzellan, die Gestalten, die mit Mohnblumen anmutig eine Lampe stützen, die Vasen, in die man nichts hineingeben kann, die Uhr, die zur Verzierung da ist und nicht geht, Gestalten aus nachgemachter Bronze, die eine große Glasschale stützen, Schweizerhäuschen als Tintenfässer, Bergschuhe als Aschenbecher, die künstlich verstaubten Blumensträuße, all das sind Dinge, die man kalt und herzlos wegwerfen kann!

Alle diese Dinge wurden einstmals von Künstlern aus kostbarem Material für die Paläste und Schlösser der Fürsten, für die pompösen Wohnungen der Reichen geschaffen, hatten dort ihren geeigneten Platz und durch die sorgsame künstlerische Ausführung ihren besonderen Wert. Nun aber werden solche Spielereien als Fabrikware aus unechtem, schlechtem Material in ungeheuren Massen hergestellt und entstellen unsere Wohnungen durch ihre Sinnlosigkeit, durch ihre Häßlichkeit sowie durch ihren Unwert. Die Menschen unserer Zeit arbeiten anders, denken anders und leben ganz anders als die frühere Generation. Daher ist es nur natürlich, daß sie auch anders wohnen. Befreit von der überflüssigen Sehnsucht, mit unechten ungenügenden Mitteln den vergangenen Prunk vergangener Zeiten vorzutäuschen, schafft sich der moderne Mensch seine Behausung nach seinen eigenen neuen Bedürfnissen. Glatte Schränke, die Platz für alle Sachen bieten, Sessel, Bänke, Liegestätten, die zum wirklichen Ausruhen einladen, als Schmuck einfache gediegene Ziergegenstände so sparsam aufgestellt, daß der Eindruck der Überladenheit ferngehalten wird. T. H.

Die gestickte Decke unter diesem schön bebilderten Lavoir verrät deutlich, daß es nicht zum Waschen, nur zum Ansehen da ist. Wozu dann überhaupt?

Schmücke dein Heim nicht mit Gipsschönheiten, die noch dazu so aufgestellt sind, daß man in ständiger Angst ist, sie durch leiseste Berührung zu zertrümmern

Der Divan, dessen überflüssige Galerie mit überflüssigen Nippes geziert ist, die dir jeden Augenblick auf den Kopf zu fallen drohen, kann dir keine ruhige Minute schenken

Hoch oben auf dem Giebel der Kredenz thronen Vasen mit Gipsengeln und sonstiger Zierat, unerreichbar für den Blick und für die reinigende Hand, erreichbar nur dem Staub!

Rechts: Ein glatter Schrank mit genügend Platz für Geschirr an Stelle der ungeheuren Kredenz, eine einfache Zierschale darauf, passen besser in unsere heutigen kleinen Wohnungen und zu unseren geänderten Bedürfnissen

Links: Wohnung und Einrichtung sollen der Bequemlichkeit ihrer Bewohner dienen, ihnen den Aufenthalt angenehm und das Instandhalten derselben der Hausfrau nicht zur Qual machen

Erziehung zur Wohnungsgestaltung in der Zeitschrift „Der Kuckuck": „... das Neue wurde mit dem Alten alt"
Kat. Nr. 3/7/2

Wien) angetreten und an der sie, wie es scheint, gescheitert ist. Das Rote Wien ist längst eine Schicht der – welcher? – Stadt.

Gegenwirklichkeiten entstanden auch kaum innerhalb der Höfe der großen Anlagen, die dafür dennoch zu klein oder zu wenig radikal, vielleicht zu „panoptisch" angelegt und dabei viel zu bürokratisch reglementiert waren. Der Hausbesorger kam ja auch nicht von „woanders" her, sondern aus dem hierarchisch-patriarchalen Lernfeld der gründerzeitlichen Stadt. Der große Wiener Kulturkonservative, Heimito von Doderer, hat dies beschrieben: „Ich sah diese Gassen wie von innen, aus den alten Häusern heraus, aus engen Zimmern, die doch von so vielen schon verlassen wurden, weil eine ununterbrochene und unmerkliche Völkerwanderung stattfand aus solchen unzureichenden oder eigentlich nur ‚modernen Anforderungen nicht mehr entsprechenden' Quartieren in die mächtigen Wohnhausbauten der Gemeinde Wien, menschensammelnde Riesenburgen, in Heiligenstadt etwa oder draußen am Stadtgürtel in Margareten. Für die Kinder vor allem war das besser, sie wuchsen in Licht und Luft hinein und in eine freundlicher umfangene Umgebung, mit Spielplätzen und Planschbecken im Sommer. Sicher war das gut so. Noch schöner wär's gewesen, wenn die Zeitalter sauber voneinander sich abgesetzt hätten. Aber die alten Gassen und die ‚modernen Anforderungen' gingen ineinander über, weil die Leute ihren ganzen Kram mit in die neuen Wohnungen nahmen – Kasten und Häferln und alte Drähte und Lampen –, und am Ende war alles wieder gleichzeitig, das frühere und das jetzige, ganz und gar durcheinander gestellt, und das Neue wurde mit dem Alten alt und verrottete ebenso."[8]

Postkarte gegen den Alkoholismus: Vorgebliche ...
Kat. Nr. 2/6/6

Aufruf an Tuberkulosekranke: ... und reale Krankheiten des Proletariats
Kat. Nr. 2/6/3

Es sind wahre Zauberberge des Sozialen, wie Tafuri sie unübertrefflich interpretierte. Wie im Zauberberg (dieser bildungsbürgerliche Roman) nicht zu klären ist, ob das neue Soziale, an dem Hans Castorp nicht ganz (un)freiwillig teilnahm, dessen alte, eingebildete oder reale, bürgerlich-subjektive Krankheit (Tbc) heilte (oder vielmehr zum Blühen brachte), wobei dann der Krieg als Mega-Sozietät der Männergesellschaft diesen Unterschied beseitigte, so ist es auch hier nicht auflösbar, ob diese Burgen (in denen dann wirklich Bürgerkrieg stattfand, welcher in Ständestaat, Faschismus, Nationalsozialismus, neuerlichen Weltkrieg mündete) den in den „Zinskasernen" depravierten sozialen Körper des Proletariats und dessen vorgebliche (Alkoholismus, ungeregelte Sexualität) und reale Krankheiten (Rachitis, Tbc ...) heilten. Zu dieser Frage existiert eine eigene, kontroversielle Rezeptionsgeschichte. Sicher ist: Das Rote Wien baute auf einen, retrospektiv gesehen, naiven Fortschrittsglauben, indem die Emanzipation einer Klasse, der Arbeiterklasse, aus der gründerzeitlichen Unterdrückung – den schlechten bis katastrophalen Lebens- und Wohnverhältnissen in den Bassenahäusern, überfüllt mit Untermietern und Bettgehern – für die Weiterentwicklung der gesamten Gesellschaft stand. Das Rote Wien intendierte niemals nur Wohnungsbau, sondern die Konstitution eines gesamten, proletarischen Lebensgeländes, von der Fürsorge- und Gesundheitspolitik über Wohnungspolitik bis zur Kulturpolitik. Im Unterschied zum heutigen kommunalen oder genossenschaftlichen Wohnbau, der mit seinen neuen Standards (für Bewohner, die nach wie vor aus Bassenahäusern und sogar Obdachlosen-Asylen kommen) in einem Teilsegment eines alten Unterschicht-/neuen Mittelschicht-Alltags wirkt, konstituierte das Rote Wien einen (im Lager, durch Ausblendung und Verzerrung) „vollständig" neuen, proletarischen Alltag. Auf der Basis des Mieterschutzes, der für eine radikale Verbilligung der Mieten und für eine fast absolute Wohnsicherheit am – eigentlich nicht mehr privatkapitalistischen – Wohnungsmarkt sorgte, sicherte die kommunale Stadtarchitektur der zwanziger Jahre jenes „Naturrecht auf Wohnen" auch in neuen Wohnanlagen.

Für eine heutige Risikogesellschaft, deren Durchsetzung auch in Wien diese Bauten nicht verhindern konnten, sind/waren sie exzentrisch. Gemeindebau schützt heute nicht mehr vor Risiko. Auch in „Modellvorhaben" wie in der großen Wohnhausanlage „Am Schöpfwerk" der siebziger und achtziger Jahre breitet sich neue Armut aus. So könnten die Roten Burgen als Denk- und Grabmale des Sozialen, als Depots für die Restposten des Sozialen und als „soziale Vollständigkeit" zeichenhaft zeigende Architektur erscheinen. Wir würden dann nur noch Großformen sehen, die Otto Wagner-Schüler auftragsgemäß ausstaffierten: auf großen Plänen kleine Arbeitermänner (so wie man heute Bäume einzeichnet) unter monumentalen Bögen und in niedrigen Wohnungen hinter der massiven Front, weder Subjekte noch Klasse, jedenfalls nicht im Verständnis eines emanzipierten Kollektivsubjekts in freien Bezügen und vielfältig autonomem Ausdruck. Erst in Zukunft werden wir soweit sein, diese Stadtarchitektur der zwanziger Jahre als Vielzahl kleiner sozialer Kerne zur Intensivierung des alten/neuen Urbanen voll zu verstehen und zu nutzen.

Anmerkungen

1 Manfredo Tafuri zit. n. Rudolf Kohoutek und Winfried Steiner: „Die Zukunft ist vielleicht vorbei". In: Unermüdlich. Unbequem. Wien 1992, S. 208.

2 Gemeinde Wien (Hg.): Das Neue Wien. Städtewerk. Wien 1926–1928.

3 Josef Popper-Lynkeus: Die allgemeine Nährpflicht als Lösung der sozialen Frage. Wien 1912, S. 552.

4 Wie Anm. 3, S. 557.

5 Vgl. Wolfgang Hösl und Gottfried Pirhofer: Wohnen in Wien 1848–1938. Wien 1988, S. 91 ff.

6 Wie Anm. 5, S. 128 ff.

7 Käthe Leichter: „So leben wir ... 1320 Industriearbeiterinnen berichten über ihr Leben". Wien 1932, S. 84.

8 Heimito von Doderer: Die Dämonen. München 1956, S. 966.

Von der „Wohltäterei" zur Wohlfahrt

Gerhard Melinz

Von der „Wohltäterei" zur Wohlfahrt

Aspekte kommunaler Sozialpolitik 1918–1934

Die Gesundheits- und Fürsorgepolitik der sozialdemokratischen Gemeindeverwaltung war realgeschichtlich keinesfalls eine Wohlfahrtsinsel im Meer der wirtschaftlichen, sozialen und politischen Wogen der Ersten Republik, deren Politikmuster waren an eben diese sich wechselseitig bedingenden Faktoren rückgebunden und bestimmten so Handlungsspielräume und Handlungszwänge. An den Anfang seien hier einige Tendenzen der sozialpolitischen Großwetterlage und ihre Hintergründe gestellt.

Krieg als Geburtshelfer des Wohlfahrtsstaates

Der Erste Weltkrieg wird oftmals als „Geburtshelfer" eines modernen Wohlfahrtsstaates bezeichnet. In der Tat brachte die kriegswirtschaftliche Organisierung des gesellschaftlichen und politischen Lebens ein bis dahin nicht gekanntes Maß an Staatsintervention im Bereich von Produktion und Reproduktion in Österreich mit sich. Im Zuge der Kriegswirren kam es noch während des Krieges bzw. unmittelbar danach zu diversen gesamtstaatlichen sozialpolitischen Neuregelungen bzw. institutionellen Neuerungen. In diesem Zusammenhang muß aber vorab vermerkt werden, daß das Staatsamt für Soziale Verwaltung (ab 1. Oktober 1920 mit gleichbleibendem Wirkungskreis in Bundesministerium für soziale Verwaltung umbenannt) – zumindest im Selbstverständnis des zuständigen sozialdemokratischen Staatssekretärs – die Priorität nicht bei den Fürsorgemaßnahmen, sondern vielmehr bei der Arbeiterschutzgesetzgebung und der Institutionalisierung von Mitbestimmungsrechten für Arbeitnehmer sah. Das Armenwesen bzw. die öffentliche Fürsorge war in der Ersten Republik insgesamt kein vorrangiges Thema für den Nationalrat.

Sozialdemokratisches Flugblatt: Sozialpolitischer Boom 1918/19
Kat. Nr. 1/5/4

Versuche einer Neuregelung bzw. Reformierung des Fürsorge- und Jugendwohlfahrtswesens beschränkten sich auf Fachkreise und wurden parlamentarisch nicht in neue Gesetzeswerke umgesetzt.

Die „revolutionäre" Situation 1918/19 brachte zur Beruhigung und Eindämmung der dynamischen Massenbewegung u. a. politische und, wie schon erwähnt, soziale Zugeständnisse mit sich, insbesondere die 1920 zum Gesetz gemachte Arbeitslosenversicherung, Lebensmittelunterstützungen und diverse andere soziale Unterstützungsaktivitäten. Hunger, Not, Krankheiten und Unterernährung, vor allem der Kinder, bestimmten vorerst die Situation, was durch ausländische Hilfsaktionen teilweise abgeschwächt werden konnte. Nachdem die in der Kriegs- und Rüstungsproduktion so zahlreich eingesetzten Frauen unterdessen wieder vom offiziellen Arbeitsmarkt zugunsten der männlichen Kriegsheimkehrer verdrängt wurden, bedeutete die Inflationskonjunktur für's erste eine Entspannung des Arbeitsmarktes. Dies sollte sich nach der „Genfer Sanierung" sehr bald wieder ändern. Der Währungsstabilisierung des Jahres 1922 folgte als Gegenleistung für die Völkerbund-Anleihe eine Politik der „Sanierung des Staatshaushaltes", deren Folgen in einer allgemeinen Verarmung, im besonderen auch des „alten" Mittelstandes, ihren Ausdruck fand. In den Jahren sich innenpolitisch verschärfender Konflikte – angesichts eines wiedererwachten bürgerlichen Übermachtgefühls – läßt sich zwischen 1924 und 1929 zwar ein leichter Wirtschaftsaufschwung verzeichnen, allerdings von einem relativ niedrigen Niveau ausgehend, wobei nur einige Industriezweige erfaßt wurden, während andere weiterhin schrumpften, was sich in einer entsprechend ansteigenden

Tendenz der (offiziellen) Arbeitslosenrate ausdrückte. Parallel dazu lautete das Motto der Unternehmerverbände: Lohnsenkung und Schluß mit den „sozialen Lasten".

Betrachtet man die staatliche Arbeiterpolitik und hier im besonderen den Verlauf der zuerst einmal eingeleiteten „Verrechtlichung" des Arbeitslosigkeitsrisikos, dann zeigt sich bei näherer Betrachtung in weiterer Folge eine Vielzahl von Modifikationen zu Lasten der Arbeitslosen. Angesichts der ökonomischen Situation wurde von Unternehmerseite der Machtvorteil gegenüber den Lohnabhängigen konsequent ausgenützt. Das reichte von der „Lehrlingszüchterei" wie zu Zeiten der Monarchie bis zum Angebot von nicht sozialversicherten[1] und schlecht bezahlten Arbeitsplätzen, die bei Jobverlust zur Fürsorgeabhängigkeit führen konnten. Damit wurde ein Rahmen abgesteckt, innerhalb dessen die Krisenlasten voll von den Lohnabhängigen zu tragen waren, vor allem von Jugendlichen und Frauen.[2] In der hier zur Diskussion stehenden Zeit verschwamm angesichts der Massenarbeitslosigkeit die bereits zu Kaisers Zeiten wirksam gewordene Abgrenzung der industriellen Facharbeiterschaft gegenüber den „Armen", es zeigte sich zugleich aber auch die Abhängigkeit sozialer Sicherungsformen von den ökonomischen Bedingungen, was dann konkret während der Weltwirtschaftskrisenjahre bedeuten konnte, etwa nach der erfolgten „Aussteuerung", als Arbeitsloser der kommunalen Armenfürsorge anheim zu fallen. Zwischen Jänner 1932 und Oktober 1933 fielen zum Beispiel in Wien der Aussteuerung aus der Notstandsaushilfe 63.960 Arbeitslose zum Opfer. Angesichts der restriktiven Anspruchsvoraussetzungen für eine Notstandsaushilfe kam es 1932 bei 37 % der 36.476 Antragsteller wegen

Arbeitslosendemonstration 1930
Kat. Nr. 2/7/10

Nichtvorliegens einer „Notlage" zu einem abschlägigen Bescheid.[3]

Kontinuität der alten Armengesetze

In der Ersten Republik hatten weiterhin die am alten Heimatrecht orientierten Armengesetze ihre Gültigkeit behalten. Als Landesgesetze beschlossen und in der konkreten Durchführung in der Kompetenz der Gemeinde liegend, unterschieden sie sich je nach Bundesland hinsichtlich Leistungsniveau usw.[4] Nachdem gemäß Bundesverfassungsgesetz der Bund in der gesetzten Frist bis 1928 keine eigene Grundsatzgesetzgebung in Sachen „Armenwesen" oder für „Mutterschafts-, Säuglings- und Jugendfürsorge" erlassen hatte, konnten die Länder in der Folge die bisherigen Bestimmungen weiterverwenden bzw. ihre eigenen Landesgesetze für diese „Kompetenztatbestände" beschließen.

Mit dem Verfassungs-„Übergangsgesetz" aus dem Jahre 1929, wonach die alten bundesgesetzlichen Vorschriften von früher wieder wirksam wurden, kam es in weiterer Folge zum abermaligen Inkrafttreten diverser gesetzlicher Bestimmungen (z. B. Schubgesetz, Arbeitshausgesetz), womit sich eine traditionsreiche Linie repressiver Ordnungspolitik – im Sinne von „Armenpolizei" – gegenüber den durch die Wirtschaftskrise zwangsmobilisierten Bevölkerungsgruppen fortsetzte.[5] Es läßt sich also eine Kontinuität von armenpolitischen Gesetzesnormen bis in die Erste Republik erkennen. Nach dem Nichtzustandekommen eines Bundesgrund-

Univ.-Prof. Julius Tandler, Stadtrat, Anatom, Sozialreformer und Bevölkerungspolitiker, im Kollegenkreis
Kat. Nr. 2/1/2

Das „Wiener System" der Fürsorge

Die kommunale Fürsorgepolitik des Roten Wien verkörperte als „Wiener System" den Typus einer modernen Fürsorgekonzeption im Rahmen einer industriekapitalistischen Gesellschaft und unterschied sich durchaus von den in den Bundesländern betriebenen Fürsorgeformen, und zwar durch einen systematisch-konzeptionellen Ansatz samt diversifiziertem Institutionengeflecht. Insbesondere im Sektor der „offenen" Wohlfahrtspflege setzte man freiwillig neue Akzente. Die Kommunalpolitik der Gemeinde – Wien war seit Jänner 1922 zugleich Bundesland – wurde von den regierenden Sozialdemokraten nach dem Ende der Koalition mit den Christlichsozialen auf Bundesebene immer wieder als anschauungsreiches Beispiel für die praktische Überlegenheit sozialistischer Politik verstanden und sollte österreichweit bei den Wahlen die Parlamentsmehrheit erringen helfen.

Die Fürsorgekonzeption prägte in der Praxis zentral der Universitätsprofessor für Anatomie Julius Tandler, der noch 1920 zum Amtsführenden Stadtrat für das Wohlfahrtswesen bestellt wurde. Tandlers Fürsorgekonzept orientierte sich an einem produktiven, leistungsfähigen „Volkskörper" als Ganzem, wobei hier sowohl fiskalische wie auf Einzelindividuen bezogene „Effizienz" zentrale Aspekte darstellten. Die Investitionen der Fürsorge in den Einzelnen verbanden sich mit der Überzeugung, daß damit das künftige Ziel von Kostenersparnis und Effizienz zu erreichen sei. Solcherart Wohlfahrtsphilosophie widerspiegelte deutlich die Spuren von Goldscheids Konzept einer „Menschenökonomie". Tandlers Fürsorge wollte die Wohlfahrtspflege letztlich aber auch von der klassischen repressiven und reaktiven Armenpolizei emanzipieren.

satzgesetzes für das Armenwesen hatte Wien 1928 genauso wie das Burgenland, Oberösterreich und Tirol seine Landesgesetzgebung im Sinne des IV. Abschnittes des Heimatgesetzes von 1863 neuerlich als Landesbestimmungen in Wirksamkeit gesetzt.

Die „gesetzliche" Armenunterstützung blieb weiterhin an das Subsidiaritätsprinzip gebunden, insoferne konnten Arme auch keine bestimmte Art der Unterstützung verlangen (§ 25 des Heimatgesetzes), und erst recht konnte man kein unbedingtes Recht auf laufende Armenunterstützung einfordern, wie es ein Verwaltungsgerichtshoferkenntnis aus dem Jahre 1930 festlegte.[6] Die Gemeinden waren in der Ersten Republik jeder Armenversorgungspflicht enthoben, „wenn und insolange der Bewerber tatsächlich das zum Leben Notwendige hat".[7] Armenversorgung – im Sinne der gesetzlichen Armenpflege – gab es nur dann, wenn der betreffende Arme sich den „notwendigen Unterhalt nicht mit eigenen Kräften zu verschaffen mag" (§ 26). Kurzum: Die Option auf Armenunterstützung war de facto als Nothilfe konstruiert.

Das Wiener Wohlfahrtswesen wurde als auf vier Grundsätzen basierend konzipiert, die 1926 so formuliert wurden: „Die Gesellschaft ist gegebenenfalls auch ohne gesetzliche Vorschriften verpflichtet, allen Hilfsbedürftigen umfassende Hilfe zu gewähren; Individualfürsorge kann rationell nur in Verbindung mit Familienfürsorge geleistet werden; aufbauende Wohlfahrtspflege ist vorbeugende Fürsorge; die Organisation der Wohlfahrtspflege muß in sich geschlossen sein."[8]

Konzeptionell arbeitete man seitens der Wohlfahrtsverwaltung „selbstverständlich Hand in Hand mit der privaten Fürsorge", denn es galt „alle Kräfte zu konzentrieren", realiter trat der Wiener Caritasverband dem von der Wiener Stadtverwaltung inspirierten „Verband der freiwilligen Jugendfürsorge" allerdings nicht bei.

Dem Grundsatz der Zentralisierung der Wohlfahrtspflege trug man bereits 1921 im Rahmen der Verwaltungsreform Rechnung, indem das zentrale Wohlfahrtsamt der Stadt Wien geschaffen wurde, das sämtliche Wohlfahrtseinrichtungen – die der Jugendfürsorge und der Gesundheitsfürsorge – in sich vereinte. Es unterstand dem Amtsführenden Stadtrat der Verwaltungsgruppe III, Julius Tandler. Das bereits 1917 während des Krieges begründete städtische Jugendamt fungierte als Zentralstelle für alle Angelegenheiten der Jugendfürsorge, seit 1925 oblag diesem auch die „gesetzliche Armenkinderfürsorge", die zuvor der Magistratsabteilung 8 (Wohlfahrtspflege) zugehört hatte. Das Fürsorgemodell Tandlers erforderte zwangsläufig einen Akzent zugunsten einer „vorbeugenden" Fürsorge, versinnbildlicht in der Jugendfürsorge, die als „Fundament jeder Fürsorge"[9] galt und die Enstehung sozialen Elends und körperlicher wie geistiger „Minderwertigkeit" bereits im Keim ersticken wollte.[10]

Neben den beträchtlichen Budgetausgaben für den sprichwörtlichen kommunalen Wiener Wohnbau hatten die Ausgaben für soziale Fürsorge 1923 insgesamt bereits ein Drittel Anteil an den Gesamtausgaben. Seit damals bestimmte im Hinterkopf die Aufstellung des Budgetvoranschlages stets ein duales Denken an „bevölkerungspolitisch produktive" und „bevölkerungspolitisch unproduktive" Ausgaben. Unmittelbar nach dem Krieg – infolge kriegsbedingter Notstände – überwogen noch „unproduktive" Ausgaben, was allerdings seit 1926 zugunsten der „produktiven" Ausgaben (z. B. Jugendfürsorge, Familienfürsorge, Gesundheits- und Erziehungsfürsorge) überwunden wurde. Neben den nicht nutzbringenden Aufgaben wie Altenversorgung usw. waren der Wiener Fürsorge Ausgaben für Ausländer oder zumindest für in Wien Nicht-Heimatberechtigte ein Dorn im Auge.[11] Bezugnehmend auf die „Minusvarianten" in der Gesellschaft argumentierte Tandler, ein Vertreter eines „reinen Kosten-Nutzen-Standpunktes",[12] folgendermaßen: „Wenn ein Epileptiker eine Schwachsinnige heiratet, so gehört nicht viel Kenntnis der Vererbungstheorie dazu, um von vorneherein sagen zu können, daß die Gemeinde Wien die Kinder dieser Ehe wird erhalten müssen solange sie leben und wieweit das geht (...). Ich sehe darin eine Ungeheuerlichkeit, weil wir wissentlich etwas gestatten, was bevölkerungspolitisch, finanzpolitisch ein Unsinn ist."[13]

Trotz aller Neuerungen in der Wiener Wohlfahrtspflege blieb weiterhin der Hauptschwerpunkt bei der „gesetzlichen Armenpflege" auf der Basis des traditionellen Heimatrechts, was zu Mängeln und Klagen über die „gesetzliche" Armenpflege führte, was auch von der Gemeindeverwaltung eingestanden wurde: „Ihr wesentlichstes Merkmal ist, daß sie auf gesetzlichen, unabänderlichen Vorschriften beruht und daher subjektiv und objektiv mit Zwangscharakter ausgestattet ist (...). Dazu kommt ihre inhaltliche Beschränkung auf die Bewilligung der unentbehrlichen wirtschaftlichen Hilfe, auf die Gewährung des Obdaches, des Lebensunterhaltes und der Pflege im Falle der Erkrankung ..."[14] Trotzalledem: Im Sinne des „Wiener Systems" wurde – jedenfalls viel umfassender und planvoller als in den anderen Bundesländern – neben der gesetzlichen Fürsorge die freiwillige offene Wohlfahrtspflege ausgebaut. Hierbei ging es darum, „daß der wirtschaftlich Schwache, der Unwirtschaftliche, durch planmäßige Beratung und Führung, durch erzieherische Einflußnahme auf seine ganze Lebenshaltung geeignet gemacht wird, wieder einen angemessenen Platz im wirtschaftlichen Leben zu finden".[15] Im Roten Wien wurde den Fürsorgebedürftigen gleichsam ein „Recht auf Fürsorge" zuerkannt, diesem entsprach als Kehrseite die Pflicht zu angepaßtem Verhalten. Vom Befürsorgten erwartete man, daß er mit „Verantwortungsgefühl" seine Lage aktiv zu verändern bereit war. Daß es sich hier um kein neutrales Konzept gegenüber Hilfebedürftigen handelte, beweisen unzählige Äußerungen gegen soziale Unterschichten, so zum Beispiel gegen „Bettler" als Gegenbild zu verantwortungsbewußten Proletariern, denn aufgrund der „antisozialen Einstellung" und dem „Mangel an Verantwortungsgefühl erfließt auch die Unmöglichkeit der Fürsorge bei Landstreichern usw."[16] Tatsächlich handelte es sich jedoch angesichts der strukturellen Massenarbeitslosigkeit der Ersten Republik insgesamt um erzwungene Mobilität, die keinesfalls nur Randschichten der Bevölkerung betroffen hätte. Vielmehr waren selbst zahlreiche Mitglieder der Sozialdemokratischen Arbeiterpartei gezwungen, „auf die Walz zu gehen".[17]

Finanzpolitischer „Marsch auf Wien"
Finanziert wurde die ambitionierte Wiener Kommunalpolitik aus grundsätzlich zwei Quellen, den sogenannten Ertragsanteilen an den gemeinschaftlichen Bundessteuern und aus den Einnahmen der eigenen kommunalen Steuerhoheit. Beide Finanzierungsquellen waren in den Jahren der Ersten Republik sowohl von ökonomischen wie auch von politischen Faktoren geprägt. Die sozialdemokratische Wohlfahrtspolitik wurde vor allem durch eine spezielle Steuerpolitik gespeist, wobei eine sogenannte „Fürsorgeabgabe" (per Gesetz seit 1920) im Sinne einer Lohnsummensteuer und eine „Bierabgabe" (seit 1927) – diese als Beitrag des Landes Wien zu den Notstandsaushilfen für (Langzeit-)Arbeitslose – bevorzugt zur Verfügung standen. Die Wiener Finanz- und Steuerpolitik galt als eines der heißen Eisen in Österreichs Innenpolitik, die Opposition wetterte immer und allerorten gegen den „Steuersadismus" von Finanzstadtrat Breitner. Aus der Doppelposition Wiens – als Gemeinde und Bundesland – ergab sich zuallererst im Rahmen der Finanzausgleichsregelungen von 1922 für die Bundeshauptstadt ein Vorteil bei den Steuereinnahmen (hinsichtlich der Ertragsanteile). Aufgrund der sich seit 1927 zuspitzenden innenpolitischen Situation und in Anbetracht der wirtschaftlichen und steuerpolitischen Turbulenzen kam die Wiener Gemeindeverwaltung unter Druck. Da schwelte zum einen der Konflikt mit den anderen Bundesländern,

Stadtrat Hugo Breitner: Von der Opposition des „Steuersadismus" bezichtigt
Kat. Nr. 1/6/4

viel gravierender wirkte sich schließlich aber der „finanzielle Marsch auf Wien" aus. Dieses Diktum vom Präsidenten des Wiener Landtages Robert Danneberg manifestierte sich in der 7. Abgabenteilungsnovelle vom 28. Jänner 1931, derzufolge Wien Ertragsanteile an die Bundesländer abgeben mußte. Im Zuge der Notverordnungspolitik nach der Ausschaltung des Parlaments im Jahre 1933 wurde die Gemeinde Wien zur Zahlung eines „Lastenausgleiches" an den Bund von je 36 Millionen Schilling für die Jahre 1933 und 1934 gezwungen.[18] Zuguterletzt trug die schlechte wirtschaftliche Situation das ihrige dazu bei, daß die Breitnersche Steuerpolitik zu einer stumpfen Waffe wurde. Alles in allem schränkte das den Handlungsspielraum der Gemeindeverwaltung beträchtlich ein, und selbst der Führer der oppositionellen Christlichsozialen, Leopold Kunschak, konzedierte: „In der Vergangenheit haben die Sozi sicherlich schwer gesündigt, aber heute könne man ihnen eine sinnlose Vergeudung nicht vorwerfen. Die Gemeinde ist heute arm."[19] Diesen Umstand konnten auch die Armen und Bedürftigen in Wien wahrnehmen, da angesichts der ausgesprochen knappen Finanzmittel spätestens seit 1930 eine ausgeprägte Sparpolitik betrieben wurde.

Diese Sparpolitik hatte die stärksten Auswirkungen auf jene Bereiche der Gesundheits- und Jugendfürsorge, die den Stolz der Tandlerschen „Aufbauarbeit" ausmachten.

Jugendfürsorge – Investition in die Zukunft
Institutionelles Kernstück der Jugendfürsorge war das Jugendamt. Dieses übte die Generalvormundschaft über alle unehelichen Kinder aus, die in Wien geboren und zur Zeit des Anfallens der Geburtsanzeige beim Bezirksjugendamt der Zuständigkeit eines Wiener Vormundschaftsgerichtes unterlagen. Im Unterschied zum früheren Berufsvormund war nun das Amt der Träger der Vormundschaft, die automatisch mit der Geburt begann und mit der Volljährigkeit des Mündels endete. Die Fürsorge der Jugendämter umfaßte zudem die Rechtsberatung der schwangeren unehelichen Mütter, betrieb die rechtliche Vertretung der Kinder in Hinblick auf Feststellung der Vaterschaft, der gerichtlichen Festlegung der Unterhaltspersonen und Unterhaltsleistungen und kümmerte sich um alle sonstigen Belange der Mündel. Im Jahre 1931 forderte das Jugendamt beispielsweise fast zwei Millionen Schilling an Unterhaltsbeiträgen ein, sorgte in 2.494 Fällen für die Feststellung der Vaterschaft und führte dazu 439 Vaterschaftsprozesse sowie 2.055 außerstreitige Verfahren.[20] Dem Jugendamt oblag außerdem die Wahrnehmung der städtischen Ziehkinderaufsicht. Bei Ziehkindern unter 14 Jahren, die in fremde Familienpflege abgegeben wurden, fungierten die Bezirksjugendämter (BJÄ), bei den in Anstalten untergebrachten Kindern die Zentrale des Jugendamtes als Ziehkinderaufsichtsstellen. In beiden Fällen wurden die Kinder regelmäßig von einem Arzt und einer Fürsorgerin besucht und kontrolliert. Die Jugendämter wirkten auch bei der Überwachung des Kinderarbeitsgesetzes und unterstützend für die Jugendgerichte bei der Erforschung der Lebensumstände von Delinquenten mit.

Jugendfürsorge wurde seitens der Gemeindeverwaltung – entgegen der christlichsozialen Propaganda – als „Familienfürsorge" betrieben, deren Ziel die „Erhaltung und Förderung des Kindes in der natürlichen Keimzelle der Gesellschaft" war.[21] Zur Stabilisierung der Familien und zur Verbesserung der Aufzuchtsbedingungen stand eine breite Palette von Unterstützungsformen zur Verfügung. Es gab Baraushilfen (z. B. Pflegebeiträge) oder Naturalunterstützungen (z. B. Kleidung, Wäsche, Lebensmittel), die Abgabe von Kindern in Anstalten wurde nur als letztes Mittel angesehen. Die Wirtschaftskrise hatte insbesondere die Zahl der Pflegebeitragsbezieher ansteigen lassen. Der Gemeinderverwaltungsbericht vermerkte dazu: „Viele Eltern können nur mit größter Mühe die Mittel für die Erziehung ihrer Kinder aufbringen. Arbeitslosigkeit und Aussteuerung wirken sich am verhängnisvollsten unter den Kindern aus."[22]

Als vorbeugendes Instrument – gleichsam zur Hintanhaltung von Anstaltseinweisungen – setzte man bei „Auffälligkeiten" oder Problemen mit Kindern oder Jugendlichen auf Erziehungsberatung, die auf Anregung des Erziehers und Psychoanalytikers August Aichorn bei Jugendämtern etabliert wurde. Bei leichten Fällen sollte die Fürsorgerin aus Anlaß von Hausbesuchen Erziehungsberatung leisten, schwerere Fälle von Erziehungsnotstand fielen in die Kompetenz von Heilpädagogen und Ärzten, die in den Jugendämtern den Eltern unentgeltliche Beratung boten. Erziehungsberatungen fanden ein- bis zweimal wöchentlich in den BJÄ statt, im Jahresdurchschnitt etwas mehr als 3.000. Nach dem Ausscheiden August Aichorns aus der Beratungstätigkeit reduzierten sich die Beratungsstunden seit 1931 beträchtlich.[23] Im Jahre 1918 verfügte die Stadt Wien über 51 städtische Kindergärten, 1931 erhöhte sich deren Zahl auf 111. Neben der quantitativ bedeutsamen Expansion fanden auch wesentliche Änderungen in der Kindergartenorganisation statt. Besonders stolz war man auf die Schaffung der sogenannten „Volkskindergärten", in welchen sich die Kinder von 7 Uhr früh bis 6 Uhr abends aufhalten konnten und Frühstück, Mittagessen sowie eine Jause verabreicht bekamen. 1931 waren mehr als 80 % aller Kindergärten derart gestaltet, was die außerhäusliche Erwerbstätigkeit der Mütter ermöglichen sollte. Das Aufnahmealter für

Julius Tandler im Kindergarten Sandleiten
Kat. Nr. 2/3/1

Kindergartenkinder lag im Regelfall bei drei Jahren, drei Viertel der Zuweisungen lief über die Jugendämter. Geboten wurde eine systematische ärztliche und pädagogische Betreuung durch ausgebildete Kindergärtnerinnen. Einen bestimmten Einfluß auf die Gestaltung des Kindergartenbetriebs übten sogar die Methoden von Maria Montessori aus.

Für die größeren schulpflichtigen Kinder gab es im Sinne „vorbeugender Jugendfürsorge" städtische Horte mit einer Besucherzahl von annähernd 3.000 Kindern im Tagesdurchschnitt des Jahres 1930. Die große

KINDER IM GOETHE HOF

ZUR ERÖFFNUNG DES NEUESTEN MONTESSORI-KINDERGARTENS DER STADT WIEN

Auch Buben lernen mit zerbrechlichen Dingen umzugehen. Sie dürfen – einziges Vergnügen – das Geschirrwaschen

Montessori-Spielzeug. Das Augenmaß wird durch Hantieren mit Körpern verschiedener Größe ausgebildet; das Gehör wird durch Spielen mit verschieden abgetönten Klappern und Glocken geschult

Auf dem von der Gemeinde besonders betreuten Gebiet der Erziehung eine neue Schöpfung: der erste städtische Kindergarten, zur Gänze nach dem System Montessori eingerichtet, ein Erziehungssystem, das es sich zur Aufgabe macht, die vorschulpflichtigen Kinder schon zur Selbsttätigkeit und zur Selbständigkeit hinzuführen, sie in Gemeinschaft den Weg zu neuen, besseren Lebensformen finden zu lassen.

Der Kindergarten umfaßt die Kinder aus dem Goethehof am Schüttauplatz und aus dem benachbarten „Bretteldorf", der freien Siedlung im Donaugelände.

Eine ganz neue Welt, nur dem Kinde angemessen, seiner Wesensart entsprechend, wurde in diesem farbenprächtigen Kindergarten mit seinen originellen, zweckmäßigen und erfinderischen Einrichtungen geschaffen. In liebevoller Arbeit wurde hier ein neues „Haus der Kinder" errichtet, sinnvoll und schön ausgestaltet.

Architekt Hugo Mayer hat das Haus gebaut, Architekt Franz Singer hat es den neuen Bedürfnissen entsprechend umgestaltet und eingerichtet.

In bunten Farben, denen hier die Funktion der Raumteilung zufällt, erstrahlen die Wände und die Einrichtung. Die glatten Möbel, die bewegliche Einrichtung bieten verschiedene Verwendungsmöglichkeiten. Bodenbelag, Tischbelag, alles in blendender Sauberkeit und so gemacht, daß das Reinhalten den geringsten Aufwand an Mühe verursacht.

Die Lernmittel – das Spielzeug der Kinder – sollen alle Sinne in gleicher Weise ent-

Ein Teil des großen Raumes mit Tellerbord, Abwasch und Blumengarten. Wie sicher und geschäftig bewegen sich die Kinder in ihrem Heim

wickeln helfen, der Tastsinn, das Gehör wird geschult, nicht durch Drill, sondern im Spiel, das die Kinder selbst wählen. So spielend führen sie sich selbst ins Leben ein, das in diesem frohen Haus ein Paradies bedeutet.

Links: Blumenpflegen, eine wichtige erzieherische Arbeit

Rechts: Das Rechnen ist ein schönes Spiel, ebenso das Knöpfen, Maschenmachen, kurz alles, was es Praktisches zu erlernen gibt

13

Montessori-Pädagogik in städtischen Kindergärten
Kat. Nr. 2/3/4

Kinderübernahmsstelle: Zentrale Drehscheibe der Jugendfürsorge
Kat. Nr. 2/4/4/1

Die Kinderübernahmsstelle der Gemeinde Wien empfängt das 25.000. Kind!

Bilder aus dem Kinderparadies im IX. Bezirk

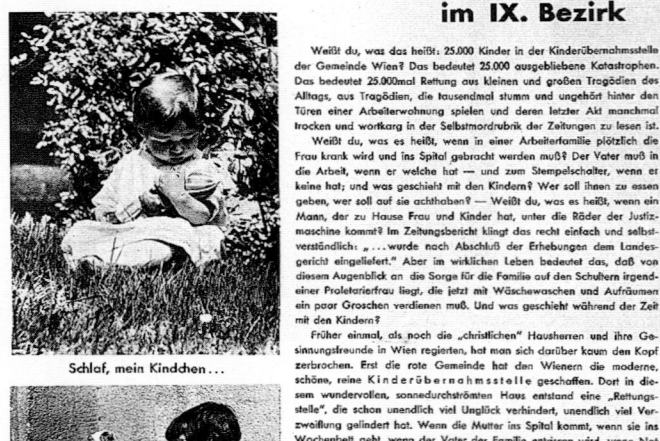

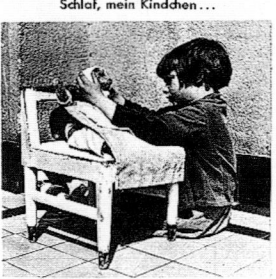

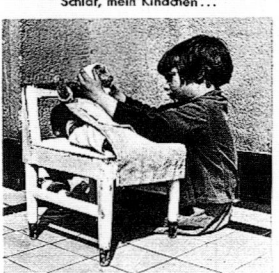

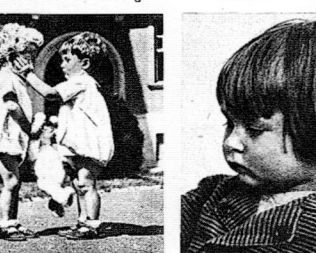

Weißt du, was das heißt: 25.000 Kinder in der Kinderübernahmsstelle der Gemeinde Wien? Das bedeutet 25.000 ausgebliebene Katastrophen. Das bedeutet 25.000mal Rettung aus kleinen und großen Tragödien des Alltags, aus Tragödien, die tausendmal stumm und ungehört hinter den Türen einer Arbeiterwohnung spielen und deren letzter Akt manchmal trocken und wortkarg in der Selbstmordrubrik der Zeitungen zu lesen ist.

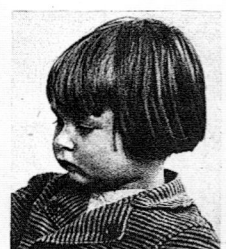

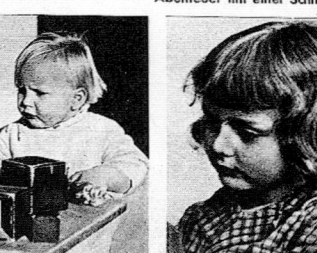

Weißt du, was es heißt, wenn in einer Arbeiterfamilie plötzlich die Frau krank wird und ins Spital gebracht werden muß? Der Vater muß in die Arbeit, wenn er welche hat — und zum Stempelschalter, wenn er keine hat; und was geschieht mit den Kindern? Wer soll ihnen zu essen geben, wer soll auf sie achthaben? — Weißt du, was es heißt, wenn ein Mann, der zu Hause Frau und Kinder hat, unter die Räder der Justizmaschine kommt? Im Zeitungsbericht klingt das recht einfach und selbstverständlich: „...wurde nach Abschluß der Erhebungen dem Landesgericht eingeliefert." Aber im wirklichen Leben bedeutet das, daß von diesem Augenblick an die Sorge für die Familie auf den Schultern irgendeiner Proletarierfrau liegt, die jetzt mit Wäschewaschen und Aufräumen ein paar Groschen verdienen muß. Und was geschieht während der Zeit mit den Kindern?

Früher einmal, als noch die „christlichen" Hausherren und ihre Gesinnungsfreunde in Wien regierten, hat man sich darüber kaum den Kopf zerbrochen. Erst die rote Gemeinde hat den Wienern die moderne, schöne, reine Kinderübernahmsstelle geschaffen. Dort in diesem wundervollen, sonnendurchströmten Haus entstand eine „Rettungsstelle", die schon unendlich viel Unglück verhindert, unendlich viel Verzweiflung gelindert hat. Wenn die Mutter ins Spital kommt, wenn sie ins Wochenbett geht, wenn der Vater der Familie entrissen wird, wenn Not und Arbeitslosigkeit eine Familie obdachlos machen — die Kinder sind vor dem Furchtbarsten gesichert. Die Kinderübernahmsstelle der Gemeinde Wien nimmt sich ihrer an, die Kleinen werden dort gepflegt, genährt, beschäftigt, gekleidet; wenn es nötig ist, werden Mittel und Wege gefunden, um sie für längere Zeit oder dauernd irgendwo unterzubringen.

Die Spießer werfen diesem wundervollen Werk der Gemeinde gern vor, daß es für ihren Geschmack zu „luxuriös" sei. Der „Luxus" besteht darin, daß es in diesem Haus der Kinder blinkend r e i n und s o n n i g ist. Und die satten Spießer sind bekanntlich der Meinung, daß Sauberkeit und Sonne für Arbeiterkinder ein durchaus verwerflicher Luxus ist. Aber dieses herrliche Haus, das das rote Wien den Kindern geschenkt hat, wird allem Griesgram der Spießer zum Trotz noch vielmal 25.000 Kinder, die sonst der Verzweiflung preisgegeben wären, aufnehmen und beschützen.

Schau freundlich, Teddy, du wirst geknipst!

Schlaf, mein Kindchen...

Sonne und Butterbrot sind gut

Mutter ist sehr besorgt

Abenteuer mit einer Schnecke

Hat's weh getan? Sei wieder gut! — *Lieserl* — *Anni hat sehr viel zu tun* — *Lene ist heute nachdenklich*

Kat. Nr. 2/4/2

Masse der Hortbesucher, die „dem tiefsten proletarischen Mileu entstammen und häufig genug von der Verwahrlosung direkt bedroht sind",[24] wurden meist im Einvernehmen mit der Schule oder vom Jugendamt direkt eingewiesen, das im übrigen die Aufsicht über das Hortwesen führte. Die Finanzierung erfolgte nahezu ausschließlich durch Mittel der Gemeinde, denn das geringe Besuchsgeld sowie der Elternbeitrag für die Ausspeisung war keinesfalls kostendeckend. Die Hortkostenbeiträge orientierten sich zudem nach der sozialen Bedürftigkeit der Eltern. 1931 waren nur 2 % Vollzahler, während 57 % von allen Zahlungen befreit waren.[25]

Wo vorbeugende Maßnahmen nicht zum Erfolg geführt haben, da mußten kostspieligere Maßnahmen Platz greifen. Unter den Jugendfürsorgeanstalten der Gemeinde Wien waren die einen zur „vorübergehenden", die anderen zur „dauernden" Unterbringung vorgesehen. Als zentrale Drehscheibe der ersten Unterbringungsart fungierte die 1925 neueröffnete Kinderübernahmsstelle (KÜST). Sie verfügte über 204 Betten für Kinder jeder Altersstufe. Nach der Aufnahme wurde jedes Kind ärztlich untersucht und dann entweder in das benachbarte Karolinspital überwiesen oder aber, nach gründlicher Reinigung und Ausstattung mit reiner Anstaltswäsche sowie Kleidung, in die für das Kind passende Abteilung gebracht. In den folgenden zwei bis drei Wochen – der sogenannten „Quarantänisierung" – wurden die Kinder in einem „Boxensystem aus Glas" der wissenschaftlichen Beobachtung durch Ärzte und Entwicklungspsychologen ausgesetzt, um auf diesem Wege zu Gutachten (einer Klassifikation) zu gelangen, die den weiteren Weg der Kinder mitbestimmten. Demnach bestand

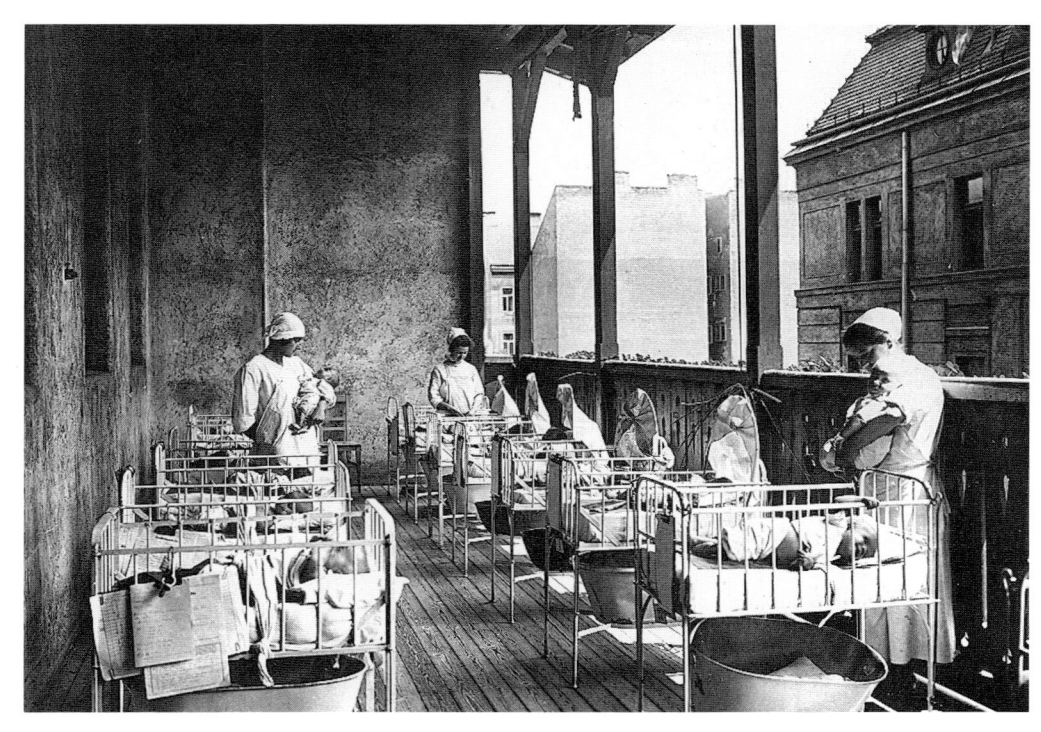

Säuglingsabteilung der Kinderübernahmsstelle
Kat. Nr. 2/4/3

die Möglichkeit, die Kinder den Eltern zurückzugeben, mit einer Unterstützung zu versehen und der Betreuung des Jugendamtes anzuvertrauen oder aber die Unterbringung bei privaten Pflegefamilien zu veranlassen, oder es wurde zugunsten einer Anstaltsunterbringung entschieden. Jene Fälle, die nach der Beobachtungsphase keine endgültige Entscheidung erlaubten, kamen zur weiteren Beobachtung in das der KÜST angegliederte Kinderheim Wilhelminenberg oder wurden ans Zentralkinderheim (ZKH) überstellt. Das Kinderheim Wilhelminenberg, untergebracht in einem ehemaligen Habsburgerschloß, evozierte die heftigsten Anwürfe der oppositionellen Christlichsozia-

len. Kinder, die älter als sechs Jahre waren, wurden dort zur weiteren Beobachtung für eine maximale Dauer von zwei Monaten untergebracht. Die Widmungstafel dieses Kinderheims zierte ein Spruch, der als Fürsorgemotto der Sozialdemokratie schlechthin gilt: „Wer Kindern Paläste baut, reißt Kerkermauern nieder."

Das ursprüngliche niederösterreichische Landes-Zentralkinderheim wurde von der Gemeinde Wien im Zuge des Wirksamwerdens des Trennungsgesetzes 1922 als Zentralkinderheim Gersthof übernommen. Es fungierte als Durchzugsheim für Säuglinge und Kleinkinder. Als Hauptvoraussetzung der Aufnahme galt die erwiesene Fürsorgebedürftigkeit, gleichgültig ob es sich um eheliche oder uneheliche Kinder handelte. Die zentrale Zielsetzung bildeten vor allem die medizinische Versorgung und Pflege. 1924 wurde im ZKH eine eigene Abteilung für geschlechtskranke Kinder errichtet.

Nun ein Blick auf die Jugendfürsorgeanstalten der Stadt Wien, die zur dauernden Unterbringung bestimmt waren. Im Jahre 1929 befanden sich in städtischen Anstalten 1.905 Kinder und Jugendliche, zugleich befanden sich 1.803 Zöglinge auf Gemeindekosten in Privatanstalten.[26] Ende 1929 bestanden drei Waisenhäuser mit einem Belagsraum von 540 Betten. Obwohl die Waisenhäuser noch nach armenrechtlichen Grundsätzen geführt wurden, hatte sich deren Charakter, „nicht nur in der Struktur der Erziehung, sondern auch im Gefüge der darin untergebrachten Menschen, vollkommen verändert".[27] An die Stelle der alten Aufseher traten nun geprüfte ErzieherInnen mit neuen pädagogischen Leitvorstellungen, gleichzeitig wurde die Uniformierung der Waisenhauszöglinge abgeschafft, und schließlich beschäftigte man für Gruppen von 50 bis 60 Kindern jeweils eine Heimmutter, um „Familienbestände" nachzuahmen.

Neben den Waisenhäusern besaß die Gemeinde 1929 fünf Erziehungsanstalten (in Meidling, Döbling, Klosterneuburg, Eggenburg, Weinzierl), die jeweils nur für ein Geschlecht bestimmt waren. Mangels eines modernen Fürsorgeerziehungsgesetzes besaßen die alten gesetzlichen Bestimmungen aus der Zeit der Monarchie weiterhin Gültigkeit. Die Zwangseinweisung verlor im Verlaufe der zwanziger Jahre jedoch gegenüber der vom gesetzlichen Vertreter des Jugendlichen beantragten Einweisung erheblich an Bedeutung. Die Umgestaltung und Moder-

Erziehungsanstalt Eggenburg: Resozialisierung durch Erziehung zur Arbeit
Kat. Nr. 2/4/14

nisierung der ehemaligen „Besserungsanstalten" in Erziehungsanstalten manifestierte sich symbolhaft am Beispiel der Anstalt Eggenburg, die deswegen auch zum großen Zankapfel mit den Christlichsozialen wurde, die durch die neuen Erziehungskonzepte die öffentliche Ordnung gefährdet sahen. Der „strafanstaltsmäßige Charakter (wurde) beseitigt, die versperrten Türen und Tore geöffnet, das Waffentragen der Aufseher eingestellt, die Arrest- und Prügelstrafe aufgehoben, die Uniformen eingezogen und die militärischen Übungen aufgelassen".[28] Unter dem Einfluß der psychiatrisch orientierten Heilpädagogik (System Erwin Lazar) kam es zur Zusammenstellung eigener Gruppen für „Debile", „Rückständige", „Minderwertige", „Psychopathen" sowie „Begabte", und seit 1925 fand ein System der „Progression" in den Anstaltsbetrieb Eingang, das auf der Basis von Selbstverwaltungsgruppen und unter Aufsicht eines Erziehers funktionierte, der die Einhaltung der Regeln und täglichen Pflichten seitens der

Aus den neuen Tagesheimstätten für die jugendlichen Arbeitslosen in Wien

Um den warmen Ofen herum lesen und denken können — welcher Genuß!

Die gute Suppe und das Stück Brot

Eine Schachpartie

Sämtliche Photos „Der Kuckuck"

Aktion „Jugend in Not" gegen den „demoralisierenden Müßiggang der Straße"
Kat. Nr. 2/6/9

Zöglinge überwachte. Kurzum: ein System von Belohnung und Bestrafung. Im Zentrum der Anstaltserziehung standen schulische Ausbildung und „Erziehung zur Arbeit".

Schließlich ist im Rahmen einer als Vorbeugung verstandenen Jugendfürsorge noch auf zwei Aktionen zu verweisen, die unter dem Eindruck der massenhaften Jugendarbeitslosigkeit geboren wurden: zum einen eine sozialpartnerschaftliche Aktion unter Beteiligung der Gemeinde Wien, der es um die Errichtung von Tagesheimstätten während der Wintermonate ging, um arbeitslosen Jugendlichen die Möglichkeit zu bieten, in geheizten Räumen einen Teil des Tages zu verbringen, und ihnen eine bescheidene Mahlzeit in Form von Suppe und Brot zu verabreichen. Entscheidende Bedeutung erlangte bald das Bestreben, die „Freizeit" dieser Arbeitslosen zu organisieren und zu verwalten, um sie dem „demoralisierenden Müßiggang" zu entreißen.[29] Aus der 1930 konstituierten Aktion „Jugend in Not" (JIN) entstand bald ein Ableger (1932), die Aktion „Jugend am Werk". Das waren Arbeitsgemeinschaften, die als Beschäftigungsgruppen „gemeinnützige Arbeiten" freiwillig durchführen sollten, als Dank gab es ein warmes Mittagessen. Der Freiwillige Arbeitsdienst konnte letztlich an diese beiden Aktionen anknüpfen.

Gesundheitsfürsorge als „qualitative" Bevölkerungspolitik

Wie schon ausgeführt, bestimmte sich die Fürsorgekonzeption von Julius Tandler stark durch bevölkerungspolitische Überlegungen, die darauf abzielten, den Menschenverlusten des Ersten Weltkriegs, dem Geburtenrückgang, den Geschlechtskrankheiten, der Kinder- und Säuglingssterblichkeit mittels einer umfassenden sozial- und gesundheitspolitischen Strategie zu begegnen, um so im Sinne einer „qualitativen" Bevölkerungspolitik eine effiziente Verwaltung des „organischen Kapitals" zu erreichen. Die gesundheitspolitische Kette begann bei der Einrichtung von Eheberatungsstellen mit eugenischen Ambitionen. Diese Stellen entwickelten sich aber im Verlaufe der Jahre zu Ehe- und Sexualberatungsstellen. Mit dem Eintreten der Schwangerschaft traten als nächste Instanz die Schwangerenberatungsstellen samt begleitenden Schulungskursen für Mütter (seit 1930) auf den Plan, die keine allzu große Bedeutung erlangten.[30] Von mehr Erfolg begleitet war die Schwangerenbetreuung im Rahmen der Mutterhilfe für mittellose Frauen. Diese diente der Bekämpfung der in Wien nach dem Krieg weitverbreiteten Erbsyphillis. Alle in Wien wohnhaften Frauen ohne Anspruch auf Krankenkassenunterstützung erhielten eine Unterstützung von 40 Schilling, sofern sie sich spätestens im vierten Monat ihrer Schwangerschaft meldeten, um sich einer fachärztlichen Blutuntersuchung und bei einem etwaigen Positiv-Befund einer unentgeltlichen Behandlung zu unterziehen. Dank der relativ gut dotierten Prämie (etwa ein Wochenlohn eines Arbeiters) hatte die Erbsyphillis Anfang der dreißiger Jahre schon an Verbreitung eingebüßt.

Die Geburt eines Kindes wurde sodann im Kontext der Wöchnerinnenfürsorge erfaßt. Ab 1931 oblag den Hebammen neben der gesetzlich verpflichtenden Anzeige an das Gesundheitsamt auch die Meldung an das Wohlfahrtsamt. In den Entbindungsanstalten und Entbindungsstationen der Krankenhäuser versahen städtische Fürsorgerinnen ständig Dienst, um auch hier Fürsorgebedürftige rechtzeitig zu erfassen und einer Betreuung zuzuführen. Als nächster wichtiger Schritt ist der Ort des „ärztlichen Ratschlags", die Mutterberatung, zu nennen. In 35 Mutterberatungsstellen konnten extrem hohe Erfassungsquoten erreicht werden. Die Intention dieser Stellen lag neben der Überwachung der Gesundheitsentwicklung der Säuglinge und Kleinkinder in der erzieherischen Beeinflussung der Mütter. Genau darauf zielte eine der berühmtesten Tandler-Aktionen, nämlich die unentgeltliche Abgabe eines Säuglingswäschepakets für Neugeborene (im Werte von 55 Schilling), die 1927

Schulzahnkliniken als Wahlkampfthema 1932
Kat. Nr. 2/4/8

Säuglingswäschepaket: Zur Zeit der Wahlen 1927 eingeführt – von der Opposition als „Wahlwindeln" bezeichnet
Kat. Nr. 2/2/1

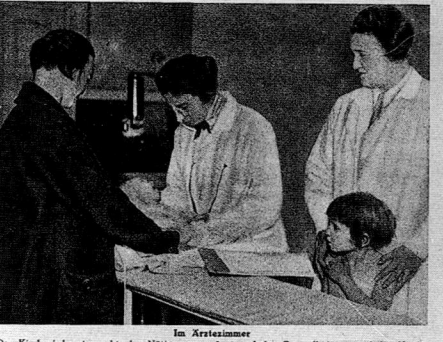

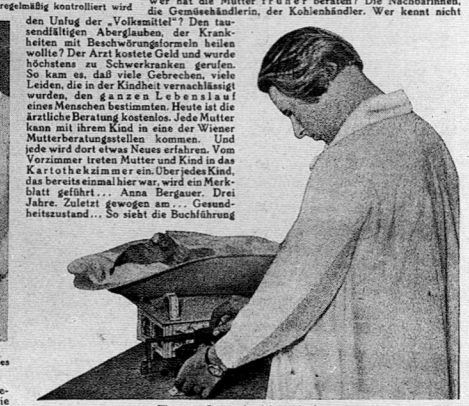

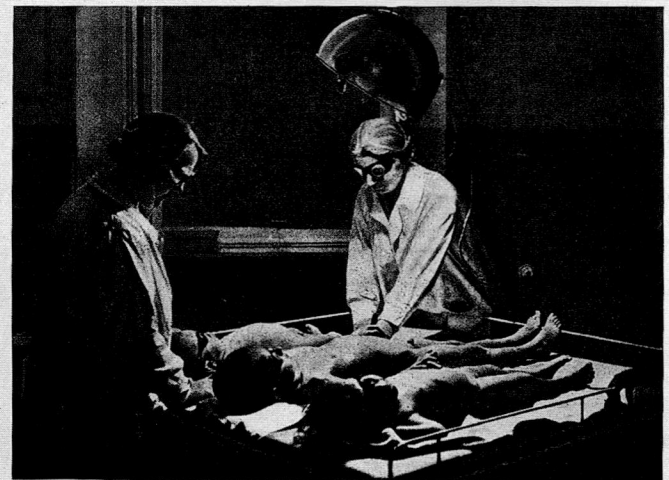

Mutterberatung: Überwachung der Gesundheit des Kindes und erzieherische Beeinflussung der Mutter
Kat. Nr. 2/2/4

116

Erholungsfürsorge: Bürgermeister Reumann mit Großstadtkindern im Grünen
Kat. Nr. 2/4/16

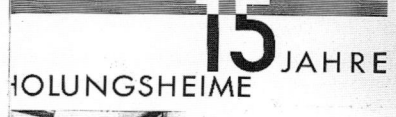

Eiland im Elend

15 JAHRE LEHRLINGSERHOLUNGSHEIME

Kat. Nr. 2/6/1

eingeführt worden war. Die Einführung fiel mit dem Wahlkampf zusammen, weswegen die Opposition von „Wahlwindeln" sprach. Für die Sozialdemokraten war hingegen klar, „... im Roten Wien soll kein Kind mehr in Zeitungspapier gewickelt werden wie einst ...", wie es in der „Arbeiter-Zeitung" vom 17. März 1927 zu lesen stand. Diese wohl populärste Aktion der Gesundheitsfürsorge – zwei Drittel der werdenden Mütter bewarben sich um dieses Paket – gehörte zu den symbolträchtigsten Opfern der durch die städtische Finanzkrise erzwungenen Sparpolitik. 1933 bestimmte eine Verordnung die Berücksichtigung der Höhe des Familieneinkommens für die unentgeltliche Abgabe, was einer Rückführung auf eine rein armenfürsorgerische Einrichtung gleichkam.[31]

Rund um den Bereich Schule gruppierten sich weitere gesundheitsfürsorgerische Projekte. Im Zentrum dieser Bemühungen stand der schulärztliche Dienst mit den Schulärzten und den sie ergänzenden Schulfürsorgerinnen. Schulärzte hatten zusätzlich auch die Nutznießer der Schulausspeisung und jene für die städtische Ferienerholung auszuwählen. Spezielle Bedeutung erlangten zudem die 15 Schulzahnkliniken (1931), die sich um die systematische Zahnpflege von mehr als 90.000 Schulkindern kümmerten. Von Relevanz war schließlich auch die Schülerausspeisung. Der Kostenbeitrag lag 1929 bei niedrigen 70 Groschen, wobei nur 5 % den vollen Betrag zahlten, während 78 % „Freiesser" waren.

Für „gesundheitlich bedürftige" Kinder war seit 1922 die Erholungsfürsorge vorgesehen, obwohl „bei den schwierigen Verhältnissen der Großstadt" durchaus „zum Teil auch erzieherische Gründe oder trostlose wirtschaftliche Verhältnisse" zur Entsendung von Kindern führen konnten.[32] Die Geschäftsführung des Wiener Jugendhilfswerks (Wijug) lag in den Händen des Jugendamtes, das die privaten Organisationen bei der Errichtung und Führung von Heimen beriet, Vorschüsse auszahlte usw. Die Finanzierung des Wijug erfolgte durch Budgetmittel, öffentliche Sammlungen im Rahmen der Kinderrettungswoche, Lotterien, Zuschüsse der Krankenkassen sowie Beiträge der Eltern und der einschlägigen privaten Organisationen.

Erwachsenenfürsorge als Armutsverwaltung
Führten die finanziellen Restriktionen im Bereich der Jugend- und Gesundheitsfürsorge zu ausgeprägten Sparmaßnahmen, so blieb der Erwachsenenfürsorgebereich einigermaßen konstant, allerdings bei steigender Nachfrage. Im Bereich der „offenen" Fürsorge dominierten „Erhaltungsbeiträge", die an in Wien heimatberechtigte Personen gezahlt wurden, wenn sie infolge Alters, Krankheit oder infolge körperlicher oder geistiger Gebrechen außerstande waren, ihren Lebensunterhalt zu bestreiten. Neben der Wirtschaftskrise war die erhöhte Nachfrage durch die Überalterung und den gestiegenen Anteil an in Wien heimatberechtigten Personen bedingt.[33] Ein enormer Kostendruck für das Fürsorgebudget ergab sich durch die städtischen Wohlfahrtsanstalten von Lainz und den anderen Versorgungsanstalten bis hin zur Heil- und Pflegeanstalt „Am Steinhof".

Im Bereich der „einmaligen Fürsorgeakte" hielt die sozialdemokratische Fürsorgeverwaltung Geldzuwendungen „im allgemeinen nicht für geeignet", den „Notstand des Bedürftigen zu beheben, da sie ihn leicht der Versuchung aussetzen, das Geld für andere Zwecke auszugeben".[34] Mit zunehmender Krise und Verarmung verstärkte sich der Druck auf die offene Erwachsenenfürsorge ganz sichtbar. In den Jahren 1929 bis 1931 standen etwa 20 % weniger Geldmittel für ungefähr ein Viertel mehr an vergebenen Geldaushilfen zur Verfügung.[35] Ansteigende Tendenz bei der Unterstützungspraxis wies der Bereich der Natural- und Sachaushilfen (Brennstoffe für Bedürftige, Speiseanweisungen, Ausgabe von Kleidern, Schuhen und Wäsche) auf; darin schlug sich die Ernsthaftigkeit nieder, mit welcher die Aushilfenpolitik von Geld- zu Sachaushilfen umorientiert wurde. Bereits 1925 sah sich die Gemeinde Wien zu außerordentlichen Notstandsaktionen zugunsten Langzeitarbeitsloser veranlaßt. Aufgrund außerordentlicher Umstände – Hunger, Not und Kälte – initiierte Julius Tandler 1931 eine überparteiliche Aktion namens „Winterhilfe", die von Jahr zu Jahr, von Winter zu Winter ihre Fortsetzung fand. Finanziert wurde die Winterhilfe aus Spenden, staatlichen Zuschüssen und Geldmitteln der Gemeinde Wien. Es gab nur Sachunterstützung in Form von Essensanweisungen, Lebensmittelpaketen, Brennmaterialien sowie Kleidungsstücken, und als Adressaten konzentrierte man sich auf die „Ausgesteuerten" und „kinderreichen Arbeitslosen", die eine Bedürftigkeitsprüfung über sich ergehen lassen mußten. Trotz der vielgerühmten Wohnbaupolitik erlangte die altehrwürdige Obdachlosenfürsorge unter den Auspizien der Weltwirtschaftskrise und infolge des Abbaus des Mieterschutzes wieder an Bedeutung. Erwähnenswert ist hier die Installierung von zwei neuen Wärmestuben im Jahre 1929, die 1931 zugunsten eines neuen Obdachlosenheims wieder aufgelassen wurden.

Statistik: Erfolg in der Verwaltung des „organischen Kapitals"
Kat. Nr. 2/2/3

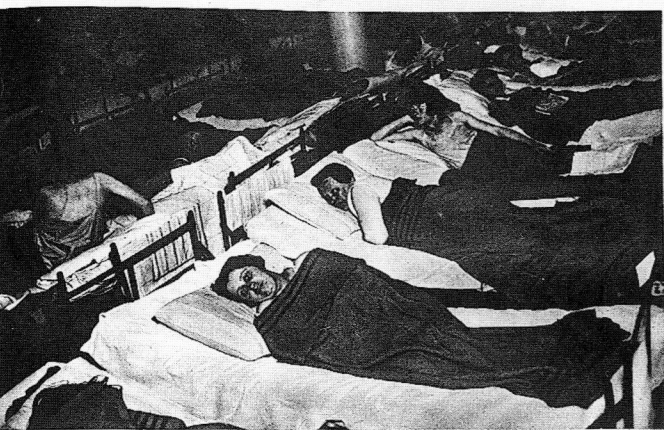

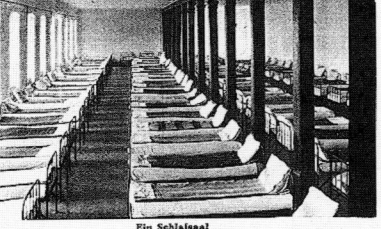

Trotz Wohnbauprogramm angesichts der Weltwirtschaftskrise: Obdachlosenproblem
Kat. Nr. 2/6/8

Erwachsenenfürsorge während der Weltwirtschaftskrise: „Je größer die Zahl der Unterstützten wird, umso geringer werden auch die Geldmittel."
Kat. Nr. 2/6/10

Resümee

In der Zusammenschau läßt sich folgendes kurzes Resümee ziehen: Die kommunale Wohlfahrtspolitik in der Bundeshauptstadt knüpfte an Vorkriegs- und Kriegsentwicklungen im Bereich der Fürsorge an und entwickelte diese im Interesse der Bevölkerungsmehrheit fort. Die „Aufbauarbeit" stieß dann um 1930 endgültig an die Grenzen ihrer Finanzierbarkeit und führte zu einer Kürzungs- und Sparpolitik, die vor allem die einst innovativen freiwilligen Fürsorgefelder der Jugend- und Gesundheitsfürsorge überproportional betraf. Längerfristig wirksame Erfolge hinsichtlich der bevölkerungspolitischen Intentionen der Wiener Fürsorge erblickten die Verantwortlichen zum Beispiel im Sinken der Säuglingssterblichkeit bzw. im Rückgang der Tuberkulose. Insgesamt war die städtische Wohlfahrtspolitik ein Musterbeispiel sozialdemokratischer Reformpolitik, das gleichzeitig der Arbeiterschaft einen Weg zur Integration ins bestehende wirtschaftliche und gesellschaftliche Gefüge weisen wollte. Zudem war klar, und Danneberg formulierte es pointiert: „Der Kapitalismus kann nicht von den Rathäusern aus beseitigt werden."[36]

Anmerkungen

1 Die Zahl der unfallversicherten bzw. krankenversicherten Arbeiter ging seit 1929 signifikant zurück. Vgl. Wirtschaftsstatistisches Jahrbuch der Wiener Arbeiterkammer für 1931–32, S. 84 und 467.

2 Plastische Beispiele zu den Überlebensstrategien bei Hans Safrian: „Wir ham die Zeit der Orbeitslosigkeit schon richtig genossen auch". In: Gerhard Botz und Josef Weidenholzer (Hg.): Mündliche Geschichte und Arbeiterbewegung. Wien, Köln 1984, S. 293 ff.

3 Vgl. Gerhard Melinz und Gerhard Ungar: Wiener Wohlfahrtspolitik in der Krise 1929–1938. Erscheint im Herbst 1993.

4 Als Überblick Julius Axmann und Eduard Chaloupka: Die Vorschriften über Armenfürsorge. Wien 1934.

5 Vgl. zu den Gesetzen wie Anm. 4, S. 532 ff.

6 Zit. n. Anm. 4, S. 30.

7 Zit. n. Anm. 4, S. 30.

8 Franz Karner: Aufbau der Wohlfahrtspflege der Stadt Wien. Wien 1926, S. 5.

9 Julius Tandler: Wohltätigkeit oder Fürsorge? Wien 1925, S. 5.

10 Vgl. die zugespitzten und unbefangenen Worte zu den „Gefahren der Minderwertigkeit" von Julius Tandler. In: Das Wiener Jugendhilfswerk. Jahrbuch 1928, S. 1–22.

11 Gemeinde Wien (Hg.): Das Neue Wien. Städtewerk. Band 2. Wien 1927, S. 392 ff.

12 Peter Jancsy: Jugendfürsorge in Österreich 1918–1934 unter besonderer Berücksichtigung des Wiener Wohlfahrtswesens. Dissertation, Universität Wien 1982, S. 199.

13 Gemeinderatssitzungsprotokoll vom 27. Juni 1921, S. 884.

14 Wie Anm. 11, S. 350.

15 Wie Anm. 11, S. 351.

16 Julius Tandler: Zur Psychologie der Fürsorge. In: Das Wiener Jugendhilfswerk. Jahrbuch 1926, S. 8.

17 Belege bei Safrian, wie Anm. 2.

18 Wie Anm. 3.

19 Staatsarchiv, Archiv der Republik, Christlichsoziale Partei, Sitzung des Wiener Gemeinderatsklubs vom 25. April 1933.

20 Die Verwaltung der Bundeshauptstadt Wien 1919–1931, S. 249.

21 Wie Anm. 11, S. 379.

22 Wie Anm. 20, S. 253.

23 Wie Anm. 3.

24 Das Jugendamt der Stadt Wien. Wien 1933, S. 28.

25 Wie Anm. 24, S. 29.

26 Vgl. Die Anstaltenfürsorge der Stadt Wien. Wien 1930, S. 90.

27 Wie Anm. 26, S. 10.

28 Wie Anm. 29, S. 300.

29 Wie Anm. 3.

30 Wie Anm. 20, S. 258.

31 Wie Anm. 3.

32 Wiener Jugendhilfswerk. Jahrbuch 1928, S. 26.

33 Wie Anm. 20, S. 217.

34 Wie Anm. 20, S. 205.

35 Wie Anm. 20, S. 205.

36 Robert Danneberg: Das neue Wien. Wien 1930, S. 80.

Das Rote Wien und die Schule

Oskar Achs

Das Rote Wien und die Schule

„Ich gehe freudig und voll Optimismus an die Arbeit, ohne mich einen Augenblick darüber hinwegzutäuschen, daß außerordentliche Schwierigkeiten zu überwinden sein werden ... Die Durchführung der Schulreform ist zu einer Lebensfrage der Republik geworden. Aufrechte, lebensfrohe, arbeitsfreudige und sittlich gefestigte Republikaner müssen wir erziehen ... Unser stolzes Ziel ist es, Wien zum Mittelpunkt der österreichischen Schulreform, zur Musterschulstadt zu gestalten. Wien ist dazu berufen, führend auf dem Gebiet der Schulreform voranzuschreiten ... Die Schulreform wird in ruhiger, aber kraftvoller Weise in allen Schulkategorien durchgeführt. Von diesem Ziele werden wir uns durch nichts abdrängen lassen. Achtung vor der gegnerischen Überzeugung soll unsere Beratungen kennzeichnen ..."[1]

Mit diesen Zielsetzungen trat Otto Glöckel, als er am 28. März 1922 zum „Geschäftsführenden Zweiten Präsidenten" des neugeschaffenen Stadtschulrats für Wien gewählt wurde, sein Amt an.

Ende und Anfang

Der politische Umsturz von 1918 hatte Österreich den Wechsel von der Monarchie zur Republik gebracht. Der neue Staat, die demokratische Republik, benötigte demokratische Organisationsformen und demokratische Staatsbürger – auch im Schulbereich. Damit ergab sich die Möglichkeit, in der staatlichen Institution Schule – so wie in anderen gesellschaftlichen Bereichen – demokratische, republikanische und soziale Verhältnisse zu schaffen.[2]

Zugleich stellten sich jedoch einer solchen Reform große Hemmnisse entgegen: Unsicherheit über die kommenden Ereignisse und über die Existenzfähigkeit des Staates, allgemeine Hungersnot und Armut,

Otto Glöckel: Organisator und Agitator der Schulreform
Kat. Nr. 1/6/6

Unwissenheit über Art und Charakter demokratischer Umgangsformen, besonders in einer von Autorität so grundlegend geprägten Institution, wie es die Schule war.

Dazu kam noch der Widerstand der politischen Gegenkräfte: die Abneigung, Angst, ja Feindschaft bisher privilegierter Gesellschaftsgruppen gegenüber einer demokratischen und sozialen Reform des Schulwesens.

Im Gegensatz zu diesen Einstellungen stellte sich die Sozialdemokratische Partei hinter die Bestrebungen der Schulreform, ja sie trieb diese sogar entschieden voran. An der Spitze im Kampf um die Verwirklichung der Schulreform in der neuen Republik stand der sozialdemokratische Schulpolitiker Otto Glöckel,[3] der wegen seiner sozialistischen Gesinnung 1897 entlassene Wiener Volksschullehrer. In ihm fand die Schulreform der Ersten Republik ihren Organisator und Agitator, so daß sie schließlich bereits zu seinen Lebzeiten untrennbar mit seinem Namen verbunden wurde.

Otto Glöckel hatte zunächst als Chef der österreichischen Unterrichtsverwaltung („Unterstaatssekretär") in der Koalitionsregierung von Sozialdemokraten und Christlichsozialen vom März 1919 bis Oktober 1920 versucht, „eine großzügige, umfassende, lückenlose Schulreform"[4] des gesamten österreichischen Bildungswesens einzuleiten, wofür jedoch die Zeit von knapp 19 Monaten zu kurz war. Das Ausscheiden der Sozialdemokratischen Partei aus der Bundesregierung setzte auch Otto Glöckels Tätigkeit als Leiter des Unterrichtsamtes ein Ende.

Während so der Reformeifer auf Bundesebene allmählich zum Stillstand kam, konnte Otto Glöckel in der Bundeshauptstadt als verantwortlicher Leiter des Wiener Stadtschulrates (März 1922 bis Februar 1934) die begonnene Schulreform als „Wiener Reformwerk" verankern und weiterführen. Das Haupthindernis lag dabei in der zentralistischen österreichischen Schulgesetzgebung, die den Ländern nur einen verhältnismäßig geringen Spielraum ließ, und in dem Umstand, daß die Staatsmacht in dieser Zeit in antisozialistischen Händen lag.

Manuskript der Antrittsrede Otto Glöckels als Stadtschulratspräsident: „Aufrechte, lebensfrohe, arbeitsfreudige, sittlich gefestigte Republikaner müssen wir erziehen …"
Kat. Nr. 5/2/1

Plakat gegen die Schulreform: Abneigung und Angst bisher privilegierter Gesellschaftsgruppen gegenüber einer demokratischen und sozialen Reform des Schulwesens
Kat. Nr. 5/6/1

Die Gründung des Stadtschulrats für Wien

Nach dem Ende seiner Tätigkeit als Unterstaatssekretär für Unterricht versuchte Otto Glöckel im Parlament, als Schulsprecher der oppositionellen Sozialdemokratischen Partei, für die Ziele der Schulreform weiterzukämpfen. Gleichzeitig übernahm er die Funktion eines Vorsitzenden-Stellvertreters im Wiener Bezirksschulrat. „Damals ahnten nur wenige Eingeweihte, was sich hier vorbereitet", schrieb darüber Hans Fischl, und manche „mochten vielleicht diesen ‚Abstieg' von dem Gipfel der gesamten Unterrichtsverwaltung in die Niederungen einer lokalen Schulbehörde mit einem hämischen Lächeln quittiert haben".[5]

Ab 1. Jänner 1922 erfolgte die vollständige Trennung Wiens von Niederösterreich; die Stadt Wien wurde ein eigenes Bundesland. Dies hatte u. a. auch zur Folge, daß eine neue Landesschulbehörde eingerichtet werden mußte. Glöckels organisatorischem Geschick und politischem Blick ist es zu danken, daß dabei Bezirksschulrat und Landesschulrat zu einer Behörde, dem Stadtschulrat für Wien, vereinigt wurden.

Die neue Körperschaft setzte sich aus dem Bürgermeister der Stadt Wien als Präsidenten, 60 vom Gemeinderat bzw. vom Stadtsenat zu entsendenden Vertretern, aus 18 gewählten Angehörigen der Lehrerschaft sowie aus 30 beamteten Mitgliedern zusammen. Die praktisch leitende Tätigkeit lag bei dem Geschäftsführenden Zweiten Präsidenten. Entscheidend jedoch war, daß in diesem Gremium die Sozialdemokraten die Mehrheit hatten. In der ersten Funktionsperiode z. B. gehörten – abgesehen von den beamteten Mitgliedern – 76 % der Mitglieder der Sozialdemokratischen Partei an, 24 % der Christlichsozialen Partei.

Otto Glöckel an seinem Schreibtisch im Wiener Stadtschulrat: Ein Ringstraßenpalais als politisches Zentrum der Wiener Schulreform
Kat. Nr. 5/1/3

Der Aufgabenbereich des Stadtschulrats erstreckte sich als Schulverwaltungsbehörde erster und zweiter Instanz für die Pflichtschulen sowie erster Instanz für die Mittelschulen auf das Vorschlagsrecht für die Ernennung der Lehrer und Schulleiter gegenüber dem Schulerhalter sowie die Aufsicht über die pädagogische Arbeit in den Schulen im Rahmen der geltenden Bundes- und Landesgesetze.

Welche Bedeutung dem Stadtschulrat für Wien zukam, läßt sich daran erkennen, daß ihm im Schuljahr 1924/25 nicht weniger als 1.633 Schulen mit 7.121 Klassen unterstellt waren, in denen von 11.711 Lehrpersonen insgesamt 220.571 Schüler und Schülerinnen unterrichtet wurden.[6] Das waren immerhin mehr als 35 % der Lehrkräfte und 25 % der Schüler von ganz Österreich.

Bereits bei der Wahl des Amtsitzes kam die Bedeutung der neuen Behörde zum Ausdruck: Der Bezirksschulrat hatte sich in einem der Höfe des Rathauses befunden, es waren ein paar Zimmer auf einem Gang mitten unter verschiedenen Magistratsabteilungen. Für den Stadtschulrat beanspruchte und bekam Glöckel ein Ringstraßenpalais, das Theophil Hansen gebaut hatte und das zentral in unmittelbarer Nähe von Parlament, Rathaus und Unterrichtsministerium lag.

Zum politischen Zentrum der Wiener Schulreform, dem Stadtschulrat, kam bald ein pädagogisches Zentrum. Die Trennung Wiens von Niederösterreich wurde auch hier zum Anlaß genommen, um aus der ehemaligen niederösterreichischen Lehrerakademie ein Pädagogisches Institut der Stadt Wien zu schaffen. Direktor des Pädagogischen Instituts wurde Viktor Fadrus, ein enger Mitarbeiter Otto Glöckels. Fadrus war bereits im Unterrichtsamt während Glöckels Tätigkeit als Chef der österreichischen Schulverwaltung 1919/20 mit der Durchführung der pädagogischen Reformarbeit betraut worden und hatte dort die Reformabteilung für Volks- und Bürgerschulen geleitet.

Bei der Eröffnung des Pädagogischen Instituts der Stadt Wien am 13. Jänner 1923 charakterisierte Glöckel die Zielsetzung des Pädagogischen Instituts mit folgenden Worten: „Von hier aus soll der Gedanke der Schulreform immer neue Nahrung bekommen und hinaus in die Länder der Republik wirken." Viktor Fadrus forderte, im Gegensatz zur alten Auffassung, die eine dogmatische Bildung für den Volksschullehrer vorsah, „die kritische Bildung für alle Lehrer". Als Weg zu diesem Ziel sah er eine gründliche politische, gesellschaftliche, wissenschaftliche und wirtschaftliche Bildung des Lehrers, die bisher vernachlässigt wurde.[7]

Am Pädagogischen Institut wirkte eine große Anzahl von bekannten Wissenschaftern, die das geistige Antlitz der Ersten Republik prägten: Karl und Charlotte Bühler, Alfred Adler, Anna Freud, Wilhelm Jerusalem, Hans Kelsen, Max Adler, Ludo Hartmann, Viktor Bibl, Eduard Castle, Josef Strzygowski u. a. m. 1924 wurde das Pädagogische Institut durch eine „Pädagogische Zentralbücherei" ergänzt, die mit über 180.000 Bänden die zweitgrößte Fachbibliothek Europas wurde.

Der Neuaufbau der Wiener Schulverwaltung im Zuge der Errichtung des Wiener Stadtschulrats war die erste große Leistung Glöckels in Wien. Im Zusammenhang damit steht sein zweites Werk, die personelle Erneuerung. Glöckel verstand es von Anfang an, auf allen Ebenen Mitarbeiter zu gewinnen, die seine Ideen und Vorstellungen teilten. Unter seiner initiativen Führung sammelte sich im Stadtschulrat ein Kreis hervorragender pädagogischer Fachleute, die der Idee der Schulreform den Weg zu ihrer Verwirklichung ebneten.

Einige davon ragen besonders heraus:
– Viktor Fadrus, der Reformer des Pflichtschulunterrichts, der Lehrerbildung und der Begründer der Wiener Schulbuchkultur,
– Hans Fischl, der brillante Analytiker und Interpret der Schulreform, und
– Carl Furtmüller, der den Interessen der Jugend zugewandte, individualpsychologisch orientierte Psychologe und Leiter des Schulversuchs Allgemeine Mittelschule.

Das „Fa-Fi-Fu", ursprünglich als Spott gedacht, wurde zu einem Markenzeichen der Schulreform.

Im Bereich des Fortbildungsschulwesens war es vor allem Alexander Täubler, der unermüdlich für eine bessere Ausbildung und Stellung der Lehrlinge kämpfte.

Die Zielsetzungen der Wiener Schulreform

„Neue Menschen brauchen wir, die mit Klugheit, Tatkraft und Idealismus eine neue, bessere Welt aufbauen!"[8] In diesem Ausspruch Otto Glöckels liegt das ganze optimistische Pathos der Aufbruchsstimmung der Sozialdemokratie der damaligen Zeit; die Hoffnung auf eine Zukunft, in der die arbeitenden Menschen einmal ein besseres Leben haben werden und die Überzeugung, daß eine veränderte schulische Sozialisation dazu einen Beitrag leisten könne.

Aufbauend auf den Vorstellungen und Forderungen der Sozialdemokratie, auf den Erkenntnissen und Bestrebungen der Reformpädagogik und der neuen Psychologie sowie auf dem Bedürfnis großer Bevölkerungsgruppen nach einer Veränderung der Schule, sah die Schulreform der Ersten Republik vor allem drei Zielsetzungen vor.

In erster Linie galt das Konzept der Schulreform dem Bau eines demokratischen Werkes: Die neue Schule sollte die Schule der neuen Republik, die Schule eines demokratischen Staates werden.

Demokratisierung der Schule hieß daher, daß die neue Schule nicht mehr zum Untertanen erziehen sollte, sondern zum freien und mündigen Staatsbürger, zum Republikaner und zum Zivilisten. Dementsprechend sollte das innere Leben der Schule mit demokratischem Geist erfüllt werden, sollten sich die Lerninhalte und die Umgangsformen der Beteiligten ändern. Demokratisierung der Schule hieß aber auch, die neue Schule der Republik nicht mehr nach der alten autokratischen Weise des Obrigkeitsstaates zu verwalten, sondern auf breitester demokratischer Grundlage – unter Mitwirkung und Mitverantwortung aller Beteiligter. Lehrer, Eltern und selbst die Schüler sollten Anteil an der Gestaltung „ihrer" Schule haben. Das Kollegium des Stadtschulrats für Wien, Schulgemeinden und Elternvereine wurden neu gegründet; sie sollten Mitsprache, Mitbestimmung und Mitverantwortung ermöglichen.

Im Zusammenhang mit der Demokratisierung kann auch eine weitere grundlegende Forderung der Glöckelschen Schulreform gesehen werden: die Trennung von staatlicher Schule und Kirche. Freiheit der Schule und Freiheit der Kirche, keine gegenseitige Beeinflussung, war ein Grundsatz der Schulpolitik der Sozialdemokraten. Diese Forderung erscheint heute manchen in ihrer Vehemenz nicht mehr so ganz verständlich, sie ist aber auf dem Hintergrund des mit dem liberalen Reichsvolksschulgesetz von 1869 nicht abgeschlossenen Kampfes um die öffentliche Schule zu verstehen. Betrachtet man die Einzelfakten in diesem Bereich, so wird klar, daß in diesem Programmpunkt eine der Wurzeln für den Kulturkampf der Ersten Republik lag.

Die zweite Zielsetzung der Wiener Schulreform war die Forderung nach mehr sozialer Gerechtigkeit und Gleichheit beim Zugang zur Bildung und im Bildungssystem, also die Forderung nach Sozialisierung (das heißt nach Vergesellschaftung) der Bildung („Bildung für alle").

Die alte Schule der Monarchie hatte die Kinder nach sozialen, geschlechtsspezifischen und regionalen Gesichtspunkten getrennt und unterschiedlich erzogen. Nach dem 10. oder 11. Lebensjahr wurde ein scharfer Trennungsstrich gezogen zwischen einer kleinen Minderheit, die im Wege der achtklassigen Mittelschule zu höherer Bildung mit Maturaabschluß gelangte – und damit zu führenden Stellungen in Gesellschaft, Staat und Wirtschaft – und der großen Mehrheit der Schüler – das waren damals immerhin mehr als 90 % –, die weiterhin auf die Pflichtschule beschränkt blieb und eine „volkstümliche" Bildung erhielt. Was war aber ausschlaggebend für den Besuch einer höheren Schule? Bei weitem nicht die Begabung und die Fähigkeit des Schülers, sondern vor allem die soziale und wirtschaftliche Lage der Eltern. Nicht die Leistung zählte, sondern die Herkunft.[9]

Nunmehr sollte Bildung nicht mehr soziales Privileg einiger weniger bleiben, sondern zum Recht für alle Kinder gemacht werden. In Fortführung der gemeinsamen Erziehung in der Volksschule sollte eine gemeinsame Mittelstufe für alle Kinder im Alter von zehn bis vierzehn Jahren geschaffen werden. Diese „Allgemeine Mittelschule", die in Wien an sechs Versuchsschulen erprobt wurde, sollte mehr Gleichheit der Bildungschancen ermöglichen und die Entscheidung über den weiteren Bildungsweg vom 10. auf das 14. Lebensjahr verlegen.

Die Forderung nach der „Allgemeinen Mittelschule", nach der gemeinsamen Schule für alle Zehn- bis Vierzehnjährigen, bedeutete den radikalsten Bruch mit dem traditionellen Schulsystem und wurde entsprechend vehement bekämpft.

Als dritte wichtige Zielsetzung der Schulreform kann die Forderung nach einer Erneuerung des Unterrichts und des Schullebens in Form einer kindgerechten Lebens- und Arbeitsschule bezeichnet werden.

Unerreichte Zielsetzung der Schulreform: Gemeinsame Mittelstufe für alle Kinder im Alter von zehn bis vierzehn Jahren Kat. Nr. 5/4/2

In der alten Schule der Habsburgermonarchie waren die Schüler bloße Objekte, passive Objekte gewesen. Als ihre höchsten Tugenden galten: der unbedingte Gehorsam, die kritiklose Hinnahme dessen, was durch den Lehrer und in den Büchern dargeboten wurde, die möglichst unveränderte Wiedergabe des Lernstoffes, das Stillsitzen und das Schweigen, gemäß dem Motto: „Hände auf die Bank!" und „Rede, wenn du gefragt wirst!"[10] Der einzelne Schüler mit seiner konkreten Umwelt, mit seinen individuellen Neigungen, aber auch mit seinen persönlichen Problemen, war – zumindest offiziell – nicht Gegenstand des Interesses der Schule.

Die Schulreform hingegen „entdeckte" das Kind. Die „Pädagogik vom Kinde aus"

Schulklasse aus der Zeit der Monarchie: „Hände auf die Bank!" und „Rede, wenn du gefragt wirst!"
Kat. Nr. 5/1/1

Physikunterricht in einer Reformschule: Forschen, probieren, versuchen
Kat. Nr. 5/3/2

Schulklasse einer Reformschule: In den Schulen wurde es lebendig.
Kat. Nr. 5/3/10

Schüler bauen ein Wien-Modell: Kreative Kräfte wurden sichtbar.
Kat. Nr. 5/3/4

wurde zur Grundlage in Theorie und Praxis.[11] Dem Kind kam es nun zu, Fragen zu stellen, zu forschen, zu probieren und zu versuchen, Lösungen zu finden. Die Psyche des Schülers stellte den Ausgangspunkt für den Unterricht dar, das Bildungsziel gab die Richtung an, der Lehrstoff lieferte die Mittel zum Fortschreiten.

Dadurch wurde das Interesse und die Freude des Kindes an der Schule und am Lernen geweckt. In den Schulen wurde es lebendig, in den Klassen durfte gelacht werden, verschüchterte Schüler fingen zu reden an, und kreative Kräfte wurden sichtbar, von deren Existenz früher kaum jemand eine Vorstellung gehabt hatte. Dies alles spielte sich in einer neuen pädagogischen Atmosphäre, in einem neuen Verhältnis von Schülern, Lehrern und Eltern ab. Die Grundlagen für die geänderte Sicht der Schüler- und Lehrerpersönlichkeit lieferten die neuen Erkenntnisse und Auffassungen der Pädagogik und Psychologie. Die Lebenswirklichkeit und die Lebensprobleme der Menschen sollten zum Ausgangspunkt des Lernens gemacht werden. Die Kinder sollten die Wissensinhalte in einer ihrem Entwicklungsstand gemäßen Form selber erarbeiten – das war die Zielsetzung der kindgemäßen Lebens- und Arbeitsschule.

Die Zielsetzungen der Schulreform der Ersten Republik wurden von den Gegnern der Sozialdemokratie heftigst bekämpft und als politische Manipulation bezeichnet. Die katholischen Konservativen nannten Glöckel einen Kinderverderber und sein Werk Schulbolschewismus.[12] Man bezeichnete ihn als Kämpfer gegen die Gesellschaftsordnung und gegen die religiös-sittliche Erziehung; man warf ihm vor, er mißbrauche sein Amt, und man behauptete, daß in der neuen Schule nichts mehr gelernt wurde.

Schülerarbeit: Die Lebenswirklichkeit und die Lebensprobleme wurden Ausgangspunkt des Lernens. Kat. Nr. 5/3/44

Die Reformarbeit der Wiener Schulverwaltung

„Am Ende meiner Reise durch die Tschechoslowakei, Deutschland, Belgien, England und Frankreich zögere ich keinen Augenblick, zu behaupten, daß Wien an Fortschrittlichkeit des Bildungswesens alle anderen europäischen Städte übertrifft ... Nach Wien, dem pädagogischen Mekka, muß der Pilger, der eine moderne Schule sucht, seine Schritte lenken, um seine Träume und Hoffnungen verwirklicht zu finden."[13] Dies stellte der bedeutende Schweizer Pädagoge Robert Dottrens, Direktor des Instituts Jean-Jacques Rousseau in Genf, in der Zwischenkriegszeit fest.

Kennzeichnend für die schulpolitische Situation in den zwanziger Jahren war die Entwicklung zu einem schulischen Dualismus, in dem ein unter christlichsozialer Leitung stehendes Unterrichtsministerium einem unter sozialdemokratischer Leitung stehenden Stadtschulrat für Wien gegenüberstand. „Praktisch stellte sich der Stadtschulrat auf den Standpunkt, daß er alle Kompetenzen, die nicht ausdrücklich dem Ministerium vorbehalten waren, für sich in Anspruch nehmen konnte" (Carl Furtmüller[14]).

Die Wiener Schulreform umfaßte alle Bereiche des schulischen Lebens. Neben der Verwirklichung der inneren Reform, der Anwendung und Durchführung neuer Lehrinhalte und Arbeitsweisen (z. B. Schulversuch „Die Schulklasse – eine Lebens- und Arbeitsgemeinschaft") war der Stadtschulrat auch Schrittmacher in der Frage der gemeinsamen Schule für alle 10- bis 14jährigen Kinder (Schulversuch „Allgemeine Mittelschule"). In der Pflichtschullehrerausbildung erfolgte gleichfalls ein revolutionärer Schritt: Am Pädagogischen Institut wurden viersemestrige hochschulmäßige Lehrerausbildungskurse eingerichtet. Auch die Fürsorge für die eigentlichen „Sorgenkinder", die von Geburt an körperlich oder geistig Benachteiligten, wurde nicht vergessen: Das Hilfsschulwesen wurde großzügig ausgebaut.

Träger der Reform wurden in Wien vor allem die Pflichtschullehrer, deren Situation sich im Roten Wien in vielerlei Hinsicht verbessert hatte. Sie entwickelten ein neues Selbstbewußtsein und engagierten sich, „erfüllt von Begeisterung für das Neue und ausgefüllt von der Arbeit hiefür" (Zeitzeuge Albert Krassnigg).

Eine weitere wichtige Voraussetzung für die Schulreform bildete die Zusammenarbeit zwischen Schule und Eltern. Bereits unmit-

Unterricht in der Taubstummenschule: Das Hilfsschulwesen wurde großzügig ausgebaut.
Kat. Nr. 5/3/13

Am Pädagogischen Institut wurden viersemestrige hochschulmäßige Lehrerausbildungskurse eingerichtet.
Kat. Nr. 5/5/13

Lehrerfortbildung in Physik: Die Pflichtschullehrer engagierten sich mit Begeisterung für das Neue.
Kat. Nr. 5/3/7

Schulärztliche Untersuchung: Maßnahmen zur sozialen und gesundheitlichen Betreuung sollten ungleiche Startbedingungen ausgleichen helfen.
Kat. Nr. 5/3/8

telbar nach der Gründung des Stadtschulrats trug Otto Glöckel dieser Zielsetzung mit dem Erlaß „Leitsätze über die Stellung und das Wirken der Elternvereinigungen" Rechnung. Die Eltern sollten nicht mehr als schulfremde Personen gelten, sondern zur Mitarbeit am Schulgeschehen eingeladen werden: als Elternräte in den Elternvereinen, bei der Gestaltung von Schulfesten und Schülerwanderungen usw. Die Eltern sollten in Elternabenden über die Arbeit in der Schule, ihre Rechte und die auftretenden Probleme informiert werden und mit den Inhalten der Schulreformbewegung vertraut gemacht werden.

Die Wiener Schulreformer, allen voran aber Otto Glöckel, verstanden es, durch ihr mitreißendes und von innerer Überzeugung getragenes Wirken und Werben für die Schulreform die Arbeiterschaft, und nicht zuletzt auch zahlreiche Lehrer, mit dem Bewußtsein zu erfüllen, daß die Schulreform ihre Sache, der Kampf um die Schule ihr Kampf sei. Dieses Ins-Volk-Tragen der Schulreform, die Popularisierung der Ideen und die Mobilisierung der Massen, ist ein wesentliches Kennzeichen der Schulreformbewegung der Ersten Republik.

Nach mehrjährigen heftigen Schulkämpfen wurden schließlich 1926, 1927 und 1929 von den beiden großen Parteien inhaltliche und organisatorische Kompromisse geschlossen, die das Schulwesen Österreichs teilweise auf eine neue Basis stellten (definitiver Volksschullehrplan, Einführung der vierjährigen zweizügigen Hauptschule, Kompetenzregelungen zwischen Bund und Ländern).

Die Durchführung der Schulreform wäre ohne die Bereitstellung der finanziellen Mittel durch die Stadt Wien nicht möglich gewesen. Die Ausgaben für das Bildungswesen standen nach den Ausgaben für das Wohnungswesen an zweiter Stelle; ihr Anteil am Gesamtbudget betrug zwischen 15,4 und 19 %.

Aufgrund der Kompetenzverteilung fiel es der Stadt Wien zu, den Personal- und Sachaufwand für die Pflichtschulen zu tragen. Diese Ausgaben machten etwa 95 % sämtlicher Ausgaben im Bildungsbereich aus. Obwohl durch den starken Bevölkerungs- und Geburtenrückgang die Zahl der Schulpflichtigen stark sank (so zwischen 1913 und 1927 um rund 100.000) und deshalb auch – bis auf zwei Ausnahmen – keine neuen Schulbauten errichtet werden mußten, erhöhten sich die Ausgaben pro Schüler im Vergleich zur Vorkriegszeit auf das Doppelte: 1911 entfielen auf einen Schüler 223,29 S, 1925 betrugen die Ausgaben 236,85 S und 1931 sogar 535,45 S. Dadurch konnte eine wesentliche Verminderung der Klassenschülerzahlen erreicht werden: Betrug die durchschnittliche Klassenschülerzahl 1911 49 Kinder, so sank sie bis zum Schuljahr 1924/25 auf 29,7 ab und stieg dann, durch die Wirtschaftskrise bedingt, leicht an (33,6 Schüler 1930/31).[15]

Von größter Wichtigkeit war es auch, daß die Schulkinder der städtischen Schulen erstmals sämtliche Lehrmittel von der Gemeinde Wien kostenlos erhielten.[16] Jedes Kind bekam die gleiche Zahl und dieselbe Qualität der Schulbücher, Schreib- und Zeichenrequisiten, das gleiche Material für weibliche Handarbeit usw. Diese „soziale Großtat der Wiener Gemeindeverwaltung, an der auch unter den schwersten finanziellen Nöten festgehalten wurde",[17] bedeutete für viele Eltern eine wesentliche Erleichterung. Diese sowie verschiedene weitere Maßnahmen zur sozialen und gesundheitlichen Betreuung der Schüler (Schulausspeisung, eigene Schulärzte und Schulfürsorgerinnen, Schulzahnkliniken usw.) sollten die durch die Herkunft bedingten ungleichen Startbedingungen ausgleichen helfen. Es ging also darum, auch der Arbeiterschaft die Bildungsmöglichkeiten der bürgerlichen Gesellschaft zu erschließen und diese gleichzeitig zu verändern.

Die Sorge für die heranwachsende Generation erfaßte die kindliche Entwicklung vom Tag der Geburt an und betreute die Kinder durch Lehrer, Schularzt und Fürsorgerin; Kindergärten, Horte, Tagesheimstätten, Spielplätze, Kinderfreibäder, Spielhöfe in den neuen Wohnbauten u. a. m. sollten ein neues und besseres Erziehungsmilieu schaffen und die Erziehung in der Familie sinnvoll ergänzen.[18] Diese Einstellung gegenüber den Kindern bewirkte, daß der Schweizer Pädagoge Adolphe Ferriere unter dem überwältigenden Eindruck der sozialen Errungenschaften, die er hier gesehen hatte, Wien die „Hauptstadt des Kindes"[19] nannte.

So zeigt sich uns die Wiener Schulreform der Ersten Republik heute als ein Modell für den Versuch, das Schulwesen einer Region, nämlich der Stadt Wien, nach reformpädagogischen Gesichtspunkten umzugestalten, und es ist gleichzeitig ein Beispiel für die Einbettung einer pädagogischen Reform in ein umfassendes gesellschaftspolitisches Konzept.[20]

Volks- und Hauptschulbücher im Sinne der Arbeits- und Lebensschule
Kat. Nr. 5/3/30, 5/3/34, 5/3/35

Die Wiener Schulbuchkultur

Ein wichtiger Schritt auf dem Weg zur Verwirklichung der Schulreform war die Herausgabe neuer Schulbücher.

Als eine Folge der Einführung der kostenlosen Versorgung der Pflichtschüler mit Lehr- und Lernmitteln faßte am 21. April 1921 der Wiener Gemeinderat den Beschluß, gemeinsam mit dem Verlag Gerlach und Wiedling einen pädagogischen Verlag zu gründen, den Deutschen Verlag für Jugend und Volk. Der neue Verlag sollte – unbelastet von allen Traditionen – die Wiener Schulen mit zeitgemäßen Büchern versorgen und eine großzügige Möglichkeit für die Veröffentlichung der vielen neuen Gedanken der Schulreformbewegung schaffen. Die wissenschaftliche Leitung des Verlags übernahm Viktor Fadrus. Innerhalb kürzester Zeit gelang es ihm, führende Männer der Schulreformbewegung zur Mitarbeit zu gewinnen.[21]

Schwerpunkte der Tätigkeit waren die Herausgabe neuer Lehrbücher im Sinne der Arbeits- und Lebensschule für die Volksschule und die Mittelstufe, die Einführung der „Wiener Klassenlektüre" und die Veröffentlichungen im Bereich der Pädagogik, wobei sowohl grundsätzliche Fragen wie methodische Einzelprobleme erörtert wurden. Bei den Lernmitteln müssen vor allem die „Künstlerischen Wandbilder für den modernen Gesamt- und Fachunterricht" erwähnt werden, sechs Serien mit über siebzig farbigen Wandbildern, die von namhaften Künstlern gestaltet wurden.

Die neuen Schulbücher zeigten schon von ihrer äußeren Gestaltung her die geänderte Auffassung vom Wesen des Schulunterrichts. „In der Ausstattung und dem Inhalt nach sind diese Bücher einfach unübertrefflich ... Sie belehren, ohne belehrend sein zu wollen, sie sind wahrhaftig erzieherisch, ohne den Anspruch darauf zu erheben, sie sind menschlich, wahrhaftig, lustig, köstlich, traurig und durchwegs so, daß das junge Menschenkind sein Vergnügen daran hat", schrieb darüber der bekannte Wiener Journalist und Schriftsteller Hugo Bettauer am 1. Oktober 1923 im Wiener „Morgen".

Als Marksteine in der Entwicklung des österreichischen Schulbuchs gelten die Fibel „Wiener Kinder erstes Buch" von Johann Heeger und Alois Legrün mit Bildern des bekannten Malers Franz Wacek, die Sprachbücher „Wie ich richtig erzähle und schreibe" von Karl Linke, die Rechenfibel „Eins, zwei, drei, lustig ist die Rechnerei" von Konrad Falk, das Liederbuch „Ringa – Ringa – Reia" und die Heimatkundebücher „Aus dem Leben zweier Wiener Kinder" und „Alt und Neu Wien". Auf dem Gebiet der Leseerziehung stellte die Einführung der 120 Bände umfassenden „Wiener Klassenlektüre" einen revolutionären Schritt dar. Sie trat „an die Stelle des trockenen, abstoßend moralisierenden Lesebuches, das, kalt und nüchtern in der Ausstattung, zusammenhanglose Lesebrocken bot" (Otto Glöckel[22]). Die Klassenlektüre sollte die Lesefreude der Kinder fördern, die Leseerziehung in den Schulen unterstützen und die Kinder zur Schaffung einer eigenen Bibliothek anregen.

Seite aus „Wiener Kinder erstes Buch": „... menschlich, wahrhaftig, lustig, köstlich, traurig"
Kat. Nr. 5/3/24

Wiener Fibel: Markstein in der Entwicklung des österreichischen Schulbuchs
Kat. Nr. 5/3/24

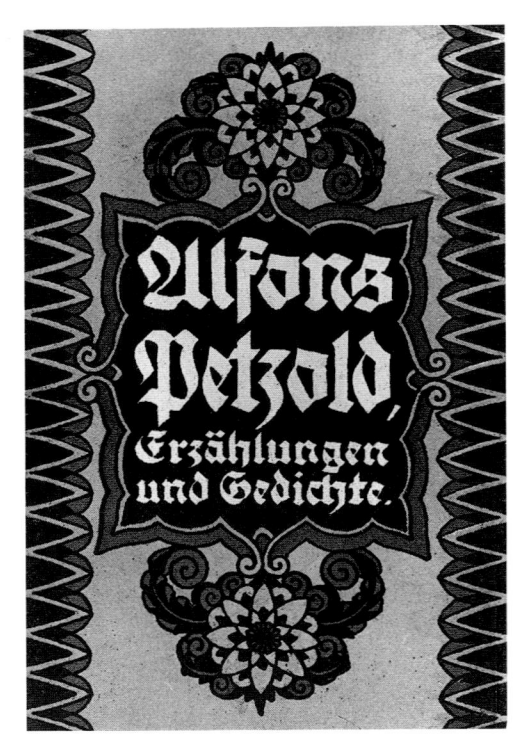

Wiener Klassenlektüre: 120 Bände statt des „trockenen, abstoßend moralisierenden Lesebuchs"
Kat. Nr. 5/3/38, 5/3/42

Schon von ihrer äußeren Gestaltung her zeigten die neuen Schulbücher die geänderte Auffassung vom Wesen des Schulunterrichts.
Kat. Nr. 5/2/12

Schulreform und Wiener Moderne

Als Wiener Moderne wird zumeist die Kulturbewegung der Zeit zwischen 1860 und 1930 bezeichnet, die in einzelnen Bereichen bis in die Zeit nach dem Zweiten Weltkrieg reicht. Im Siegeszug der Industriegesellschaft des Hochkapitalismus trat sie mit dem Anspruch an, alles Klassische und Traditionelle hinwegzufegen, eine Umwälzung aller Lebensbereiche zu erreichen. Sie war eine vielfältige und aufwühlende Strömung, die aber auch – aus heutiger Sicht – Widersprüche in sich barg. In ihr gab es aufklärerische, humanistische und utopische Impulse, aber ebenso destruktive und totalitäre Energien.

Die Wiener Schulreform kann auch als ein Teil der Moderne betrachtet werden. Zwischen beiden bestanden vielfältige Beziehungen; Wissenschaft, Philosophie, Literatur und Kunst bildeten verbindende Bereiche. Bedeutende Persönlichkeiten standen in einem Naheverhältnis zur Wiener Schulreform. Ludwig Wittgenstein und Karl Popper wurden in Wien als Lehrer ausgebildet und waren eine Zeitlang im Schuldienst.[23] Otto Neurath, der Schöpfer der Bildstatistik und prominente Vertreter des Wiener Kreises, beschäftigte sich immer wieder mit Erziehungsfragen.[24] Die Kunsterziehung wurde durch Franz Cizek und Richard Rothe zu einem tragenden Fundament der neuen Schule[25] u. a. m.

Die vorhin erwähnte Ambivalenz der Moderne zeigte sich auch im Bereich der Pädagogik. Ein Beispiel dafür ist der 1922 eingeführte Schülerbeschreibungsbogen. Er trat an die Stelle des Katalogs der Drillschule und sollte ein besseres und einfühlsameres Verständnis des Kindes ermöglichen. Andererseits barg er die Gefahr in sich, als verschärftes Instrument der Erfassung und sozialen Kontrolle benützt zu werden.

Die gegenseitigen Beziehungen zwischen Schulreform und Moderne sollen am Beispiel der neuen Psychologie ausführlicher dargestellt werden.

Im und mit dem Roten Wien der Zwischenkriegszeit entstand auch ein „Psychologisches Wien",[26] das Weltgeltung erlangte und ein Naheverhältnis zur Schulreform aufwies. Drei unterschiedliche psychologische „Schulen" wetteiferten dabei miteinander: die empirisch-experimentelle Psychologie Karl und Charlotte Bühlers,[27] die Psychoanalyse Sigmund Freuds[28] und die Individualpsychologie Alfred Adlers.[29]

Zwischen dem „Psychologischen Wien" und der Wiener Schulreform gab es keine Abgrenzung, sondern es kam zu einer gegenseitigen Anregung. Die Psychologen konnten die Aufbruchsstimmung und das politisch-kulturelle Milieu im sozialdemokratischen Wien zur Weiterentwicklung ihrer Wissenschaft nutzen; die Schulreformer wiederum erwarteten sich von der kinder- und jugendpsychologischen Forschung eine wissenschaftliche Untermauerung ihres auf das Kind und den Jugendlichen orientierten Erziehungsmodells.[30] Die Verbindungen (und manchmal auch Gegnerschaften) liefen dabei auf persönlicher und auf institutioneller Ebene, im privaten wie im öffentlichen Bereich.

1922 war der Dresdner Universitätsprofessor Karl Bühler bereit, die frei gewordene Lehrkanzel für Psychologie an der Universität Wien zu übernehmen, wenn ihm gleichzeitig auch ein experimentalpsychologisches Institut zur Verfügung gestellt würde. Mit dem damaligen Direktor des Pädagogischen Instituts der Stadt Wien Viktor Fadrus, dem Präsidenten des Stadtschulrats Otto Glöckel und dem Bürgermeister Jakob Reumann kam ein Vertrag zustande, durch den Bühler

Die Kunsterziehung wurde durch Franz Cizek und Richard Rothe zu einem tragenden Fundament der neuen Schule.

Karl und Charlotte Bühler hielten Vorlesungen in empirisch-experimenteller Psychologie am Pädagogischen Institut der Stadt Wien.
Kat. Nr. 5/5/4

ein experimentalpsychologisches Laboratorium, eine Bibliothek sowie Vortrags- und Übungsräume erhielt. Ferner finanzierte die Gemeinde eine Assistentenstelle, die von Charlotte Bühler übernommen wurde.[31] Das Psychologische Institut war bis 1934 im Gebäude des Wiener Stadtschulrats am Burgring untergebracht.

Karl Bühler verpflichtete sich dafür, neben seinen Vorlesungen als Hochschullehrer vier Wochenstunden am Pädagogischen Institut der Stadt zu lesen. Im Jänner 1923 hielt er seine erste Vorlesung über „Die geistige Entwicklung des Kindes"; später wurden die Vorlesungen zum Teil auch von Charlotte Bühler gehalten. Weitere Themen der Vorlesungen und Übungen waren: „Die Psychologie des Schulkindes", „Kind und Familie", „Anschauung, Sprechen und Denken" u. a. m. Die Lehrveranstaltungen der Bühlers wurden von sehr vielen Lehrern besucht und lösten oft heftige Diskussionen aus. Auch in der neuen hochschulmäßigen Lehrerausbildung, die zwischen 1925/26 und 1930/31 am Pädagogischen Institut der Stadt Wien durchgeführt wurde, hielten Karl und Charlotte Bühler die Hauptvorlesungen in Psychologie.[32]

Das Psychologische Institut wurde in der Zwischenkriegszeit zur „bedeutendsten universitären psychologischen Einrichtung im deutschsprachigen Raum"[33] und zog viele Studierende aus dem Ausland an. Wissenschaftliche Arbeiten, die am Psychologischen Institut durchgeführt wurden, wurden in einer eigenen Reihe des Verlags Jugend und Volk veröffentlicht („Wiener Arbeiten zur Pädagogischen Psychologie", herausgegeben von Charlotte Bühler und Viktor Fadrus).

Die neuen Erkenntnisse und Auffassungen über die Entwicklung des Kindes im

Schulalter trugen zweifellos dazu bei, die schulischen Anforderungen kindgemäßer zu gestalten. In den Grundsätzen des neuen Lehrplans für die Volksschule, der unter der Leitung von Viktor Fadrus erstellt wurde, läßt sich die neue Haltung zum Kind deutlich erkennen.³⁴ Auch die Auswertung der Versuchsklassenarbeit „Die Schulklasse als Lebens- und Arbeitsgemeinschaft", die in den späten zwanziger Jahren an den Wiener Schulen stattfand, wurde stark von sozialwissenschaftlichen Methoden beeinflußt.

Mit der Schulreform der Ersten Republik sind auch die Ausbreitung der Tiefenpsychologie und ihre praktische Erprobung in der Schule verbunden. Sowohl die Psychoanalyse Sigmund Freuds als auch die Individualpsychologie Alfred Adlers lieferten für das Verständnis der Persönlichkeit des Schülers und seiner seelischen Entwicklung wichtige Hilfen. Damit konnte das alte pädagogische Schema von Gebot und Verbot, von Lohn und Strafe zugunsten des Bemühens, das Kind und den Jugendlichen aus seiner Lebensgeschichte heraus zu verstehen, verändert werden. Die tiefenpsychologische Analysefähigkeit beschränkte sich jedoch nicht nur auf die Schüler, sie bezog auch die Persönlichkeit des Lehrers mit ein. Auf diese Weise erhielt der Lehrer die Möglichkeit der kritischen Selbstreflexion seiner pädagogischen Arbeit.

Von einzelnen Psychoanalytikern, die durch die Wiener Jugendbewegung vor dem Ersten Weltkrieg und durch die Kriegszeiten politisch und sozial sensibilisiert wurden und dem Ziel der Sozialisten, eine neue Gesellschaft aufzubauen, verbunden waren, gingen Versuche aus, psychoanalytisches und marxistisches Gedankengut zu verbinden. Bedeutendster Vertreter dieser Richtung war Siegfried Bernfeld.³⁵ 1919/20 leitete er das Kinderheim Baumgarten in Wien, 1925 erschien sein Werk „Sisyphos oder die Grenzen der Erziehung". Der Schüler Sigmund Freuds legte darin dar, daß die Verbindung von Psychoanalyse und Gesellschaftswissenschaft einen wesentlichen Beitrag zu einem besseren Verständnis der Schule als Institution leisten kann.

Auch das Pädagogische Institut der Stadt Wien zeigte sich der Psychoanalyse gegenüber aufgeschlossen. August Aichhorn und später Alice Sperber hielten Vorlesungen zum Thema „Das Wesen der Psychoanalyse und ihre Bedeutung für die Erziehung". Einen Höhepunkt bedeuteten die

Siegfried Bernfeld: Der Freud-Schüler versuchte psychoanalytisches und marxistisches Gedankengut zu verbinden. Kat. Nr. 5/5/2

berühmten vier Vorlesungen Anna Freuds für Horterzieherinnen unter dem Titel „Einführung in die Technik der Kinderanalyse", die 1927 auch publiziert wurden. Die Psychoanalytische Vereinigung bot zweijährige Ausbildungskurse für Pädagogen an, die hauptsächlich von Mittelschulprofessoren und Kindergärtnerinnen besucht wurden. Ab 1927 erschien eine „Zeitschrift für Psychoanalytische Pädagogik". Besonders interessant ist der Versuch einer psychoanalytisch inspirierten „Alternativschule" in Wien (Burlingham-Rosenfeld-Schule, 1927 bis 1932).³⁶

Die eigentliche Einflußsphäre der Psycho-

Anna Freud trug am Pädagogischen Institut der Stadt Wien ihre „Einführung in die Technik der Kinderanalyse" vor. Kat. Nr. 5/5/1

analyse war jedoch weniger die Schule, sondern einerseits vor allem die Fürsorge-Erziehung – man denke an die von August Aichhorn geleitete Erziehungsanstalt in Oberhollabrunn – und andererseits der Kindergarten- und Hortbereich. Hier wurde vor allem der Montessori-Kindergarten[37] nach psychoanalytischen Grundsätzen geführt, aber auch in den städtischen Kindergärten hielten die neuen Auffassungen Einzug.

Im Zuge der Begegnung von Marxismus und Tiefenpsychologie ergab sich allerdings, daß im Schulwesen Wiens der Zwischenkriegszeit vor allem die Individualpsychologie Alfred Adlers Einfluß gewann. Die Grundgedanken dieser Richtung, die Erziehung zur Gemeinschaft, die Überwindung des Minderwertigkeitsgefühls und der pädagogische Optimismus erlangten rasch Sympathie.

Adlers wissenschaftliches Werk enthält zahlreiche Arbeiten, die sich zum Teil direkt mit Erziehungsfragen beschäftigen. Er selbst hielt am Pädagogischen Institut der Stadt Wien Vorlesungen zu individualpsychologischen Themen. Führender Individualpsychologe im schulischen Bereich war Carl Furtmüller.[38] Der engagierte und geistvolle sozialdemokratische Reformpädagoge war einer der engsten Mitarbeiter Otto Glöckels.

Weitere Vertreter der individualpsychologisch orientierten Pädagogik der Zwischenkriegszeit in Wien waren Rudolf Dreikurs, Sofie Lazarsfeld und Erwin Wexberg.

In den zwanziger Jahren wurden in Wien zahlreiche individualpsychologische Erziehungsberatungsstellen an Schulen errichtet; 1931 entstand eine individualpsychologisch orientierte Versuchsschule[39] nach einem Konzept von Oskar Spiel und Ferdinand Birnbaum.

Wie die Schulreform als gesamte Bewegung wurden auch diese interessanten und vielseitigen psychologischen Ansätze mit dem Beginn der Herrschaft des Austrofaschismus 1934 bzw. des deutschen Faschismus 1938 gewaltsam zerschlagen und beendet.

Schulreform und Austromarxismus

„Deutschland ist ein Land der Theorie mit einer großen Zahl einzelner Verwirklichungsversuche. Wien ist die Stadt der vollendeten Praxis, hinter der selbstverständlich eine klare Theorie steht."[40] Dieser Vergleich des bedeutenden deutschen Schulreformers Wilhelm Paulsen aus dem Jahr 1927 läßt deutlich die Stärke der Wiener Schulverwaltung der Ersten Republik erkennen, nämlich das bewußte Agieren und die Freude am Schaffen.

Der gesellschaftliche Hintergrund der spezifischen „Wiener Schulreform" war die langjährige politische Macht der Sozialdemokratie der Ersten Republik in der Bundeshauptstadt. Im kommunalen Bereich – wo sie, im Gegensatz zur staatlichen Ebene – die politische Macht hatte, wollten die Sozialdemokraten zeigen, zu welchen sozialen Aufbauleistungen sie auch unter den Bedingungen einer bürgerlich-kapitalistischen Gesellschaft fähig sind. Das Rote Wien sollte zum

Alfred Adler: Im Schulwesen Wiens gewann vor allem seine Individualpsychologie Einfluß.
Kat. Nr. 5/5/3

Modell für eine neue Gesellschaft werden, eine Alternative zur bestehenden – sowohl zur kapitalistischen als auch zur kommunistischen.

Austromarxismus kann als der „dritte Weg" zwischen Bolschewismus und reformistischer Sozialdemokratie betrachtet werden, den die sozialistische Bewegung in Österreich in der Zwischenkriegszeit ging. Er akzeptierte die bürgerlich-parlamentarische Demokratie und ging von der Vorstellung aus, innerhalb der bestehenden Gesellschaftsordnung die Macht im Staate erobern und den Sozialismus aufbauen zu können. In diesem Zusammenhang sind auch die Position und der Stellenwert der Schulreform zu sehen.

Für Otto Glöckel war es unmöglich, die Schule als einen „Freiraum" zu betrachten, der abgekoppelt vom bestehenden politischen System existiert. Zu deutlich spiegelte für ihn etwa die Schule der Monarchie in Organisationsform und Bildungszielen das gesellschaftliche System der Habsburgerzeit wider, als deren ideologische Stütze die Kirche fungierte.

Für die sozialdemokratische Schulpolitik innerhalb einer bürgerlich-kapitalistischen Gesellschaft ergaben sich daraus für Otto Glöckel zwei Hauptziele im Schulkampf: die Verbesserung und Anhebung der Bildung bei allen Kindern (Hebung der allgemeinen Volksbildung) und eine sozial gerechtere Auslese derjenigen, denen über die allgemeine Schulpflicht hinaus die weitere Ausbildung in höheren Lehranstalten zuteil werden sollte. Durch die Verwirklichung beider Forderungen sollte das Bildungsprivileg abgebaut werden, das die Bildung zum Vorrecht der besitzenden Klasse machte, und Bildung zu einem Recht für alle, ohne Rücksicht auf ihre Herkunft und auf die Vermögensverhältnisse ihrer Eltern, werden.

Innerhalb der Schule, so meinte Otto Glöckel, habe Parteipolitik keinen Platz. Er hoffte jedoch, daß aus der reformierten Schule Menschen hervorgehen würden, die demokratische Staatsbürger sind, kenntnisreich und urteilsfähig; denkende Menschen, die selbständig und verantwortungsbewußt handeln.

Bereits in der Zwischenkriegszeit haben Interpreten, so z. B. die junge Sozialwissenschafterin und Absolventin der hochschulmäßigen Lehrerausbildung am Pädagogischen Institut Marie Jahoda, die Glöckelsche Schulreform als eine radikaldemokratische Maßnahme betrachtet, die die Arbeiterbewegung gleichsam stellvertretend vom Bürgertum übernommen habe, weil das Bürgertum aus mangelndem demokratischem Verantwortungsbewußtsein und des eigenen Vorteils wegen diese Forderung nicht erfüllte. Damit wäre ihrer Meinung nach die Schulreform als liberales Nachziehverfahren anzusehen.[41]

Dieser Auffassung stellte nach dem Zweiten Weltkrieg Carl Furtmüller entgegen: „Der Kampf des Proletariats unterscheidet sich von dem aller anderen Klassen, die je um Geltung in der Gesellschaft gerungen haben, dadurch, daß das Proletariat keinen Erfolg für sich erringen kann, der nicht zwangsläufig der Gesamtheit des Volkes zugute käme. Ein besonders eindringliches Beispiel hiefür ist die österreichische Schulbewegung in der Ersten Republik."[42]

Ortsgruppe für den VI., VII. und VIII. Bezirk des Vereines „Freie Schule"

Sonntag den 2. Februar 1919
halb 10 Uhr vormittags im Saale des Verbandsheim, VI, Königseggasse 10

Die freie Schule im freien Staate

Redner: Universitäts-Professor **Dr. Julius Tandler**
Frau **Olga Misař**
Julius Alt
Nationalrat **Karl Leuthner**

☞ Freigesinnte Männer und Frauen, seid zur Stelle! ☜

Der Ortsgruppenausschuss

Sozialdemokratisches Plakat: Die Schulreform als liberales Nachziehverfahren?
Kat. Nr. 5/6/2

Anmerkungen

1. Otto Glöckel: Antrittsrede als Stadtschulratspräsident. In: Oskar Achs (Hg.): Otto Glöckel: Ausgewählte Schriften. Wien 1985, S. 224 f.
2. Viktor Fadrus: Zehn Jahre Schulreform und Schulpolitik. In: Viktor Fadrus (Hg.): Zehn Jahre Schulreform in Österreich. Wien 1929, S. 4 ff.
   Hans Fischl: Wesen und Werden der Schulreform in Österreich. Wien 1929, S. 37 ff.
3. Vgl. Oskar Achs und Albert Krassnigg: Drillschule – Lernschule – Arbeitsschule. Otto Glöckel und die österreichische Schulreform. Wien 1974.
4. Otto Glöckel: Ausführungen des Unterstaatssekretärs für Unterricht am 22. April 1919. In: Oskar Achs: wie Anm. 1, S. 141.
5. Hans Fischl: Schulreform, Demokratie und Österreich 1918–1950. Wien 1951, S. 37.
6. Otto Glöckel (Hg.): Die Wirksamkeit des Stadtschulrates für Wien während des Schuljahres 1924/25. Amtlicher Bericht. Wien 1925, S. 4.
7. Viktor Fadrus: Das Pädagogische Institut der Stadt Wien. In: Schulreform. Nr. 2, Jg. 1923, S. 45 ff.
8. Otto Glöckel: Die Entwicklung des Wiener Schulwesens seit dem Jahre 1919. Wien 1927, S. 1.
9. Hans Fischl: Katastrophe oder Krisis. In: Volkserziehung (Pädagogischer Teil). Nr. 1, Jg. 1921, S. 15 ff.
10. Vgl. Eva Tesar (Hg.): Hände auf die Bank. Wien 1985.
11. Wolfgang Scheibe: Die Reformpädagogische Bewegung. Weinheim 1980, S. 51 ff.
12. Z. B.: Schulbolschewismus. In: Reichspost. Wien. 6. Februar 1922.
13. Robert Dottrens: The New Education in Austria. New York 1930, S. 202.
14. Zit. n. Lux Furtmüller: Carl Furtmüller über den Schulversuch „Allgemeine Mittelschule". In: Beiträge zu den Arbeitsgruppen des Symposions „Die Schulreform geht weiter". Wien 1985, S. 14.
15. Maren Seliger und Karl Ucakar: Wien. Politische Entwicklung und Bestimmungskräfte großstädtischer Politik. Teil 2: 1896–1934. Wien, München 1985, S. 1104 und 1106.
16. Beschluß des Gemeinderats der Stadt Wien vom 19. September 1919.
17. Wie Anm. 5, S. 43.

18 Vgl. Robert J. Wegs: Growing Up Working Class. Continuity and Change among Viennese Youth 1890–1938. Pennsylvania 1989.

19 Wie Anm. 5, S. 46.

20 Vgl. Wolfgang Keim: Die Wiener Schulreform der Ersten Republik. In: Die Deutsche Schule. Frankfurt/Main. Nr. 4, Jg. 1984, S. 267.

21 Viktor Fadrus (jun.): Jugend und Volk – Der Verlag der österreichischen Schulreform. In: Profile und Blickpunkte. Wien 1971, S. 35 f.

Viktor Fadrus (jun.): Die Wiener Schulbuchkultur. In: Oskar Achs und Eva Tesar (Hg.): Schule damals – Schule heute. Ausstellungskatalog. Wien 1985.

22 Wie Anm. 1, S. 166.

23 Vgl. William Warren Bartley: Die österreichische Schulreform als die Wiege der modernen Philosophie. In: Gerhard Szcezesny (Hg.): Club Voltaire. Band 4. Reinbek bei Hamburg 1970, S. 349 ff.

24 Otto Neurath: Gesammelte philosophische und methodologische Schriften. Wien 1981.

25 Historisches Museum der Stadt Wien (Hg.): Franz Cizek. Ausstellungskatalog. Wien 1985.

26 Karl Fallend und Johannes Reichmayr: Das „Psychologische Wien". In: Helene Maimann (Hg.): Die ersten hundert Jahre. Wien 1988, S. 139 ff.

27 Viktor Fadrus: Professor Dr. Karl Bühlers Wirken an der Wiener Universität im Dienste der Lehrerfortbildung und der Neugestaltung des österreichischen Schulwesens. In: Wiener Zeitschrift für Philosophie/Psychologie/Pädagogik. Wien. Heft 1, Jg. 1959, S. 3 ff.

28 Harald Leupold-Löwenthal: Handbuch der Psychoanalyse. Wien 1986.

29 Bernhard Handlbauer: Die Entstehungsgeschichte der Individualpsychologie Alfred Adlers. Wien 1984. Almuth Bruder-Bezzel: Die Geschichte der Individualpsychologie. Frankfurt/Main 1991.

30 Wie Anm. 26, S. 139 ff.

31 Lotte Schenk-Danzinger: Erinnerung an Karl und Charlotte Bühler. In: Erik Adam (Hg.): Österreichische Reformpädagogik. Wien 1981, S. 225 ff. Fadrus-Archiv, Dokumentensammlung.

32 Fadrus-Archiv, Dokumentensammlung.

33 Wie Anm. 26, S. 140.

34 Lotte Schenk-Danzinger: Die Psychologie in der Schule und in der Lehrerbildung der Ersten Republik. In: Schule und Psychologie. Ausstellungskatalog. Wien o. J., S. 22.

35 Vgl. Siegfried Bernfeld: Sämtliche Werke. Hg. von Ulrich Hermann. Weinheim 1991.

36 Peter Heller: A Child Analysis with Anna Freud. Madison Connecticut, S. XXVIII ff.

37 Harald Eichelberger und Brigitte Eichelberger: Montessori-Pädagogik in Wien. In: Kindsein in Wien. Ausstellungskatalog. Wien 1992, S. 84 ff.

38 Carl Furtmüller: Denken und Handeln. Hg. von Lux Furtmüller. München 1983.

39 Walter Spiel: Die Individualpsychologische Versuchsschule von Oskar Spiel und Ferdinand Birnbaum. In: Erik Adam (Hg.): Die Österreichische Reformpädagogik. Wien 1981, S. 163 ff.

40 Otto Glöckel (Hg.): Die Wirksamkeit des Stadtschulrates für Wien 1926/27. Wien o. J., S. 98 f.

41 Marie Jahoda-Lazarsfeld: Autorität und Erziehung in der Familie, Schule und Jugendbewegung Österreichs. In: Max Horkheimer u. a. (Hg.): Studien über Autorität und Familie. Band 2. Paris 1936, S. 706 ff.

42 Carl Furtmüller: Die Bedeutung der Schulreform. In: Freie Lehrerstimme. Nr. 4, Jg. 1948, S. 6.

Neue Menschen

VOLKSHOCHSCHULEN
WISSEN- XVI.LUDO HARTMANN PL.7 SPRACH-
SCHAFTL V.STÖBERGASSE 13,15 KURSE
KURSE II.ZIRKUSG.48,III.KUNDMANNG.22 BEGINN:
AB 3.OKT. X.JAGDG.40,XI.GOTTSCHALKG.21 19.SEPT.
XX.STROMSTRASSE Nr.78
FÜR 6 S JAHRESBEITRAG FREIER BESUCH ALLER KURSE!
ABENDKURSE

Susanne Böck

Neue Menschen

Bildungs- und Kulturarbeit im Roten Wien

Auf dem Weg zur Verwirklichung einer sozialistischen Gesellschaft sollte das sperrige Gut „Bildung" nicht Hindernis sein, sondern bewußt eingesetzt werden, um einen sozialen Fortschritt zu ermöglichen, der den Arbeiter nicht länger vor den verschlossenen Türen einer bürgerlichen Bildung und Hochkultur beläßt, sondern ihm die Teilnahme an jenen Unternehmungen erlaubt, die er selbst im Rahmen eines neuen Selbstbewußtseins der gesamten Arbeiterschaft überwinden sollte. Die Methoden dabei waren verschieden, wie im folgenden zu zeigen sein wird. Und sie konnten auch in ihrem Anspruch so radikal sein wie der Wunsch, auf kürzestem Wege und in kurzer Zeit eine Gegenkultur zur traditionellen bürgerlichen Welt zu etablieren. Manches dabei war schlichter Etikettenschwindel, dort, wo man alteingesessene Modelle weniger verwarf, als vielmehr, verbunden mit dezenter Umbenennung, einfach kopierte. Aber es gab auch echte Neuerungen, wie etwa das politische Kabarett, das in den späten zwanziger Jahren zu einer ersten Blüte gelangte. Die Fortschritte beim Versuch, eine Arbeiterkultur entstehen zu lassen, die die bürgerliche Hochkultur überwindet, sind wohl bis heute nicht so groß wie erwartet, die Anstrengungen dazu waren, vor allem in der Zwischenkriegszeit, jedenfalls nicht gering.

In den Jahren 1918/19 wurden sozialpolitische Voraussetzungen geschaffen, um den unteren Bevölkerungsschichten eine Teilnahme an Bildung und kulturellem Leben zu erleichtern: Zwei Hauptforderungen der internationalen Arbeiterbewegung, der Achtstundentag und das Arbeiterurlaubsgesetz, das einen gesetzlichen Mindesturlaub von einer Woche im Jahr verfügte, wurden verwirklicht. Auch die Wohnungssituation wurde verbessert. „Kultur", so schrieb ein zeitgenössischer Beobachter lapidar, beginnt mit dem „Besitz einer mehrräumigen Wohnung".[1] Durch das kommunale Wohnbauprogramm des Roten Wien entstanden also auch neue Möglichkeiten der Freizeitgestaltung, wie sie ja auch gerade in den Gemeindebauten bewußt gefördert wurden.

Plakat 1925: Kunst ins Volk
Kat. Nr. 4/2/1

„Erbe, Neuschöpfer und Vollender" von Kultur

Aus der in der Monarchie noch von den Behörden bekämpften und gesamtgesellschaftlich nicht anerkannten proletarischen Subkultur wurde im Roten Wien eine kommunalpolitisch geförderte Kultur, die allerdings von der nichtsozialistischen Gesellschaft noch immer nicht als gleichwertig anerkannt war.[2] Das Rote Wien stellte insbesondere nach dem Ausscheiden der Sozialdemokraten aus der Koalition in der Ersten Republik eine Gegenmacht zu den konservativen Bundesländern dar und lieferte auf kulturellem Gebiet einen Gegenentwurf zu dem Integrations-Angebot „Volk" der Konservativen. Dazu Otto F. Kanitz: „Gegenwärtig ist das Proletariat auf wirtschaftlichem und politischem Gebiet zur Abwehr gezwungen. Es gibt jedoch ein Gebiet, auf dem wir Neuland erobern können: das ist das Gebiet der revolutionären sozialistischen Erziehung."[3] Gleichzeitig schien die Bildungs- und Kulturarbeit im Roten Wien ein Schritt auf dem Weg zur Verwirklichung der Utopie einer sozialistischen Gesellschaft zu sein.

Im kulturellen und geistigen Bereich sollte es möglich sein, „sozialistische" Lebensweise zu erlernen, einen „Neuen Menschen" zu prägen. „Unser Reich kann nur sein nicht von dieser kapitalistischen Welt, die da ist, sondern von der sozialistischen Welt, die noch nicht ist, die wir aber schaffen können und müssen. (...) Aber damit ist nicht gesagt, daß zur Durchführung dieses Werkes nicht doch *andere* Menschen als die heutigen nötig wären, *neue* Menschen, wozu kein Wunder vom Himmel erforderlich ist, sondern nur, daß diese Menschen innerlich mit der alten Welt gebrochen haben. Auf diese Weise beginnt das neue Men-

Neue Menschen für eine neue Gesellschaft
Kat. Nr. 4/1/4

Jede Arbeiterstube soll zur Schule des Sozialismus werden.
Kat. Nr. 4/1/6

schentum schon in der alten Gesellschaft selbst, und gerade dies war seit jeher der auszeichnende Charakter des Sozialismus, daß er in seinen Anhängern diese Um- und Neuschaffung des Menschen bewirkte."[4] Je weniger die Sozialdemokraten in der Politik mitzubestimmen hatten und je mehr die Repressionen des Bundes wirkten, desto stärker konzentrierten sie sich auf ihre Kulturarbeit. Die politische Dynamik der Arbeiterschaft wurde in kulturelle Bahnen gelenkt. Die Arbeiterkulturbewegung initiierte ein Selbst- und Sendungsbewußtsein und erweckte in den Arbeitern eine Zuversicht, die den politischen Machtverhältnissen keineswegs entsprach. Die politische und kulturelle Dynamik der Sozialdemokratie in diesen Jahren können als reziprok gesehen werden.[5] Die Idee von der Schaffung des „Neuen Menschen" wurde von der Kommunalpolitik des Roten Wien unterstützt, und in allen Lebensbereichen wurde eine sozialistische Lebensweise gepredigt, der gesamte Mensch sollte erfaßt werden: „Verstand, Charakter und Gefühl in gleicher Stärke von der Leuchtidee des Sozialismus entflammen zu lassen, ist die Kunst der neuen Erziehung."[6]

Das Organisationsnetz der Arbeiterbewegung war im Roten Wien so dicht aufgebaut, daß kaum ein Lebensbereich davon unberührt blieb. Der Alltag sollte zu einem Hort der sozialistischen Kultur gemacht werden, in dem neue Lebensformen antizipiert werden sollten. Im Jahrbuch der österreichischen Arbeiterbewegung von 1927 sind unter anderem folgende kulturelle Vereine verzeichnet: Arbeiter-Stenographen, Arbeiter-Esperantobund, Arbeiter-Schachbund, Zentralstelle für Sozialistische Individualpsychologen, Zentralverband der Arbeiter-Mandolinenorchester, Freidenkerbund, Bund

Arbeiterbüchereien: Der soziale Roman war am beliebtesten.
Kat. Nr. 4/1/13

Die effizienteste Bibliotheksorganisation waren die Arbeiterbüchereien.
Kat. Nr. 4/1/9

Josef Luitpold Stern (2. v. l.) übergibt einer Arbeiterbücherei ein Buch.
Kat. Nr. 4/1/14

Arbeiterbücherei Margareten
Kat. Nr. 4/1/1

der religiösen Sozialisten, Arbeiter-Feuerbestattungsverein „Die Flamme", Bund der sozialdemokratischen Tierfreunde, Arbeiter-Jiu-Jitsu-Klub und der Arbeiter-Radiobund. 1932 wird sogar ein Arbeiter-Alpine-Gebirgstrachten-Erhaltungs- und Volkstänze-Verein angeführt.

Die sozialdemokratische Arbeiterbewegung kann allerdings nicht nur als eine Bewegung der Gegenkultur verstanden werden, sie betrachtete sich auch als Erbe, Vollender und Neuschöpfer von Kultur.[7]

Proletarischer Klassenkampf durch wissenschaftliche Schulung

Die 1909 von der Sozialdemokratischen Partei, den Gewerkschaften und den Konsumverbänden gegründete „Sozialistische Bildungszentrale" verfolgte das Ziel, proletarischen Klassenkampf auf der Basis wissenschaftlich fundierter Schulung zu ermöglichen. Die Einordnung der Erziehung in Erfordernisse des Klassenkampfes stellte die Erziehung zu Solidarität, Aktivität und Intellektualität in den Vordergrund, wobei auch die „Gefühlsbildung", vor allem zur Stärkung des Selbstbewußtseins der Arbeiter, nicht vernachlässigt wurde.[8] „Unsere Aufgabe ist es, jede Arbeiterstube zur Schule des Sozialismus zu machen, jeden Arbeiter, jede Arbeiterin zu einem Gefäß der Revolution", meint Josef Luitpold Stern, Leiter der Sozialdemokratischen Bildungsstelle von 1918 bis 1922 und ab 1932.[9] So bot die Bildungszentrale ein abgestuftes System an Schulungseinrichtungen an. Da waren zunächst die Einzelvorträge, die die breite Masse der Parteimitglieder erreichen sollten. Die Vorträge beschäftigten sich mit medizinischen Fragen, mit der Sexualität, dem Alkoholismus, der Frauenbewegung oder dem politischen Leben in Österreich. Theoretische Inhalte waren in dieser Schulungsstufe kaum vertreten.

Die zweite Ebene des Bildungsangebotes wendete sich an Vertrauenspersonen, die in Vortragsreihen geschult wurden. Die Parteischule war auf die Betonung theoretischer Fragen des Sozialismus, und die Arbeiterhochschule, an der die Bildungszentrale nur beteiligt war, auf die Schulung der Funktionäre ausgerichtet.[10]

Spannung, verbunden mit sozialem Gehalt

Die Sozialistische Bildungszentrale kümmerte sich auch um den Ausbau der Arbeiterbüchereien, von denen einige bereits Ende des 19. Jahrhunderts bestanden. Sie wurden in der Ersten Republik zur effizientesten österreichischen Bibliotheksorganisation ausgebaut. Durch die Unterbringung von Arbeiterbüchereien in den Gemeindebauten des Roten Wien (z. B.: Sandleiten) wurde es auch möglich, die Bibliotheken direkt in das sozialdemokratische „Lebensangebot" der Gemeindebauten einzugliedern. Zu den kulturellen Zielen der Arbeiterbüchereien meinte Otto Koenig, daß sie den Zweck hätten, in den Sozialismus einzuführen und die Arbeiter im Sozialismus zu festigen. Ihre vorrangige Aufgabe sei es, den Arbeitern den Sozialismus als Weltanschauung zu vermitteln. Deshalb sollten die Arbeiterbüchereien keine Tendenzbüchereien sein. „Ein kluger, sozialistischer Bibliothekar wird seine Leser nicht vergewaltigen, aber er muß und wird sie leise, langsam und möglichst unmerklich lenken und zu leiten versuchen. Das ist seine Pflicht!"[11]

Die Lesequote lag in den Arbeiterbibliotheken über jener der weltanschaulich neutralen oder konfessionellen Büchereien. In den sozialistischen Bibliotheken überwog die Ausleihe von belletristischer Literatur. Eine diesem Umstand entgegenwirkende Ankaufspolitik der Arbeiterbüchereien vermochte die Diskrepanz zwischen dem oben von Otto Koenig beschriebenen Anspruch und der Realität nicht zu mindern. Den Schwerpunkt der Arbeiterbüchereien bildete der soziale Roman. Größten Anklang fanden 1929 und 1932 die Bücher Jack Londons und Upton Sinclairs. Der Leiter der Arbeiterbücherei Margareten meinte auf die Frage, warum gerade Jack London bei den Lesern so beliebt sei, es sei „die schlichte Schreibweise und das glückliche Ineinanderfließen von Romantik, Spannung der Handlung und sozialem Gehalt, was dem Arbeiter so zusagt."[12] Auch die klassischen sozialen Romane Maxim Gorkis und Emile Zolas fanden bei den lesenden Arbeitern großen Anklang. Im Austrofaschismus wurden alle Büchereien gesichtet und nicht nur die gesamte Literatur zum Thema Sozialismus, sondern unter anderem auch die Bücher Zolas, Sinclairs und Londons entfernt. Karl Lugmayer, neueingesetzter Volksbildungsreferent für Wien, bezeichnete diese „Bücherauslese" als „eine Art Standrecht der Bücherauswahl".[13]

Anweisungen für richtiges proletarisches Verhalten

Der „Gefühlsbildung" maß man in der Sozialistischen Bildungszentrale insoferne Bedeutung zu, als sich zwar große Teile der Arbeiterschaft mit den Konsequenzen des Kapitalismus intellektuell beschäftigten, aber dieser Umstand hatte keine Auswirkungen auf ihr Alltagsleben. Die Arbeit der Bildungszentrale sollte diese Widersprüche aufheben.[14] Es sollte also eine Abgrenzung von bürgerlichen Werten und Normen erfolgen und proletarische Formen kulturellen Verhaltens geprägt werden. So versuchte man zum Beispiel unter der Arbeiterschaft eine Ablehnung des Lotteriespiels zu erreichen, da man Klassenkampf und Lotteriespiel wohl als „merkwürdige Verbündete" zu betrachten habe.[15] Auch versuchte man religiöse Bräuche, auf die große Teile der Arbeiterschaft noch immer besonderen Wert legten, durch proletarische Formen zu ersetzen. Otto Bauer: „Andere vergessen wohl im lärmenden Alltag des städtischen Lebens die Religion ihrer Heimat; aber an allen Wendepunkten ihres Lebens, bei der Heirat, bei der Geburt ihres Kindes, am Grabe eines ihrer Lieben, wollen sie doch religiöse Festlichkeiten nicht entbehren."[16] Wie die Kirche versuchten auch die Sozialdemokraten den Menschen in seiner Gesamtheit zu erfassen, und es kam auch zu Versuchen, kirchliche Bräuche für die Sozialdemokratie zu adaptieren: Die Jugendweihe etwa kann als das Pendant zur Firmung gelten.[17] Wie naturgemäß überhaupt die Arbeiterkultur in Österreich eine Gegenwelt zum Klerikalismus bildete. Was anderswo als ganz gewöhnliches, verbreitetes Kennzeichen moderner Industriegesellschaft – wie etwa der Bubikopf, ein gesundes Leben, das organisierte Bedürfnis nach Kultur und Bildung oder ein von klerikalen Vorstellungen ungetrübter Umgang mit Sexualität – galt und von liberalen, lebensreformerischen Kreisen vertreten wurde, galt im katholischen Österreich als „proletarische Kultur".[18] Natürlich ließen sich nicht alle von der Sozialistischen Bildungszentrale ausgegebenen Verhaltensnormen auf marxistische Grundsätze zurückführen, teilweise hatte man wohl nur puristische Antworten bereit. Wie etwa die Forderung nach einer Form des „Kollektivtanzes", da der moderne Tanz abgelehnt wurde.[19]

Vom „Genoveva-Anbeter" zum aufgeklärten Menschen

In der Erwachsenenbildung arbeiteten die Sozialdemokraten auch eng mit den Wiener Volkshochschulen, besonders mit dem „Volksbildungshaus Margareten" und dem „Volksheim Ottakring", zusammen. Diese beiden Wiener Volkshochschulen waren eine Gründung des liberalen Großbürgertums, das sich in seinen volksbildnerischen Zielen an die Ideale der Aufklärung angelehnt hatte. In ihrer Fürsorge für die unteren Sozialschichten wiederum trafen sich diese linken Liberalen mit den Zielen der Sozialdemokraten. Dazu Eduard Leisching, der an der Gründung des Volksbildungshauses Margareten entscheidenden Anteil hatte: „Wir hielten es für möglich, daß ein Zusammenwirken des freisinnigen Bürgertums, der nationalen akademischen Kreise und der Arbeiterschaft auf dem Boden zielbewußter, neutraler Volksbildungsarbeit geschaffen werden könne und richteten sehr bald unsere Tätigkeit und die Gewinnung von Mitarbeitern danach ein."[20] Das Volksheim Ottakring geht auf das Betreiben Emil Reichs, der sich selbst als „Lassalleaner"[21] bezeichnete, und Ludo Moritz Hartmanns zurück, den „bekannten Historiker, dessen anti-metaphysische Einstellung und materialistische Geschichtsauffassung in all seinen Werken zum Ausdruck kam".[22] Hartmann war auch Mitglied der SDAP. Dennoch war die Arbeit dieser beiden Volkshochschulen nicht auf die Schaffung einer Gegenkultur angelegt, sie versuchten, formales Wissen zu vermitteln und ihre Hörer selbständiges Denken zu lehren: „Unser Ziel ist, die Denkkraft zu wecken, die allzuhäufig schlummert, damit das Volk wirklich ein Volk der Denker werde. Deshalb gehen wir principiell auf intellektuelle Bildung, wenn auch nicht auf specialisierte Verbildung, und nicht auf ethische Anregung aus, wir glauben gerade dadurch den Culturkampf gegen jegliche autoritäre Weltanschauung und geistige Knechtung am besten aufzunehmen."[23] Es wurden aber auch Unterhaltungsveranstaltungen und künstlerische Kurse angeboten.

Die Arbeit der Volkshochschulen war nicht auf die Förderung einzelner zu deren beruflichem Aufstieg angelegt, sondern ihr Ziel war die Massenschulung. Berufsbildende Kurse wurden abgelehnt. „Fälle der Verbesserung der materiellen Lage wie der beruflichen Stellung durch im Volksheim erworbenes Wissen und dadurch gesteigertes Können sind uns nicht wenige bekannt, doch bleibt dies ein Abfallprodukt unserer Tätigkeit, nicht Zweckpunkt. (...) nicht den Aufstieg einzelner, besonders Begabter zu ermöglichen ist unsere Absicht (...), sondern die Menge der Bildungsfähigen zu erfassen, um die Masse mit Bildung zu durchtränken."[24] Nur die Massenarbeitslosigkeit veranlaßte die Volkshochschulen, auch direkt berufsfördernde Kurse anzubieten, die Auszahlung der Arbeitslosenunterstützung war an deren Besuch gekoppelt.[25]

Die unteren Sozialschichten sollten an die Werte der bürgerlichen Hochkultur herangeführt werden, diese Art der Volksbildung wirkte sozial-integrativ. Für Friedrich Jodl, einen Mitbegründer des Volksbildungshauses Margareten, war Bildung ein Mittel zur Überwindung sozialer Gegensätze: „Bildung ist auch ein Gegenmittel gegen die so unendlich häufige verständnislose Geringschätzung, mit welcher die einzelnen Stände, die einzelnen Berufe aufeinander hinblicken, jeder sich in den Mittelpunkt des ganzen Lebens rückend, und sich gebärdend, als wären alle übrigen nur ihretwegen da, oder lästige Auswüchse an einer Gesell-

Zeichenstunde im Volksbildungshaus Margareten
Kat. Nr. 4/4/3

„Denkwerkzeuge" für den Alltag vermitteln
Kat. Nr. 4/4/1

schaft, die vollkommen wäre, wenn es nur Gelehrte und Offiziere, oder Kaufleute, oder – Arbeiter gebe." Und weiter: „Unglücklich soll der Arbeiter werden, wenn man ihm behilflich ist, sein Menschtum zu entwickeln, die Engigkeit seines Daseins zu erweitern, teilzunehmen an den Schätzen der Kultur? Sich einzugliedern in den gesellschaftlichen Zusammenhang?"[26]

In parteipolitischer Hinsicht versuchten die Volkshochschulen neutral zu sein, ein Umstand, der von Max Adler heftig angegriffen wurde, da die Auffassung von „neutraler" Bildung sich gewissermaßen im „gesellschaftslosen Raum" bewege: „Und das ist nun in der Tat das tiefste Wesen aller Erziehung und Bildung, daß sie keine bloße Form ist, in die jeder beliebige Inhalt hineingegossen werden kann, sondern eine wirkende Kraft in der gesellschaftlichen Entwicklung."[27] Für Josef Luitpold Stern allerdings war die neutrale Ausrichtung der Wiener Volkshochschulen von positiver Bedeutung, da so zwischen Volkshochschulen und Sozialistischer Bildungszentrale eine Art Arbeitsteilung gewährleistet werden konnte: „Die Volksbildungsbewegung hat die Aufgabe, den mittelalterlichen Genoveva-Anbeter vor der Rotationsmaschine umzuwandeln in den modernen, naturwissenschaftlich gesinnten Monteur (...). Es ist die Anpassung des unwissenden mittelalterlich-klerikal-autoritär erzogenen hörigen Menschen an die moderne Technik, um ihn zu einem naturwissenschaftlich etwas aufgeklärteren Bediener der Maschinen zu machen. Die Volksbildungsbewegung hat konservative Ziele, sie verfolgt die Erhaltung, den Bestand, ja die Fortentwicklung des kapitalistischen Systems. Es sind dies Ziele, die wir nicht ablehnen, denn der Mensch muß diese ganze Phase der Entwicklung

David Josef Bach: Revolutionäre Kunst für die Arbeiterschaft
© Oskar Kokoschka, Verwertungsgesellschaft bildender Künstler, Wien 1993
Kat. Nr. 4/2/2

Anton Webern: Zusammenarbeit von Austromarxisten und Intellektuellen
Kat. Nr. 4/2/5

mitmachen. Der andere Zweig, die Arbeiterbildung, hat die Aufgabe, die Massen reif zu machen für die politischen, gewerkschaftlichen, genossenschaftlichen und kulturellen Aufgaben des alles umspannenden Klassenkampfes."[28]

Erhabene Kunst und der Geschmack der Masse

Die „Sozialdemokratische Kunststelle" wurde 1919 gegründet. Die Grundlage der Kunststelle bildeten die Arbeiter-Symphoniekonzerte, die bereits seit 1905 stattgefunden hatten. Diese Konzerte bildeten den Kern des Programms der Kunststelle, da sie im Gegensatz zu den Theatervorstellungen selbständig programmiert werden konnten. Der Vertrieb verbilligter Theaterkarten ermöglichte nur eine Einflußnahme auf die Programmgestaltung. Führungen durch Museen, Dichterlesungen und Vorträge waren andere Angebote der Kunststelle.

David Josef Bach, Redakteur der „Arbeiter-Zeitung" und Leiter der Sozialdemokratischen Kunststelle, machte es sich zum Ziel, den Arbeitern, die bisher vom bürgerlichen Kulturbetrieb ausgeschlossen waren, die Konzertsäle sowohl als Zuhörer als auch als Akteure zu öffnen, sie an die ihr bislang wenig vertrauten Formen der Hochkultur heranzuführen. Anton von Webern nahm auf die Arbeiter-Symphoniekonzerte einen beträchtlichen Einfluß, er dirigierte diese Konzerte ab 1926 regelmäßig und war auch Leiter des Singvereins der Kunststelle. Dies mag auch als ein Beispiel für die enge Zusammenarbeit der Austromarxisten mit den Intellektuellen jener Zeit sein. In ihrer fortschrittlichen Programmgestaltung waren die Arbeiter-Symphoniekonzerte führend, sie wurden zu Förderern der damals noch nicht etablierten Moderne.

Die Arbeiter-Symphoniekonzerte waren auch Bestandteil der „Republikfeiern", die der Ausrufung der Republik am 12. November 1918 gedachten. Diese Republikfeiern sozialistischer Vereine waren ein Bekenntnis zum demokratisch-republikanischen Staat, als dessen stärkste und zuverlässigste Stütze sich die Sozialdemokratie verstand, auch wenn man ihn nur als Übergangsstadium zur sozialistischen Zukunftsgesellschaft betrachtete.[29]

„Für die praktische Kunstpflege innerhalb der Arbeiterschaft ergibt sich die Forderung, ohne alle Zugeständnisse an einen billigen Geschmack es immer nur mit der höchsten Kunst zu wagen. Denn diese höchste Kunst ist die revolutionärste."[30] So sangen der Singverein der Kunststelle und der Parade-Arbeitergesangsverein „Freie Typographia" unter der Leitung Weberns häufig gemeinsam bei Arbeiter-Symphoniekonzerten. Aber die Arbeitersänger hatten auch eigene Lieder wie das von Josef Scheu, dem Chormeister des Arbeitersängerbundes, geschriebene „Lied der Arbeit".

Die Laienmusikgruppen wie zum Beispiel die Arbeiter-Mandolinenspieler fanden bei Bach wenig Unterstützung. Und Bach mußte sich auch vorwerfen lassen, sich zu sehr an der Übernahme der bürgerlichen Kultur zu orientieren. Oskar Pollak, Chefredakteur der „Arbeiter-Zeitung", meinte, daß die Kunststelle „ihre einzigartige Stellung und Möglichkeit dazu verschwendet, um mit den Bürgerlichen weiterzufeiern".[31] Und 1931 stellte Bach den Weg, den er mit seiner Kunststelle und vornehmlich mit den Arbeiter-Symphoniekonzerten eingeschlagen hatte, selbst in Frage: „Es nützt nichts, heuchlerisch die Augen zu verdrehen und nicht sehen zu wollen, was wirklich ist: daß der Geschmack der großen Masse, ein-

Republikfeiern als Bekenntnis zum republikanischen Staat
Kat. Nr. 4/2/4

Festprogramm 1927: 40 Jahre Arbeitersänger
Kat. Nr. 4/2/6

Heft mit den beliebtesten sozialdemokratischen Liedern
Kat. Nr. 4/2/9

schließlich unserer besten politischen und gewerkschaftlichen Vertrauenspersonen, sich von den Vorschriften einer erhabenen Kunst nicht gängeln lassen will. Verfluchen wir beispielsweise die Operette; sogar in den Fällen, in denen wir recht haben, behalten wir unrecht. Und wir behalten unrecht, nicht bloß im Einzelfall unrecht, sondern für die ganze Gattung und nicht für die Operette allein, obwohl dieses Beispiel am deutlichsten ist, sondern für alle Abarten der Kunst bis zu ihren Entartungen, soweit einfache, allgemeine Empfindungen geweckt und zumindest scheinbar befriedigt werden."[32]

Das letzte Arbeiter-Symphoniekonzert der Ersten Republik fand am 11. Februar 1934 statt, anschließend marschierten die Besucher angesichts der gespannten politischen Lage demonstrativ über die Ringstraße.

Blaue Blusen – Rote Spieler

Eine eigenständige sozialdemokratische Kunstform gelang mit der Gründung von politischen Kabaretts, in deren Mittelpunkt Sprech- und Bewegungschöre als das kollektive, proletarische künstlerische Ausdrucksmittel standen. „Rote Spieler"- und „Blaue Blusen"-Gruppen der Sozialistischen Arbeiterjugend und der Mittelschüler erlebten vor allem in den dreißiger Jahren einen Höhepunkt. Die nach der Kleidung ihrer Spieler benannten „Blauen Blusen" trugen diese als Kennzeichen der Arbeiterschaft. Das Blau ihrer Hemden erinnerte an das Blau der Arbeitskleidung. Diese Kabarettgruppen bildeten „Wahlstoßtrupps" aus Jugendlichen, die die Aufgabe hatten, an möglichst vielen Orten wahlpropagandistisch zu wirken. Sie sollten die „natürliche Sympathie, die gesunden und frischen Burschen und Mädeln entgegengebracht wird, ausnützen und dem Wahlkampf dienstbar machen" und vor allem jene Kreise erreichen, die durch sonstige Wahlveranstaltungen nicht erfaßt wurden, besonders auf die Jungwähler wirken.[34] Eine eigene Propagandastelle wurde gegründet, und Textmaterial für diese Kabarettgruppen wurde unter anderem in der Zeitschrift „Die politische Bühne" veröffentlicht. So zum Beispiel auch Arbeiten von Jura Soyfer. „Das Lachen" wurde „in den Dienst der politischen Propaganda gestellt".[35]

Neues Leben?

Dem Austromarxismus wurde es letztlich zum Verhängnis, daß er sich mehr als Kulturbewegung denn als politische Kraft etablieren konnte, da mit der weitgehenden Beschränkung auf die Bildungs- und Kulturarbeit gegen den Heimwehrfaschismus kein wirklicher Widerstand möglich war. Die wissenschaftliche Bildungsarbeit und die proletarische Kultur sollten im Ständestaat von einer gegen Positivismus, Rationalismus und Aufklärung gerichteten Linie abgelöst werden. Rudolf Henz, einer der exponiertesten Kulturpolitiker des Ständestaates, meinte, in einem sarkastischerweise „Neues Leben" betitelten Artikel, „daß in unsrem Werk die Idee des Neuen Österreich Leben gewinnt und dadurch die Idee der Gestaltwerdung des christlichen, deutschen und berufsständischen Staates und schließlich die neue europäische Geisteshaltung der jungen Generation, die um die Überwindung von Materialismus und Positivismus, eines übersteigerten und dadurch zerstörenden Individualismus und Liberalismus bemüht ist und ihren wahren Lebensinhalt aus einer neuen Metaphysik, aus den Kräften des Volkstums und einer organischen Gemeinschaft bezieht".[36] Der Ständestaat war nicht an der Erziehung eines Menschen interessiert, dessen Stärken in seinen intellektuellen Fähigkeiten liegen, sondern er zielte auf die Schaffung eines „Volksmenschen", der in seiner „Heimat" und seinem „Volkstum" verwurzelt war.[37]

„Sozialistische Gesellschaft", Schlüsselwort und Erkennungsmerkmal einer Sozialutopie, mußte der Integrations-Verordnung „Volk" weichen.

Die Blauen Blusen

Richtlinien und Material für die Tätigkeit der Propagandagruppen im Wahlkampf
1930

Unverkäuflich

Blaue Blusen als Erinnerung an das Blau des Arbeitskleides
Kat. Nr. 4/3/2

Die geistigen Arbeiter von Wien

gegen die Herrschaft der Gewalt
gegen die politische Reaktion
gegen die Ueberheblichkeit des Spiessertums in Wissenschaft und Kunst.

Nationalrat Dr. Otto Bauer

spricht am Donnerstag, den 10. März um 7 Uhr abends im Festsaal des Alten Rathauses I., Wipplingerstrasse 8 über

Die Kulturreaktion u. die Intellektuellen

Alle, die der fortschreitenden Verdorfung unserer Stadt Einhalt tun, sie als kulturelles Zentrum erhalten wollen, mögen an der Kundgebung teilnehmen.

Vereinigung der sozialistischen Hochschullehrer, Vereinigung der sozialdemokratischen Aerzte Wiens, Vereinigung der sozialdemokratischen Juristen, Vereinigung der sozialistischen Mittelschullehrer, Vereinigung der sozialdemokratischen Tierärzte, Sozialistische Studentenschaft Oesterreichs.

Für die Ideale der Aufklärung, für Rationalismus, gegen „Volksmenschen"
Kat. Nr. 4/5/1

Politische Kabarettgruppe: Das Lachen wird in den Dienst der politischen Propaganda gestellt.
Kat. Nr. 4/3/5

Anmerkungen

1. Dieter Langewiesche: Zur Freizeit des Arbeiters. Stuttgart 1979, S. 44.
2. Dieter Langewiesche: Arbeiterkultur in Österreich: Aspekte, Tendenzen und Thesen. In: Gerhard A. Ritter: Arbeiterkultur. Königstein 1979, S. 46.
3. Otto Felix Kanitz: Eine Sozialistische Erziehungsinternationale. In: Bildungsarbeit. Zeitschrift für sozialistisches Bildungswesen. Nr. 3, Jg. 1923, S. 43.
4. Max Adler: Neue Menschen. Gedanken über sozialistische Erziehung. Berlin 1924, S. 83 f.
5. Helene Maimann: Zum Stellenwert der Arbeiterkultur in Österreich 1918–1934. In: Internationale Tagung der Historiker der Arbeiterbewegung (Hg.): Arbeiterkultur in Österreich 1918–1945. Wien 1981, S. 22.
6. Josef Luitpold Stern: Klassenkampf und Massenschulung. Prag 1924, S. 19.
7. Wie Anm. 2, S. 42.
8. Josef Weidenholzer: Auf dem Weg zum „Neuen Menschen". Bildungs- und Kulturarbeit der österreichischen Sozialdemokratie in der Ersten Republik. Wien 1981, S. 69.
9. Wie Anm. 6, S. 23.
10. Josef Weidenholzer: Sozialdemokratische Bildungsarbeit. In: Internationale Tagung der Historiker der Arbeiterbewegung (Hg.): wie Anm. 5, S. 33 f.
11. Otto Koenig: Tendenzbücherei. In: Bildungsarbeit. Zeitschrift für sozialistisches Bildungswesen. Nr. 1, Jg. 1923, S. 5.
12. Herbert Exenberger: Arbeiterbildung in Österreich: Am Beispiel der Wiener Arbeiterbüchereien. In: Internationale Tagung der Historiker der Arbeiterbewegung (Hg.): Arbeiterbewegung, koloniale Frage und Befreiungsbewegung bis zum Ende des Ersten Weltkrieges. Arbeiterbildung unter den Bedingungen des Kapitalismus. Wien 1981, S. 263.
13. Wie Anm. 12, S. 265.
14. Josef Weidenholzer: Arbeiterkultur als Gegenkultur. Zur Kulturarbeit der SDAP (1918–1932). In: Internationale Tagung der Historiker der Arbeiterbewegung (Hg.): wie Anm. 12, S. 177.
15. Richard Wagner: Glücksfall und Klassenkampf. In: Bildungsarbeit. Zeitschrift für sozialistisches Bildungswesen. Nr. 10, Jg. 1926, S. 177.
16. Wie Anm. 14, S. 185.
17. Wie Anm. 14, S. 185.
18. Alfred Pfoser: Das Ende der Bedürfnislosigkeit. Zur sozialistischen Bildungspolitik. In: Helene Maimann (Hg.): Die ersten hundert Jahre. Österreichische Sozialdemokratie 1888–1988. Wien 1988, S. 129.
19. Wie Anm. 14, S. 183.
20. Eduard Leischig: 40 Jahre Wiener Volksbildungsverein. 1887–1927. Wien 1927, S. 12.
21. Gerhardt Kapner: Erwachsenenbildung um die Jahrhundertwende, dargestellt am Beispiel Wiens. Wien 1961, S. 46.
22. Rudolph Carnap, Hans Hahn und Otto Neurath: Wissenschaftliche Weltauffassung – Der Wiener Kreis. Wien 1929, S. 10.
23. Ludo Moritz Hartmann: Volksbildung und Ethik. In: Die Zeit. 15. Juni 1901, S. 165.
24. Emil Reich: 25 Jahre Volksheim. Wien 1926, S. 22.
25. Walter Göhring: Erwachsenenbildung. In: Erika Weinzierl und Kurt Skalnik (Hg.): Österreich 1918–1938. Band 2. Wien 1983, S. 617.
26. Friedrich Jodl: Was heißt Bildung? Wr. Neustadt 1934, S. 5.
27. Wie Anm. 4, S. 29.
28. Wie Anm. 6, S. 10.
29. Wie Anm. 2, S. 48.
30. David Josef Bach: Der Arbeiter und die Kunst. In: Der Kampf. 1913/14, S. 46.
31. Oskar Pollak: Warum haben wir keine sozialdemokratische Kulturpolitik? In: Der Kampf. 1929, S. 86.
32. David Josef Bach: Sozialismus und Kunst. In: Kunst und Volk. Juli 1931, S. 90 f.
33. Verein für Geschichte der Arbeiterbewegung. Parteistellenarchiv, K 24.
34. Wie Anm. 33.
35. Wie Anm. 33.
36. Rudolf Henz: „Neues Leben". In: Österreichische Rundschau. 1936, Nr. 11, S. 32.
37. Alfred Laßmann: Der Sinn der Volkshochschule. In: 25 Jahre Uraniagebäude. Wien 1935, S. 20.

Katalog

1. Historische Voraussetzungen

Abkürzungen:

CSP: Christlichsoziale Partei

DÖW: Dokumentationsarchiv des österreichischen Widerstandes, Wien

HM: Historisches Museum der Stadt Wien

KPÖ: Kommunistische Partei Österreichs

ÖGuWM: Österreichisches Gesellschafts- und Wirtschaftsmuseum, Wien

ÖIfZ: Österreichisches Institut für Zeitgeschichte, Bildarchiv, Wien

ÖNB: Österreichische Nationalbibliothek, Wien

RI: Rennerinstitut, Abteilung Geschichte und Politik, Fotoarchiv, Wien

SDAP: Sozialdemokratische Arbeiterpartei (Österreichs/Deutsch-Österreichs)

SPÖ: Sozialdemokratische Partei Österreichs

StGBl.: Staatsgesetzblatt

VGA: Verein für Geschichte der Arbeiterbewegung, Wien

WStLA: Wiener Stadt- und Landesarchiv

WStLB: Wiener Stadt- und Landesbibliothek

1.1 Die Wiener Sozialdemokratie vor 1918

1/1/1
„Was die Sozialdemokraten von der Kommune fordern!"
Titelseite der „Arbeiter-Zeitung" vom 2. Februar 1896
Foto
VGA

1/1/2
Quartier der Ziegelarbeiter im Ringofen
Foto, E. Kläger, 1900
RI, Neg. Nr. 3/9

1/1/3
Demonstration für das allgemeine Wahlrecht vor dem Parlament am 5. November 1905
Bleistiftzeichnung auf Papier,
Wilhelm Gause
Sign. u. dat. re. u.: GAUSE/1906
35,8 x 53,5
HM, Inv. Nr. 57.418

1/1/4
Die rote Bestie
Tusche, Feder, Aquarell auf Papier,
Moritz Jung, 1910
24,5 x 18,7
HM, Inv. Nr. 116.734

1.2 Die Gründung der Republik

1/2/1
Demonstration vor dem Ständehaus in der Herrengasse anläßlich der Gründung Deutschösterreichs
Aquarell, Moritz Ledeli, 1918
Sign. re. u.: M. Ledeli
42 x 54,5
HM, Inv. Nr. 42.343

1/2/2
Die Gründung der Republik Österreich (Deutschösterreich)
StGBl. 1918/1 vom 15. November 1918
Foto
WStLA, Bundesgesetzblatt N2/1

1/2/3
Verzicht Kaiser Karls auf die Regierung in Österreich
Extra-Ausgabe der „Wiener-Zeitung" vom 11. November 1918
Foto
WStLB

1/2/4
„Die Geburtsstunde der deutschösterreichischen Republik in Wien./Die Volksmassen vor dem ehemaligen Parlamentsgebäude in Erwartung der Ausrufung der Republik."
Zeitungsausschnitt, Foto von Richard Hauffe, 1918
HM, Inv. Nr. 54.915/19

1.3 Die Wahlen zur konstituierenden Nationalversammlung am 16. Februar 1919

1/3/1
„Die Toten rufen!"
Plakat, SDAP, Entwurf George Karau, 1919
WStLB, Sign. P 696

1/3/2
„Mütter!!/denkt an Eure toten Söhne"
Plakat, SDAP, Entwurf George Karau, 1919
WStLB, Sign. P 267

1/3/3
„Wähler und Wählerinnen!/Der
16. Februar ist der Wahltag!"
(Rückseite: „Mütter!!/denkt an Eure toten
Söhne")
Flugblatt, SDAP, 1919
Privatarchiv Josef Seiter

1/3/4
„Männer und Frauen!/Geht am
16. Februar 1919 unbedingt zur Wahl!"
(Rückseite: „Die Toten rufen!")
Flugblatt, SDAP, 1919
Privatarchiv Josef Seiter

1/3/5
„Achtung!/11.400 Oesterreicher wurden
während des/Krieges gehängt und er-
schossen"
Flugblatt, SDAP, 1919
Privatarchiv Josef Seiter

1/3/6
„Notleidendes Volk!/Die Herren des Eisens
und der Kohle, (...)"
Flugblatt, SDAP, 1919
Privatarchiv Josef Seiter

1/3/7
„Die Unterhaltsbeiträge/der Frauen und
Familien der Eingerückten/(...)"
Flugblatt, SDAP, 1919
Privatarchiv Josef Seiter

1/3/8
„Auf eine Stimme kommt es an!"
Flugblatt, SDAP, 1919
Privatarchiv Josef Seiter

1/3/9
„Die ‚Ostdeutsche Rundschau' am/
14. April 1918 (...)"
Flugblatt, SDAP, 1919
Privatarchiv Josef Seiter

1/3/10
„Vier Fragen"
(Rückseite: „Alle, die arbeiten und den-
ken/...")
Flugblatt, SDAP, 1919
Privatarchiv Josef Seiter

1/3/11
„Alle, die arbeiten und denken,/können/
nur/sozialdemo-/kratisch wählen!"
(Rückseite: „Religion ist Privatsache")
Flugblatt, SDAP, 1919
Privatarchiv Josef Seiter

1/3/12
„Religion ist Privatsache"
Flugblatt, SDAP, 1919
Privatarchiv Josef Seiter

1/3/13
„Das fünfte Gebot:/‚Du sollst nicht
töten!'"
Flugblatt, SDAP, 1919
Privatarchiv Josef Seiter

1/3/14
„Die Christlichsozialen in ihrem Aufruf/an
die Wähler/(...)"
Flugblatt, SDAP, 1919
Privatarchiv Josef Seiter

1/3/15
„Wahl für die konstituierende Nationalversammlung./9. Wahlkreis: Viertel unter
dem Wienerwald./Stimmzettel/Sozial-
demokratische Partei"
Druck, SDAP, 1919
Privatarchiv Josef Seiter

1/3/16
„Eröffnung der deutschösterr. Nationalver-
sammlung am 4. März 1919"
Zeitungsausschnitt, 2 Fotos von Heinrich
Schuhmann, 1919
HM, Inv. Nr. 54.915/42

1.4 Räteherrschaft oder parlamentarische Demokratie?

1/4/1
„Proletarier! Soldaten!/Die Stunde der
Befreiung hat geschlagen!"
Flugblatt, KPÖ, 1919
Privatarchiv Josef Seiter

1/4/2
Kommunistische Demonstration am
17. April 1919 vor dem Parlament
mit einem Transparent, das die Weltrevo-
lution fordert
Foto
HM, Inv. Nr. 49.342/15

1/4/3
„Zu den Ausschreitungen am Grün-
donnerstag in Wien"
Zeitungsausschnitt, Foto von Richard
Hauffe, 1919
HM, Inv. Nr. 54.915/17

1/4/4
„Arbeiter und Arbeiterinnen!"
Flugblatt, Kreisarbeiterrat Wien, Franz
Ziegler, Friedrich Adler, 1919
Privatarchiv Josef Seiter

1/4/5
Die Volkswehr verteidigt am 17. April 1919 das Parlament.
Foto, Richard Hauffe, 1919
HM, Inv. Nr. 49.342/17

1/4/6
„Eine Fahnenenthüllung des Volkswehrbataillons Floridsdorf"
Zeitungsausschnitt, Foto von Richard Hauffe, 1919
HM, Inv. Nr. 54.917/7

1.5 Die ersten demokratischen Wahlen zum Wiener Gemeinderat am 4. Mai 1919

1/5/1
„Land und Gemeinde in die/Hände des arbeitenden Volkes"
Plakat, SDAP, 1919
WStLB, Sign. P 1057/2

1/5/2
„Jeder selbständig denkende Wähler wählt:/Jacob Reumann"
Postkarte, SDAP, vor 1914
Privatarchiv Herbert Exenberger

1/5/3
„Stimmzettel/für die Wahlen am 4. Mai in den niederösterreichischen Landtag, in/den Wiener Gemeinderat und in die Bezirksvertretungen/ Sozialdemokratische Partei"
Druck, SDAP, 1919
Privatarchiv Josef Seiter

1/5/4
„Was ist seit den Tagen der Revolution/im November 1918 geschaffen worden?"
Flugblatt, SDAP, 1919
Foto
Privatarchiv Josef Seiter

1/5/5
„Die Macht in Stadt und Land erobert!/ Hundert Sozialdemokraten in den Wiener Gemeinderat gewählt"
Titelseite der „Arbeiter-Zeitung" vom 5. Mai 1919
Foto
WStLB, Sign. F 24.603

1/5/6
Die ersten weiblichen Gemeinderäte Wiens
Foto, Richard Hauffe, 1919
HM, Inv. Nr. 49.342/20

1.6 Die Schöpfer des Roten Wien

1/6/1
Karl Seitz (1860–1950)
Wiener Bürgermeister 1923–1934
Foto
HM, Inv. Nr. 102.883/1

1/6/2
Robert Danneberg (1885–1942)
Landtagspräsident 1922
Obmann des Klubs der Sozialdemokraten im Wiener Gemeinderat 1923
Stadtrat für Finanzwesen 1932–1934
Foto, 1925
VGA

1/6/3
Julius Tandler (1869–1936)
Stadtrat für Wohlfahrtswesen und soziale Verwaltung 1922–1934
Foto, 1934
HM, Inv. Nr. 145.907

1/6/4
Hugo Breitner (1873–1946)
Stadtrat für Finanzwesen 1919–1932
Foto, Theo Bauer
HM, Inv. Nr. 102.150

1/6/5
Anton Weber (1878–1950)
Stadtrat für Sozialpolitik und Wohnungswesen 1922–1927
Stadtrat für Wohnungswesen und Wohnungsbau 1927–1934
Foto, Theo Bauer
HM, Inv. Nr. 49.170

1/6/6
Otto Glöckel (1874–1935)
Vorsitzender des Bezirksschulrates Wien 1920–1922
Geschäftsführender 2. Präsident des Wiener Stadtschulrates 1922–1934
Foto, Atelier Fayer
HM, Inv. Nr. 75.715

1/6/7
Verfassungsgesetz vom 29. Dezember 1921, das die gemeinsame Landesverfassung von Niederösterreich und Wien außer Kraft setzt
Foto
WStLA, Beurkundetes Landesgesetz 157/1921

1.7 Der Republikanische Schutzbund

1/7/1
Republikanischer Schutzbund
Plakat, Schutzbund, um 1930
Privatarchiv Herbert Exenberger

1/7/2
Uniformjacke und Schirmmütze des Alarmbataillons „Laurenz Widholz" des Republikanischen Schutzbundes
Privatarchiv Herbert Exenberger

1/7/3
„Werbeschrift/der Ortsgruppe/V/des/
Republikanischen/Schutzbundes"
Druck, Schutzbund Margareten, Wien
1926
Privatarchiv Herbert Exenberger

1/7/4
„Franz Birnecker/geboren am 11. Juli
1879/von den Söldlingen der Monarchisten am/17. Februar 1923 in Hietzing
(Baumgarten)/ ermordet"
Postkarte, Bezirksarbeiterrat Hietzing,
1923
Privatarchiv Josef Seiter

1.8 Der Brand des Justizpalastes am 15. Juli 1927

1/8/1
„Die Arbeitermörder freigesprochen/Der
Bluttag von Schattendorf ungesühnt"
Titelseite der „Arbeiter-Zeitung" vom
15. Juli 1927
Foto
WStLB, Sign. F 24.603

1/8/2
„Wien, Brand des Justizpalastes am
15. VII. 1927"
Postkarte, Iris-Kunstverlag, 1927
Foto
HM, Inv. Nr. 110.883

1.9 Die Wiener Gemeindewache

1/9/1
Stadtschutzwachemänner
Foto, Fa. Willinger, um 1927
HM, Inv. Nr. 48.541/104

1/9/2
Demonstration gegen die Gemeindesteuern am 6. April 1930
Foto, S. Wagner, 1930
HM, Inv. Nr. 51.731/69
Eine mitgeführte Tafel fordert: „Weg mit
der Gemeindewache/Hoch die Wiener
Polizei".

1/9/3
„Ein schwerer Fall!/Die Gemeindewache
ist/rechzeitig(!) zur Stelle"
Titelblatt der Zeitschrift „Der Kuckuck",
1. Jg. 1929, Nr. 18
HM, Inv. Nr. 199.423

1/9/4
Die Wiener Gemeindewache
Seite 2 der Zeitschrift „Der Kuckuck",
1. Jg. 1929, Nr. 18
Privatarchiv Josef Seiter

1.10 Fahnen – Feste – Abzeichen

1/10/1
Bezirksfahne der SDAP Ottakring
Roter Stoff mit Brokatornamenten reich
dekoriert, Brokatfransen, vor 1900 (?)
Beschriftung: „Freundschaft/SDAP",
Emblem der Roten Nelke,
143 x 120
SPÖ, Bezirksorganisation Ottakring

1/10/2
Fahne des Republikanischen Schutzbundes, Ortsgrupe Währing
Roter Stoff, bestickt und Brokatbordüre
mit Fransen, um 1923
Vs.: Beschriftung „Republikanischer/
Schutzbund/Ortsgruppe/Währing",
Emblem der Roten Nelke
Rs.: Beschriftung „Schutz und Treue/der
Republik!",
Freundschaftshände, von Kranz aus roten
Nelken umgeben
157 x 120
SPÖ, Bezirksorganisation Währing

1/10/3
Fahne der Chemiearbeiter
Roter Stoff, bestickt und Brokatbordüre
mit Fransen, 1923
Vs.: Beschriftung „Verband/d./Arbeiterschaft/d. chem. Industrie/Ortsgr. Wien
XIII"
Rs.: Beschriftung „Proletarier aller Länder,
vereinigt Euch!", Freundschaftshände, von
Kranz mit roten Nelken umgeben
153 x 125
VGA

1/10/4
Fahne des Republikanischen Schutzbundes, XIV. Bezirk
Roter Stoff, bestickt und Brokatbordüre
mit Fransen, um 1923
Vs.: Beschriftung „Republikanischer/XIV./
Schutzbund"
Rs.: Freundschaftshände mit Hammer, rote
Nelken
155 x 120
SPÖ, Bezirksorganisation Rudolfsheim

1/10/5
Fahne des Sängerbundes der Gastgewerbeangestellten im Arbeitersängerbund Österreichs
Roter Stoff, bestickt und Brokatbordüre mit Fransen, 1930
Vs.: Beschriftung „Sängerbund/der/Gast-Gewerbeangestellten/
1905/Wien/1930.", Abzeichen des Österreichischen Arbeitersängerbundes
Rs.: Beschriftung „Freundschaft/Solidarität", Emblem: Sonne mit Ligatur „ZO"
163 x 118
Gewerkschaft Hotel- und Gastgewerbe, Wien

1/10/6
Fahne des Verbandes der Portiere und Hausbesorger Hernals
Roter Stoff, bestickt und Brokatbordüre mit Fransen, 1921
Vs.: Beschriftung „Verband/der/Portiere u. Hausbesorger/Wien-Hernals/Österreich"
Rs.: Beschriftung „Durch Kampf/1911/1921/Zum Sieg!", Freundschaftshände mit Schlüssel, Kranz
158 x 120
Gewerkschaft Hotel- und Gastgewerbe, Wien

1/10/7
Fahne der Sozialdemokratischen Tschechischen Arbeiterpartei in Österreich, Ortsgruppe Meidling
Roter Stoff, bestickt und Brokatbordüre mit Fransen, 1924
Vs.: Československá Sociálne Demokratická/Strana/Dělnická v Rakousku
Rs.: Beschriftung „Proletáři všech zemí spojte se!/1924",
Freundschaftshände mit Hammer
147 x 115
Sozialdemokratische Tschechische Arbeiterpartei in Österreich

1/10/8
„Der 1. Mai in Wien"
Seiten 2 und 3 aus der Zeitschrift „Der Kuckuck", 2. Jg. 1930, Nr. 19
Foto
VGA

1/10/9
Verkäuferinnen roter Nelken am 12. November (Nationalfeiertag)
Foto, Richard Hauffe, 1919
HM, Inv. Nr. 49.392/74

1/10/10
1.-Mai-Feier im Wiener Stadion
Turner mit roten Fahnen
Foto, Leo Ernst & Albert Hilscher, 1933
ÖIfZ

1/10/11
„12. November/in Wien"
Titelblatt der Zeitschrift „Der Kuckuck", 3. Jg. 1931, Nr. 47
Foto
VGA

1/10/12
„Frauentag 1930"
Druck, SDAP, 1930
Foto des Titelblattes
ÖIfZ

1/10/13
„Wien 1. Mai"
Titelblatt der Zeitschrift „Der Kuckuck", 3. Jg. 1931, Nr. 19
Foto
VGA

1/10/14
„1. Mai/in/Wien"
Titelblatt der Zeitschrift „Der Kuckuck", 2. Jg. 1930, Nr. 19
Foto
VGA

1/10/15
„Die Maifeier in Wien"
Zeitungsausschnitt, 2 Fotos von Richard Hauffe bzw. Heinrich Schuhmann, 1919
HM, Inv. Nr. 54.915/12

1/10/16
Maiaufmarsch, Tribüne vor dem Rathaus
Foto, Albert Hilscher, 1932
ÖIfZ

1/10/17
Festzug zum 10. Jahrestag der Republik, Festwagen
Foto, Ernst & Cesanek, 1928
HM, Inv. Nr. 49.575/146

1/10/18
Eine Deputation der deutschen Sozialdemokraten vor dem Rathaus
Foto, Fred Cesanek, 1926
HM, Inv. Nr. 48.191/23

2. Das Gesundheits- und Fürsorgewesen

1/10/19
Republikfeier, Jugendliche mit roten Fahnen vor dem Parlament
Foto, Wide World Photos, 1931
ÖIfZ

1/10/20
Republikfeier, Das 3-Pfeile-Zeichen auf dem Rathausplatz
Foto, F. Szanto, 1932
ÖIfZ

1/10/21
Dankesurkunde für 25jährige Mitarbeit in der sozialdemokratischen Bezirksorganisation Ottakring
Druck und Handschrift, SDAP, 1921
VGA

1/10/22
Trinkglas
Aufschrift „Freundschaft", rote Nelke und Freundschaftshände
H: 17,7
Dm: 7,4
Privatarchiv Josef Seiter

1/10/23
Trinkglas
Aufschrift „Freundschaft", rote Nelke
H: 17,7
Dm: 7,3
Privatarchiv Josef Seiter

1/10/24
Trinkglas
Aufschrift „Freundschaft", Parteiabzeichen der SDAP
H: 17,2
Dm: 7,3
Privatarchiv Josef Seiter

1/10/25
Seidentuch
Aufschrift „Freundschaft", Parteiabzeichen
22 x 22
Privatarchiv Josef Seiter

1/10/26
Abzeichen der SDAP und anderer Organisationen des Roten Wien
15 Stück, Email, Messing- bzw. Eisenblech, gepreßt und teilweise bemalt, 1918–1934
Privatarchiv Herbert Exenberger

1/10/27
Verband der sozialdemokratischen Gewerbetreibenden und Kaufleute
Blechschild
52,2 x 36,8
Privatarchiv Josef Seiter

1/10/28
„ARBÖ/Tankstelle"
Blechschild
39 x 30,1
Privatarchiv Josef Seiter

1/10/29
„Arbeiter-Zeitung", 45. Jg., Nr. 87 vom 27. März 1932
SPÖ, Bezirksorganisation Ottakring

2.1 Julius Tandler

2/1/1
„Bevölkerungspolitik/Ein Vortrag von Professor Julius Tandler"
Reprint aus der „Arbeiter-Zeitung" vom 2. Dezember 1917, S. 6 und 7
WStLB, Sign. F 24.603

2/1/2
Fotoalbum mit 23 Fotos von Julius Tandler und seinen Mitarbeitern,
um 1927/28
HM, Inv. Nr. 145.914/1–24

2.2 Säuglingsfürsorge

2/2/1
„Kein Wiener Kind darf auf/Zeitungspapier/geboren werden"
Seite 3 der Zeitschrift „Der Kuckuck", 4. Jg. 1932, Nr. 13
Foto
VGA

2/2/2
Säuglingssterblichkeit und soziale Lage in Wien
Bildstatistik, Österreichisches Gesellschafts- und Wirtschaftsmuseum, um 1929
ÖGuWM, T 975

2/2/3
Rückgang der Säuglingssterblichkeit in Wien
Bildstatistik, Österreichisches Gesellschafts- und Wirtschaftsmuseum, um 1932
ÖGuWM, T 974

2/2/4
„Mutterberatung/im Jugendamt"
Seite 7 der Zeitschrift „Der Kuckuck", 1. Jg. 1929, Nr. 30
HM, Inv. Nr. 199.424

2/2/5
Mutterberatung der Gemeinde Wien
Bildstatistik, Österreichisches Gesellschafts-
und Wirtschaftsmuseum, um 1932
ÖGuWM, T 976

2.3 Kindergärten

2/3/1
Julius Tandler bei einer Weihnachtsfeier im
Kindergarten Sandleiten
Foto, 1930
ÖNB, Bildarchiv

2/3/2
Kindergarten Sandleiten
Foto, Martin Gerlach, um 1928
HM, Inv. Nr. 146.369/12

2/3/3
Die Kindergärten Wiens 1913 und 1928
Bildstatistik, Österreichisches Gesellschafts-
und Wirtschaftsmuseum, um 1928
Foto aus: Die Kindergärten der Gemeinde
Wien, Wien 1928
ÖGuWM

2/3/4
„Kinder/im/Goethe/Hof"
Seite 13 der Zeitschrift „Der Kuckuck",
4. Jg. 1932, Nr. 22
HM, Inv. Nr. 199.425

2/3/5
„Was will der neue Kindergarten?"
Seite 10 der Zeitschrift „Der Kuckuck",
3. Jg. 1931, Nr. 39
Foto
VGA

2/3/6
„Was/will die neue/Erziehung/für euch
Frauen?"
Seite 13 der Zeitschrift „Der Kuckuck",
4. Jg. 1932, Nr. 15
Foto
VGA

2/3/7
„Der schönste/Kindergarten der Welt"
Seite 9 der Zeitschrift „Der Kuckuck",
2. Jg. 1930, Nr. 22
Foto
VGA

2/3/8
„Im Kinderparadies..."
Seite 7 der Zeitschrift „Der Kuckuck",
1. Jg. 1929, Nr. 34
Foto
VGA

2.4 Wohlfahrtseinrichtungen für Kinder

2/4/1
Kinderübernahmestelle, Tagesraum für
Mädchen
Foto, Martin Gerlach, um 1930
HM, Inv. Nr. 186.911

2/4/2
„Die Kinderübernahmestelle/der Gemeinde
Wien/empfängt das/25.000. Kind!"
Seite 13 der Zeitschrift „Der Kuckuck",
4. Jg. 1932, Nr. 43
VGA

2/4/3
Die Kinderübernahmestelle, Säuglings-
abteilung
Foto, Martin Gerlach, um 1930
HM, Inv. Nr. 59.241/290

2/4/4/1–10
Die Kinderübernahmestelle
Katalog mit 10 reproduzierten Fotos von
Carl Zapletal (Nr. 1), Albert Hilscher
(Nr. 2 – 6) und Martin Gerlach (Nr. 8–10)
ÖIfZ (Nr. 2–7), HM (Nr. 1 und 8–10),
Inv. Nr. 59.241/370, 59.241/372,
59.241/367, 186.907

2/4/5
Kinderübernahmestelle
Bronzeplakette, Josef Prinz, um 1926
Rundschrift: GEMEINDE WIEN/KINDER-
ÜBERNAHME-STELLE
Sign. re. u.: J. PRINZ
Dm. 14,8
HM, Inv. Nr. 145.915

2/4/6
„Das Wiener Zentralkinderheim"
Seite 9 der Zeitschrift „Der Kuckuck",
3. Jg. 1931, Nr. 36
HM, Inv. Nr. 199.426

2/4/7
Kleine Künstler in der Kinderherberge der
Stadt Wien am Tivoli
Foto, 1923
Inv. Nr. 98.770/22

2/4/8
Die Schulzahlkliniken als Wahlkampfthema
Foto aus der Zeitschrift „Der Kuckuck",
4. Jg. 1932, Nr. 17, S. 15
VGA

2/4/9
Die Schulzahnklinik im Heinehof,
5., Stöbergasse 4–20
Foto, um 1930
HM, Inv. Nr. 59.241/167

2/4/10
Die Bäder der Kleinsten
Seite 16 der Zeitschrift „Der Kuckuck",
2. Jg. 1930, Nr. 29
Foto
VGA

2/4/11
Städtische Kinderfreibäder
Bildstatistik, Österreichisches Gesellschafts- und Wirtschaftsmuseum, um 1928
Foto aus: Das Bäderwesen der Gemeinde Wien, Wien 1928
ÖGuWM

2/4/12/1–10
Städtische Kinderfreibäder
Katalog mit 10 reproduzierten Fotos von Fritz Sauer
HM, Inv. Nr. 59.241/117, 59.241/201, 59.241/618, 53.948–53.950, 53.952, 53.954, 53.956, 53.959

2/4/13
Die neuen Freiluft-, Spiel- und -Turnplätze der Gemeinde Wien in den städtischen Gartenanlagen
Broschüre, um 1930
WStLB, Sign. B 72.536

2/4/14
„Erziehungs-Anstalt der Stadt Wien/in Eggenburg./ Lehrwerkstätten./ Ausstellung. Fachschule./Schulschlusz 1924-25."
Album mit 11 Fotos, 1925
HM, Inv. Nr. 196.013

2/4/15
Bericht über einen Zögling
Typoskript, Direktion der Wiener Landeserziehungsanstalt Eggenburg, 1930
WStLA, MA 7–1972/23 MAbt. 207

2/4/16
Die Erholungsfürsorge des Städtischen Jugendamtes
Album mit 55 Fotos,
HM, Inv. Nr. 196.012

2/4/17
Die letzten Zöglinge des Waisenhauses Galileigasse
Album mit 29 Fotos und Widmung an Bürgermeister Seitz, Juni 1929
HM, Inv. Nr. 93.054

2/4/18
Heimordnung der Landeserziehungsanstalt Oberhollabrunn
Vervielfältigtes Typoskript, Jugendamt der Stadt Wien, um 1930
WStLA, MAbt. 207, A 16/1

2.5 Jugendorganisationen der Sozialdemokraten

2/5/1
„Wir sind jung, und das ist schön!/Kinderfreunde-Marsch"
Worte von Karl Volkert und Jürgen Brand, Musik von Heinrich Schoof
Notendruck mit handschriftlicher Widmung des Komponisten,
Wien 1928
SPÖ, Bezirksorganisation Ottakring

2/5/2
Eine Gruppe der Sozialistischen Arbeiterjugend
Foto, Rudolf Spiegel, 1930
ÖIfZ

2/5/3
Rote Falken-Gruppe Sandleiten bei einer Fahnenenthüllung 1926 auf dem Rathausplatz
Foto, 1926
SPÖ, Bezirksorganisation Ottakring

2.6. Erwachsenenfürsorge

2/6/1
„Eiland im Elend"
Seite 8 und 9 der Zeitschrift „Der Kukkuck",
5. Jg. 1933, Nr. 37
Foto
VGA

2/6/2
Lehrlings-Fürsorgeaktion
Bildstatistik, Österreichisches Gesellschafts- und Wirtschaftsmuseum, um 1927
ÖGuWM

2/6/3
„Tuberkulosekranke!/Geht rechtzeitig zum Arzt!"
Aufruf, Otto Neurath, um 1927
Foto aus: „Gemeinde Wien, Wiener Arbeiterkammer und Sozialversicherungsinstitute auf der Ausstellung ‚Wien und die Wiener'", Wien 1927
ÖGuWM

2/6/4
Die Lungenheilstätte Baumgartner Höhe
Seite 10 der Zeitschrift „Der Kuckuck",
2. Jg. 1930, Nr. 18
Foto
VGA

2/6/5
Die Tuberkulosenfürsorgestelle im Goethehof
Foto (Ausschnitt), Martin Gerlach, um 1930
HM, Inv. Nr. 59.241/49

2/6/6
„Heraus mit dem/Alkoholverbot!"
Postkarte, Sidonie Springer, 1922
Foto (vergrößert)
VGA

2/6/7
„1. alkoholfreies sozialistisches/Arbeiter-Fest"
Festprogramm, Sozialistische Arbeiterjugend und Arbeiter-Abstinenten
Stockerau, 1921
SPÖ, Bezirksorganisation Ottakring

2/6/8
„Frauen im Wiener/Obdachlosenasyl"
Seite 16 der Zeitschrift „Der Kuckuck",
5. Jg. 1933, Nr. 43
Foto
VGA

2/6/9
„Aus/den neuen/Tagesheimstätten/für die jugendlichen/Arbeitslosen/in Wien"
Bildbericht auf S. 8 der Zeitschrift „Der Kuckuck", 3. Jg. 1931, Nr. 5
Foto
VGA

2/6/10
„Buchstabe ‚R'/steht Schlange/Ein Tag im Hernalser Fürsorgeamt"
Seite 15 der Zeitschrift „Der Kuckuck",
5. Jg. 1933, Nr. 10
Foto
VGA

2/6/11
Einführung in die Arbeit der Fürsorgerin des Jugendamtes
Typoskript, Städtisches Jugendamt, 1923
WStLA, MA 7/13.268/23/MAbt. 207

2/6/12
Bericht des Städtischen Jugendamtes über die Mutterhilfe der Stadt Wien (zur Bekämpfung der Erbsyphilis)
Typoskript, Städtisches Jugendamt, 1924
WStLA, MA 7/31.712/24/MAbt. 207

2/6/13
Die Fürsorge in Österreich
Druck, Marie Bock, Wien 1929
WStLB, Sign. A 116.998

2/6/14
„Fürsorgepolitik"
Flugschrift, CSP Wien, um 1930
Österreichisches Staatsarchiv – Archiv der Republik, Sign. CSP-Wien/Klub ex K 36

2.7 Die Weltwirtschaftskrise

2/7/1
Arbeitsloser mit umgehängter Tafel: „Bitte um Arbeit! Von Beruf Maschineningenieur"
Foto, um 1930
DÖW

2/7/2
Elendsbaracke in Simmering
Foto, Albert Hilscher, 1931
ÖlfZ

2/7/3
Straßenmusikanten
Foto, Albert Hilscher, um 1930
ÖlfZ

2/7/4
Straßenmusikant
Foto, Albert Hilscher, um 1930
ÖlfZ

2/7/5
Ausgabe von Suppe
Foto, Albert Hilscher, um 1930
ÖlfZ

2/7/6
Arbeitslose Metallarbeiter vor der Stellenvermittlung
Foto, Ernst & Cesapek, 1928
HM, Inv. Nr. 49.575/38

2/7/7
Provisorische Behausung eines Obdachlosen
Foto, Ernst & Cesapek, 1929
HM, Inv. Nr. 49.515/45

2/7/8
Arbeitslose bei der Ausspeisung
Foto, S. Wagner, 1929
HM, Inv. Nr. 51.731/43

2/7/9
Erdhöhlenbewohner in Simmering während der Schleifung ihrer Behausungen
Foto, S. Wagner, 1930
HM, Inv. Nr. 51.731/51

2/7/10
Arbeitslosendemonstration auf dem Schwarzenbergplatz
Foto, S. Wagner, 1930
HM, Inv. Nr. 51.731/54

3. Kommunales Bauen

3.1 Die Ausgangssituation

3/1/1
Arbeiterwohnraum
Foto, E. Kläger, 1900
RI, Neg. Nr. 1330

3/1/2
Grundriß von Bassena-Wohnungen
Ausschnitt aus dem Einreichplan des
Hauses Wien XV., Künstlergasse 7, 1902
Foto
Privatbesitz

3/1/3–4
Betriebsbahnhof Speising der städtischen
Straßenbahnen
Ausschnitte aus dem Auswechslungsplan:
Fassadenausschnitt, Grundriß der Wohnungen im 1. Stock, 1914
Foto
Wiener Verkehrsbetriebe

3/1/5
Siedlung des Vereins für Arbeiterwohnhäuser,
X., Absberggasse/Buchsbaumgasse
Architekt Josef Ungers
Aus: Maximilian Steiner: Der Verein
für Arbeiterwohnhäuser, Wien 1896
Foto
ÖNB

3/1/6
Siedlung des Vereins für Arbeiterwohnhäuser
Längsschnitt, Grundriß des Erdgeschosses,
Ansicht von der Hofseite, Grundriß des
1. Stocks, 1886
Aus: Maximilian Steiner: Der Verein für
Arbeiterwohnhäuser, Wien 1896
Foto
ÖNB

3/1/7
Lobmeyrhof, XVI, Gutraterplatz 2
Architekten Theodor Bach/Leopold Simony
Foto, M. Strobl, um 1897
HM, Inv. Nr. 67.085/2

3/1/8
Lobmeyrhof
Grundriß der Type A und des 1. Stockes
des Mittelhauses
Aus: Der Bautechniker, 18. Jg., Nr. 6 und
20. Jg., Nr. 10
Fotos
ÖNB

3/1/9
Karl Marx-Hof, XIX., Heiligenstädter
Straße 82–92
Architekt Karl Ehn, 1325 Wohnungen,
Baubeginn 1927
Hauptfassade
Foto, Martin Gerlach, um 1932
HM, Inv. Nr. 67.758

3/1/10
Karl Marx-Hof
Grundriß des 1. Stockes, Stiege 8–19
Einreichplan (Ausschnitt)
Foto
MA 37

3.2 Kommunale Wohnbauten 1918–1923

3/2/1
Metzleinstaler-Hof, V., Margaretengürtel 90–98
Architekten Hubert Gessner/Robert Kalesa,
252 Wohnungen, Baubeginn (des neueren
Abschnitts) 1919
Foto, Martin Gerlach, um 1925
HM, Inv. Nr. 60.050/1

3/2/2
Wohnhausanlage Schmelz, XV., Possingergasse 1–37
Architekt Hugo Mayer, 765 Wohnungen,
Baubeginn 1919
Foto, Martin Gerlach, um 1924
HM, Inv. Nr. 59.161/1429

3/2/3
Wohnhausanlage Schmelz
Foto, Martin Gerlach, um 1924
HM, Inv. Nr. 59.161/1428

3/2/4
Siedlung XVII., Heuberg
Architekten Adolf Loos/Hugo Mayer,
40 Wohnungen, Baubeginn 1922
Foto, um 1924
HM, Inv. Nr. 59.241/1057

3/2/5
Kolonie Rannersdorf
Architekt Heinrich Tessenow, 36 Wohnungen, Baubeginn 1921
Foto, Fritz Sauer, um 1921
HM, Inv. Nr. 59.241/1354

3/2/6
Siedlung XII., Rosenhügel, im Bau
Architekten Hugo Mayer/Ferdinand
Krause, 559 Wohnungen, Baubeginn 1921
Foto, um 1925
HM, Inv. Nr. 55.106

3/2/7
Siedlung Rosenhügel
Foto, um 1926
HM, Inv. Nr. 55.104

3/2/8
Erdberger Hof, III., Drorygasse 19–23
Architekt Karl Schmalhofer, 66 Wohnungen, Baubeginn 1922
Foto, um 1923
HM, Inv. Nr. 67.621

3/2/9
Wohnhausanlage XVII., Balderich-
gasse 23–29
Architekt Karl Ehn, 164 Wohnungen,
Baubeginn 1922
Fassaden
Foto, Martin Gerlach, um 1924
HM, Inv. Nr. 59.161/1592

3/2/10
Wohnhausanlage Balderichgasse
Hofansicht
Foto, Bruno Reiffenstein, um 1924
HM, Inv. Nr. 59.161/1593

3/2/11
Fuchsenfeldhof, XII., Längenfeldgasse 68
Architekten Hermann Aichinger/Heinrich
Schmid, 481 Wohnungen, Baubeginn
1922
Durchgangsbogen zwischen den Höfen
Foto, Carl Zapletal, um 1925
HM, Inv. Nr. 59.161/843

3/2/12
Fuchsenfeldhof
Fassade
Foto, Carl Zapletal, um 1925
HM, Inv. Nr. 59.161/842

3/2/13
Modell des Fuchsenfeldhofes
Foto, Martin Gerlach, um 1922
HM, Inv. Nr. 59.241/631

3.3 Architekten

3/3/1
Karl Ehn (1884–1957)
Büste, Bronzeguß auf Marmorsockel, Josef
Franz Riedl, 1929
H: 34
HM, Inv. Nr. 132.669

3/3/2
Clemens Holzmeister (1886–1983)
Foto, Atelier Messner, um 1924
HM, Inv. Nr. 145.966

3/3/3
Adolf Loos (1870–1933)
Foto
HM, Inv. Nr. 94.177/1

3/3/4
Hubert Gessner (1871–1943)
Foto
Graphische Sammlung Albertina

3/3/5
Josef Frank (1885–1967)
Foto
ÖNB, Bildarchiv NB 520.144 B

3/3/6
Rudolf Perco (1884–1942)
Foto
ÖNB, Bildarchiv NB 523.322/BRF

3/3/7
Oskar Strnad (1879–1935)
Foto
ÖNB, Bildarchiv NB 514.380/BRF

3/3/8
Josef Hoffmann (1870–1956)
Foto
HM, Inv. Nr. 158.889

3/3/9
Ernst Lichtblau (1883–1963)
Foto
ÖNB, Bildarchiv NB 528.578/BRF

3/3/10
Egon Riss
Bleistiftzeichnung, Robert Fuchs, 1937
Foto
ÖNB, Bildarchiv NB 524.419/BRF

3/3/11
Siegfried Theiss (1882–1963)
Foto
ÖNB, Bildarchiv NB 527.586/BRF

3/3/12
Peter Behrens (1868–1940)
Foto
ÖNB, Bildarchiv NB 515.120/BRF

3/3/13
Heinrich Schmid (1885–1949)
Foto
ÖNB, Bildarchiv NB 527.226/BRF

3.4 Kommunale Wohnbauten 1923–1933

3/4/1
Beschlußfassung über ein fünfjähriges
Bauprogramm der Gemeinde Wien zur
Bekämpfung der Wohnungsnot
Codex, aufgeschlagen fol. 2.483,
21. September 1923
WStLA, Gemeinderat B 29/15

3/4/2
Grundsteinlegungsurkunde für die 25.000.
Gemeindewohnung
Pergament, 29. Juni 1926
WStLA, Adresse 51

3/4/3
Reumann-Hof, V., Margareten-
gürtel 100–110
Architekt Hubert Gessner, 478 Wohnun-
gen, Baubeginn 1924
Blick durch einen Arkadenbogen auf den
Mitteltrakt
Foto, Bruno Reiffenstein, um 1926
HM, Inv. Nr. 49.322/21

3/4/4
Reumann-Hof
Straßenhof
Foto, Martin Gerlach, um 1926
HM, Inv. Nr. 59.161/394

3/4/5
Reumann-Hof
Straßenhof mit Reumann-Büste
Foto, Martin Gerlach, um 1926
HM, Inv. Nr. 59.161/407

3/4/6
Reumann-Hof
Zwei Puttigruppen von Max Krejca im Arkadenaufgang zum Kindergarten
Foto, Martin Gerlach, um 1926
HM, Inv. Nr. 59.241/144

3/4/7
Bebel-Hof, XII., Steinbauergasse 36
Architekt Karl Ehn, 301 Wohnungen, Baubeginn 1925
Eckpylone
Foto, Martin Gerlach, um 1926
HM, Inv. Nr. 59.161/981

3/4/8
Bebel-Hof
Durchgang Ecke Klährgasse/Längenfeldgasse
Foto, Martin Gerlach, um 1926
HM, Inv. Nr. 59.161/976

3/4/9
Bebel-Hof
Hofansicht
Foto, Martin Gerlach, um 1926
HM, Inv. Nr. 59.161/988

3/4/10
Bebel-Hof
Eingangsportal Steinbauergasse
Foto, Martin Gerlach, um 1926
HM, Inv. Nr. 59.241/645

3/4/11
Wohnhausanlage XVI., Sandleiten
Architekten Hoppe/Schönthal/Matuschek/Theiss/Jaksch/Krausz/Tölk, 1587 Wohnungen, Baubeginn 1924
Fassaden gegen die Sandleitengasse
Foto, Fritz Sauer, um 1928
HM, Inv. Nr. 59.161/1489

3/4/12
Wohnhausanlage Sandleiten
Wohnhaus im Bereich Rosenackergasse/Steinmüllergasse
Foto, Martin Gerlach, um 1928
HM, Inv. Nr. 59.241/973

3/4/13
Wohnhausanlage Sandleiten
Café, Theater, Kino und Gastwirtschaft am Matteottiplatz
Foto, Martin Gerlach, um 1928
HM, Inv. Nr. 59.161/1488

3/4/14
Wohnhausanlage Sandleiten
Häuser an der Rosenackergasse
Foto, Martin Gerlach, um 1928
HM, Inv. Nr. 59.241/983

3/4/15
Wohnhausanlage Sandleiten
Treppen und Torbögen
Foto, Theo Bauer, um 1928
HM, Inv. Nr. 59.161/1510

3/4/16
Paul Speiser-Hof, Bauteil II, XXI., Franklinstraße 20
Architekt Ernst Lichtblau, 248 Wohnungen, Baubeginn 1930
Fassadenausschnitt
Foto, Martin Gerlach, um 1932
HM, Inv. Nr. 59.241/1307

3/4/17
Paul Speiser-Hof, Bauteil II
Fassade
Foto, Martin Gerlach, um 1932
HM, Inv. Nr. 59.161/2096

3/4/18
Paul Speiser-Hof, Bauteil II
Hofansicht
Foto, Martin Gerlach, um 1932
HM, Inv. Nr. 59.161/2097

3/4/19
Paul Speiser-Hof, Bauteil II
Hofansicht
Foto, Martin Gerlach, um 1932
HM, Inv. Nr. 59.161/2093

3/4/20
Paul Speiser-Hof
Modell, Maßstab 1:200
HM, Inv. Nr. 186.404/1

3/4/21
Wohnhaus XIV., Meiselstraße 73
Architekt Theo Schöll, 14 Wohnungen, Baubeginn 1928
Fassade
Foto, Martin Gerlach, um 1929
HM, Inv. Nr. 59.241/700

3/4/22
Wohnhaus XIV., Gründorfgasse 4
Architekt Heinrich Ried, 14 Wohnungen, Baubeginn 1928
Hofansicht
Foto, Martin Gerlach, um 1929
HM, Inv. Nr. 59.161/1224

3/4/23
Wohnhaus Gründorfgasse
Fassade
Foto, Martin Gerlach, um 1929
HM, Inv. Nr. 59.161/1223

3/4/24
Wohnhaus XIV., Cervantesgasse 16
Architekt Karl Holey, 42 Wohnungen,
Baubeginn 1928
Fassade
Foto, Martin Gerlach, um 1929
HM, Inv. Nr. 59.161/1208

3/4/25
Gemeindesiedlung XIII., Lockerwiese
Architekt Karl Schartelmüller, 643 Wohnungen, Baubeginn 1928
Eckturm Faistauergasse/Versorgungsheimstraße
Foto, Martin Gerlach, um 1932
HM, Inv. Nr. 59.161/1294

3/4/26
Gemeindesiedlung Lockerwiese
Fassadendetail: Eingangsportale
Foto, Martin Gerlach, um 1932
HM, Inv. Nr. 59.161/1286

3/4/27
Gemeindesiedlung Lockerwiese
Stiegenaufgang in der Egon Schiele-Gasse
Foto, Martin Gerlach, um 1932
HM, Inv. Nr. 59.161/1293

3/4/28
Gemeindesiedlung Lockerwiese
Fassadenreihe
Foto, Martin Gerlach, um 1932
HM, Inv. Nr. 59.161/1283

3/4/29
Gemeindesiedlung Lockerwiese
Modell Reihenhäuser, Maßstab 1:50,
Gesamtanlage, Maßstab 1:500
HM, Inv. Nr. 186.407

3/4/30
Rabenhof, III., Baumgasse 29–41
Architekten Hermann Aichinger/Heinrich Schmid, 1109 Wohnungen, Baubeginn 1925
Modell, Maßstab 1:500
HM, Inv. Nr. 186.402

3/4/31/1–18
Die städtischen Wohnhausanlagen
– Lindenhof, XVIII., Kreuzgasse 78–80, Architekt Karl Ehn, 320 Wohnungen, Baubeginn 1924;
– Rabenhof, III., Baumgasse 29–41, Architekten Hermann Aichinger/Heinrich Schmid, 1109 Wohnungen, Baubeginn 1925;
– Franz Domes-Hof, V., Margaretengürtel 126–134, Architekt Peter Behrens, 174 Wohnungen, Baubeginn 1928;
– Klosehof, XIX., Philippovichgasse 1, Architekt Josef Hoffmann, 140 Wohnungen, Baubeginn 1924;
– Winarskyhof, Stromstraße 36–38, Architekten Josef Hoffmann/Oskar Strnad/Oskar Wlach, 534 Wohnungen, Baubeginn 1924
Katalog mit 18 reproduzierten Fotos von Martin Gerlach (Nr. 1–10 und 12–17), Alfred Kral (Nr. 11) und aus der Ansichtskartenzentrale Ascher (Nr. 18)
HM, Inv. Nr. 59.241/1114; 59.161/1664, 1677, 1670; 59.241/1107; 59.161/370, 367, 332, 362, 335, 445, 450; 59.241/1110, 67.761/1; 59.161/1820, 1918, 1917

3/4/32/1–15
Die städtischen Wohnhausanlagen
– XVIII., Weimarer Straße 1, Architekt Karl Dirnhuber, 23 Wohnungen, Baubeginn 1924;
– XVIII., Weimarer Straße 8–10, Architekt Konstantin Peller, 59 Wohnungen, Baubeginn 1928;
– XV., Rauchfangkehrergasse 26, Architekt Anton Brenner, 33 Wohnungen, Baubeginn 1924;
– V., Diehlgasse 20–26, Architekten Fritz Judtmann/Egon Riss, 76 Wohnungen, Baubeginn 1928;
– Quarinhof, X., Quarinplatz 10–12, Architekten Siegfried Theiss/Hans Jaksch, 131 Wohnungen, Baubeginn 1924;
– Ludo Hartmann-Hof, VIII., Albertgasse 13–15, Architekt Cäsar Poppovits, 70 Wohnungen, Baubeginn 1924
Katalog mit 14 reproduzierten Fotos von Martin Gerlach (Nr. 1–4 und 8–14), Fritz Sauer (Nr. 6 und 7) und Carl Zapletal (Nr. 15) sowie dem Foto des Grundrisses des 1. bis 3. Stocks aus dem Einreichplan des Wohnhauses XV., Rauchfangkehrergasse 26 (Nr. 5)
HM, Inv. Nr. 59.161/1743, 1739; 59.241/1102; 59.161/1740; MA 27;
HM, Inv. Nr. 59.241/694, 695; 59.161/456, 452, 679; 67.664; 59.161/672, 677, 532, 527

3/4/33/1–13
Die städtischen Wohnhausanlagen
– Karl Marx-Hof, XIX., Heiligenstädter Straße 82–92, Architekt Karl Ehn, 1325 Wohnungen, Baubeginn 1927;
– XX., Engelsplatz, Architekt Rudolf Perco, 1467 Wohnungen, Baubeginn 1930
Katalog mit 12 reproduzierten Fotos von Martin Gerlach (Nr. 1–12) und einem

Überblick über die Wohnungsgrundriß-
typen aus dem Katalog „Kommunaler
Wohnbau in Wien", Wien 1978 (Nr. 13)
HM, Inv. Nr. 59.161/1786, 1785; 93.083/
110; 59.241/1135; 59.161/1800; 67.801;
59.161/1853; 59.241/1175; 59.161/1865,
1849; 60.043/3; 59.161/1864

3/4/34/1–13
Die städtischen Wohnhausanlagen
– George Washington-Hof, XII., Unter-
Meidlinger Straße 1 und 2–12, Architek-
ten Karl Krist/Robert Oerley, 1084 Woh-
nungen, Baubeginn 1927;
– Gemeindesiedlung XIII., Hermeswiese,
Architekt Karl Ehn, 95 Wohnungen,
Baubeginn 1923;
– Gemeindesiedlung XII., Am Tivoli,
Architekt Wilhelm Peterle, 404 Wohnun-
gen, Baubeginn 1927
Katalog mit 13 reproduzierten Fotos von
Martin Gerlach (Nr. 1–3 und 7–13) und
Bruno Reiffenstein (Nr. 4–6)
HM, Inv. Nr. 59.161/588, 585, 597,
1055, 1068, 1063; 59.241/600; 59.161/
905, 910, 917, 918, 906, 909

3/4/35
Quarinhof, X., Quarinplatz 10–12
Architekten Siegfried Theiss/Hans Jaksch,
131 Wohnungen, Baubeginn 1924
„Straßenansicht mit 4 Wohnungen von
einer Stiege" 1:200
Bleistift auf Transparentpapier
Bez. re. u.: Theiss
Dat. li. u.: 13. Dezember 1923
21,3 x 45,2
Archiv Theiss/Jaksch

3/4/36
Quarinhof
„Einheitswohnung mit Einzelheiten der
Kochnische"
Grundriß und Schnitte 1:50
Tusche auf Transparentpapier
46,9 x 54
Archiv Theiss/Jaksch

3/4/37
Quarinhof
Grundriß des 3. Stockes 1:100
Tusche auf Transparentpapier
Bez. li. u.: Theiss Jaksch
Dat. li. u.: Januar 1924
65,9 x 81,5
Archiv Theiss/Jaksch

3/4/38
Quarinhof
Aufschrift „Qarinhof/Kindergarten der
Stadt Wien" 1:100
Bleistift auf Transparentpapier
Bez. re. u.: Theiss Jaksch
Dat. li. u.: 15. November 1926
16,2 x 20,5
Archiv Theiss/Jaksch

3/4/39
Quarinhof
Ansichten und Schnitte 1:100
Tusche auf Transparentpapier
Bez. Mi. u.: Theiss Jaksch
Dat. li. u.: Januar 1924
66 x 62,7
Archiv Theiss/Jaksch

3/4/40
Quarinhof
Brunnen im Gartenhof 1:10
Bleistift auf Transparentpapier
Bez. re. u.: Theiss Jaksch
Dat. li. u.: Juli 1924
41,7 x 55,3
Archiv Theiss/Jaksch

3/4/41
Quarinhof
Schlosseranschaffung (Eingangstore) 1:10
Tusche auf Transparentpapier
Bez. re. u.: Theiss Jaksch
Dat. li. u.: 3. Mai 1924, richtiggestellt
30. September 1924
43,9 x 52,6
Archiv Theiss/Jaksch

3/4/42
Quarinhof
Fassadendetails 1:25
Tusche auf Transparentpapier
Bez. re. u.: Theiss Jaksch
Dat. li. u.: (?) 1924
75 x 123
Archiv Theiss/Jaksch

3/4/43
Wohnbau XIV., Philippsgasse 8
Siegfried Theiss/Hans Jaksch
Perspektivische Skizze
Tusche auf Transparentpapier
Bez. li. u.: Theiss Jaksch
Dat. re. u.: 29. Juni 1924
33 x 37,5
Archiv Theiss/Jaksch

3/4/44
Wohnbau Philippsgasse
Perspektive
Plandruck
Bez. re. u.: Theiss Jaksch
Dat. re. u.: 1924
55,7 x 41
Archiv Theiss/Jaksch

3/4/45–46
Wohnbau Philippsgasse
2 Ansichten Penzinger Straße 1:100
Lichtpause, aquarelliert
Bez. re. u.: Theiss Jaksch
37 x 53,3 bzw. 33,7 x 52,1
Archiv Theiss/Jaksch

3/4/47
Projekt X., Eisenstadtplatz
Bebauungsvorschlag: Lageplan
Tusche auf Transparentpapier
Bez. re. u.: Theiss Jaksch
72,8 x 49,7
Archiv Theiss/Jaksch

3/4/48
Projekt Eisenstadtplatz
Bebauungsvorschlag: „Fliegerschaubild"
Tusche und Bleistift auf Transparentpapier
Bez. re. u.: Theiss Jaksch
48,8 x 60,2
Archiv Theiss/Jaksch

3/4/49
Projekt Eisenstadtplatz
Ansichten 1:360
Bleistift auf Transparentpapier
Bez. re. u.: Theiss Jaksch
Dat. li. u.: 10. August 1928
31 x 74,1
Archiv Theiss/Jaksch

3/4/50
Projekt Eisenstadtplatz
Wohnungstypen 1:50
Bleistift auf Transparentpapier
Bez. re. u.: Theiss Jaksch
Dat. li. u.: 27. November 1929
61 x 61,7
Archiv Theiss/Jaksch

3/4/51
Projekt Eisenstadtplatz
Kindergartengebäude 1:200
Ansichten, Schnitte, Grundrisse
Bleistift auf Transparentpapier
Bez. re. u.: Theiss Jaksch
Dat. li. u.: 26. Mai 1930
75 x 42,9
Archiv Theiss/Jaksch

3/4/52
Projekt Eisenstadtplatz
Perspektive
Bez. li. u.: Theiss Jaksch
Dat. li. u.: 31. Mai 1929
Foto
Archiv Theiss/Jaksch

3.5 Eröffnungsfeiern

3/5/1
Eröffnung der Gartenstadt Tivoli durch Bürgermeister Seitz
Foto, Albert Hilscher, 11. Juni 1933
ÖIfZ

3/5/2
Eröffnung der Gartenstadt Tivoli, Tanzgruppe vor dem Kindergarten
Foto, Albert Hilscher, 11. Juni 1933
ÖIfZ

3/5/3
Eröffnung des George Washington-Hofes
Foto, Leo Ernst und Albert Hilscher, 1932
ÖIfZ

3/5/4
Bürgermeister Seitz bei der Eröffnung des George Washington-Hofes
Foto, Leo Ernst und Albert Hilscher, 1932
ÖIfZ

3/5/5
Konzert im Südtirolerhof
Foto, Leo Ernst und Albert Hilscher
ÖIfZ

3/5/6
Eröffnung der Wohnhausanlage Engelsplatz: Arbeiter, Bauer und Intellektueller reichen sich die Hand
Foto, Albert Hilscher, 16. Juli 1933
ÖIfZ

3/5/7
Eröffnung der Wohnhausanlage Engelsplatz: Arbeiterin, Bäuerin und Intellektuelle reichen sich die Hand
Foto, Rudolf Spiegel, 16. Juli 1933
ÖIfZ

3/5/8
Eröffnung der Wohnhausanlage Engelsplatz, Zuschauer
Foto, Rudolf Spiegel, 16. Juli 1933
ÖIfZ

3/5/9
Bürgermeister Seitz bei der Eröffnung der Wohnhausanlage Engelsplatz
Foto, Albert Hilscher, 16. Juli 1933
ÖIfZ

3/5/10
Eröffnung des Goethehofes
Foto, 10. April 1932
Privatarchiv Herbert Exenberger

3/5/11
Der Fußballer Roman Schramseis auf dem Weg durch den Karl Marx-Hof ins Hohe Warte-Stadion
Foto, um 1930
ÖIfZ

3/5/12
Enthüllung der Matteotti-Gedenktafel am Matteotti-Hof
Foto, Leo Ernst und Albert Hilscher
ÖIfZ

3/5/13
„Ferdinand Lassalle/Gedenkschrift zur Enthüllung des von der sozialdemokratischen Arbeiterschaft der Brigittenau er=/richteten ersten proletarisch-revolutionären Denkmals in Wien"
Druck, Wien 1928
Privatarchiv Herbert Exenberger

3/5/14
„Das neue/Wien/Die städt./Wohnhausanlage/Sandleiten"
Broschüre mit 12 Postkarten, Wien um 1928
HM, Inv. Nr. 49.329/1–12

3/5/15–24
Die Wohnhausanlagen der Gemeinde Wien
10 Broschüren zu einzelnen Wohnhausanlagen
Druck, Wien 1924–1930
WStLB, Sign. B 72.536

3.6 Für und wider das Bauprogramm

3/6/1
„Mieterfreuden im ‚Roten Haus'!"
Plakat, CSP, um 1930
WStLB, Sign. P 317

3/6/2
„Wir/wollen/keine/Zinskasernen"
Plakat, Einheitsliste, 1927
ÖNB, Flugblätter- und Plakatesammlung, Sign. 1927/5

3/6/3
„Der rote Mann spricht: ..."
Plakat, SDAP, 1927
WStLB, Sign. P 441

3/6/4
Die sozialdemokratische Gemeindeverwaltung in Wien
Druck, Robert Danneberg, Berlin 1925
WStLB, Sign. A 72.181

3/6/5
Vienna under Socialist Rule
Druck, Robert Danneberg, Wien 1928
WStLB, Sign. A 74.981

3/6/6
Die Wohnungspolitik der Gemeinde Wien. Ein Überblick über die Tätigkeit der Stadt Wien zur Bekämpfung der Wohnungsnot und zur Hebung der Wohnkultur
Druck, Karl Honay, Wien 1926
WStLB, Sign. B 72.536

3/6/7
Der Tod von Wien. Wiener Wohnungspolitik 1918–1926
Druck, Josef Schneider, Zürich – Leipzig – Wien 1926
WStLB, Sign. A 72.825

3/6/8
Der Staat des Arbeiters (Die Belagerung Wiens)
= Wiener Volksschriften Nr. 6
Druck, Sozius (d. i. Eli Rubin), Wien 1930
WStLB, Sign. A 77.490

3/6/9
Al Capone und das Wiener Wohnungswesen
= Wiener Volksschriften Nr. 13
Druck, Sozius (d. i. Eli Rubin), Wien o. J. (1932)
WStLB, Sign. A 80.110

3/6/10
Lenin in Wien
= Wiener Volksschriften Nr. 4
Druck, Sozius (d. i. Eli Rubin), Wien 1930
WStLB, Sign. A 76.659

3.7 Interieurs

3/7/1
„Einstiges und heutiges Wohnen"
Seite 10 der Zeitschrift „Der Kuckuck", 2. Jg. 1930, Nr. 17
HM, Inv. Nr. 199.428

3/7/2
„Überflüssige Sehnsucht oder/Was die Wohnung beschwert"
Seite 10 der Zeitschrift „Der Kuckuck", 1. Jg. 1929, Nr. 35
HM, Inv. Nr. 199.429

3/7/3–4
Wohnung im Karl Marx-Hof
2 Fotos, Martin Gerlach, um 1930
WStLA, Sign. C 2973/M-2974/M

3/7/5
Gassenlokal des Österreichischen Verbandes für Wohnungsreform – Beratungsstelle für Inneneinrichtung
Foto, Martin Gerlach, um 1930
WStLA, Sign. C 2836/M

3/7/6
Wohnküche im Fuchsenfeldhof
Aus: Das interessante Blatt,
6. November 1924, S 4
Foto
RI, Neg. Nr. 1/0/0/984

3/7/7
Möblierung einer Wohnung im Quarinhof nach den Vorschlägen des Architekten
Modell, Maßstab 1:200
HM, Inv. Nr. 186.405

3.8 Gemeinschaftseinrichtungen

3/8/1
Waschküche in einem Gemeindebau
Foto, Zvacek, um 1930
ÖIfZ

3/8/2
Zentralwäscherei Sandleiten
Foto, Martin Gerlach, um 1928
HM, Inv. Nr. 59.241/988

3/8/3
Badeanlagen im Fuchsenfeldhof
Foto, Martin Gerlach, um 1925
HM, Inv. Nr. 59.241/626

3/8/4
Badekabinen in Sandleiten
Foto, Martin Gerlach, um 1928
HM, Inv. Nr. 59.241/998

3/8/5
Bibliothek Sandleiten
Buchausgabe
Foto, Martin Gerlach, um 1928
HM, Inv. Nr. 59.241/1006

3/8/6
Bibliothek Sandleiten
Lesezimmer
Foto, Martin Gerlach, um 1928
HM, Inv. Nr. 59.241/1008

3/8/7
Kinosaal Sandleiten
Foto, Theo Bauer, um 1928
HM, Inv. Nr. 59.241/1001

3/8/8
Müllabfuhr Sandleiten
Foto, Theo Bauer, um 1928
HM, Inv. Nr. 59.241/1000

3.9 Nutzbauten

3/9/1
Amalienbad, X., Reumannplatz 9
Karl Schmalhofer/Otto Nadel
Hauptfassade
Foto, Fritz Sauer, um 1926
HM, Inv. Nr. 59.241/471

3/9/2
Amalienbad
Becken und Duschen im Dampfbad
Foto, Fritz Sauer, um 1926
HM, Inv. Nr. 67.684/9

3/9/3
Amalienbad
Blick in die Schwimmhalle
Foto, Martin Gerlach, um 1926
HM, Inv. Nr. 59.241/485

3/9/4
Ottakringer Bad, XVI., Johann Staud-Straße 11
Wiener Stadtbauamt
Außenansicht
Foto, Fritz Sauer, um 1926
HM, Inv. Nr. 59.241/936

3/9/5
Ottakringer Bad
Badebetrieb
Foto, Fritz Sauer, um 1926
HM, Inv. Nr. 59.241/939

3/9/6
Kongreßbad, XVI., Kongreßplatz
Erich Leischner (Wiener Stadtbauamt)
Außenansicht
Foto, Martin Gerlach, um 1928
HM, Inv. Nr. 59.241/944

3/9/7
Wiener Stadion, II., Prater, Meiereistraße
Otto Erich Schweitzer
Eröffnung der Arbeiterolympiade
Foto, Albert Hilscher, 1931
ÖIfZ

3/9/8
„Gruß der 2. Arbeiterolympiade"
Seite 1 der Zeitschrift „Der jugendliche Arbeiter", 30. Jg., Nr. 7, Juli 1931
Privatarchiv Herbert Exenberger

3/9/9
Krematorium auf dem Wiener Zentralfriedhof
Lithographie nach einer Zeichnung von Clemens Holzmeister
Sign. re. u.: „Arch. C. Holzmeister 1922"
38,9 x 63,4
HM, Inv. Nr. 57.962/174

4. Kulturpolitik und Erwachsenenbildung

3/9/10
„Feuer-/bestattung!/Endlicher Sieg einer heißumstrittenen/ Kulturfrage in Österreich!"
Druck, Andreas Masser, Wien 1922
VGA

3/9/11
„Gottloser Abend"
Festprogramm, Freidenkerbund, 1931
ÖNB, Flugblätter- und Plakatesammlung, Sign. 1931/5

3.10 Plastik

3/10/1–2
Zwei figurale Plastiken
von der Fassade des Klosehofes, XIX., Philippovichgasse 1
Stein, Anton Hanak, 1925
MA 52

3/10/3
Pestalozzi-Denkmal
vom Pestalozzi-Hof, XIX., Philippovichgasse 2–4
Bronze, Max Krejca, 1926
MA 52

3/10/4
„Der Jüngling mit dem Hammer"
vom Brunnen im Hof der Zweiten Wiener Gewerblichen Fortbildungsschule, XV., Hütteldorfer Straße 7–17
Bronze, Otto Hofner, 1926
MA 56

4.1 Die Zentralstelle für das Bildungswesen der SDAP und die Arbeiterbüchereien

4/1/1
Arbeiterbücherei Wien-Margareten
Foto, um 1930
ÖIfZ

4/1/2
„Kurs- u. Vortrags-/Programm 1933"
Plakat, Zentralstelle für das Bildungswesen der SDAP, Unterrichtsorganisation für den VI. Bezirk
ÖNB, Flugblätter- und Plakatesammlung, Sign. 1933/5

4/1/3
Bildungsarbeit
Blätter für sozialistisches Bildungswesen
20. Jahrgang, Heft 1, Jänner 1933
Privatarchiv Herbert Exenberger

4/1/4
Neue Menschen
Gedanken über sozialistische Erziehung
Druck, Max Adler, Berlin 1924
VGA

4/1/5
Die Kulturbedeutung des Sozialismus
Druck, Max Adler, Wien 1924
VGA

4/1/6
Vorträge und Kurse/Ein Verzeichnis
Druck, Zentralstelle für das Bildungswesen der SDAP, Wien 1927
VGA

4/1/7
Einladung zu einer Festversammlung
Druck, Arbeiterbildungsverein Alsergrund, 1932
VGA

4/1/8
Lesestube für Arbeitslose Alsergrund
Foto, um 1930
VGA

4/1/9
„Wer leiht mir Bücher?/Die Wiener Arbeiterbüchereien"
Plakat, Zentralstelle für das Bildungswesen der SDAP, 1929
WStLB, Sign. P 85

4/1/10
„An alle/Oesterreichischen/Arbeiterbüchereien"
(Aufforderung, die in Deutschland verbotenen Werke mit einer Stampiglie „Dieses Werk wurde aus/Hitler-Deutschland/ verbannt!/ Urteilen sie selbst!" zu versehen)
Vervielfältigtes Typoskript, Zentralstelle für das Bildungswesen, Büchereiabteilung, Anfang Juni 1933
Privatarchiv Herbert Exenberger

4/1/11
Golowin
Druck, Jakob Wassermann, Berlin o. J.
Exemplar aus der Arbeiterbücherei Margareten mit der unter 4/1/10 genannten Stampiglie
Privatarchiv Herbert Exenberger

4/1/12
„Die meistgelesenen Werke im Jahre 1931"
Vervielfältigtes Typoskript, Arbeiterbücherei Margareten, 1932
Privatarchiv Herbert Exenberger

4/1/13
Unsere Bücher
Druck, Arbeiterbücherei Meidling, Wien
1927
Privatarchiv Herbert Exenberger

4/1/14
Josef Luitpold Stern übergibt einer Arbeiterbücherei ein Buch
Foto, um 1930
VGA

4.2 Der Verein Sozialdemokratische Kunststelle, die Arbeiter-Symphoniekonzerte und die Arbeitersänger

4/2/1
Verein Sozialdemokratische Kunststelle
Plakat, 1925
WStLB, Sign. P 76

4/2/2
David Josef Bach
Leiter der Sozialdemokratischen Kunststelle
Kreidezeichnung, Oskar Kokoschka
Sign. re. u.: O K
48,2 x 31,5
HM, Inv. Nr. 102.310

4/2/3
Kunst und Volk
Mitteilungen des Vereins Sozialdemokratische Kunststelle
4. Jg., Heft 4, Dezember 1929
Privatarchiv Herbert Exenberger

4/2/4
„Republik-Feier 1928/der Sozialdemokratischen Kunststelle (...) Arbeiter-Sinfonie-Konzert"
Plakat, Sozialdemokratische Kunststelle, 1928
WStLB, Sign. P 71

4/2/5
Anton Webern
Leiter der Arbeiter-Sinfoniekonzerte
Foto
HM, Inv. Nr. 44.790

4/2/6
„40 Jahre singen wir das Lied der Freiheit"
Seite 2 des Festprogramms für das Arbeitersängerfest am 18. September 1932 im Wiener Stadion
Druck, Arbeitersängerbund Wien, 1932
VGA

4/2/7
Konzert im Arkadenhof des Wiener Rathauses im Rahmen der Feiern „40 Jahre Gau Wien" des Österreichischen Arbeitersängerbundes
Foto, 1932
Privatarchiv Herbert Exenberger

4/2/8
Arbeitersängerfest im Wiener Stadion
Foto, Albert Hilscher, 18. September 1932
ÖIfZ

4/2/9
Lieder des Proletariats
Druck, Österreichischer Arbeitersängerbund, Wien o. J.
VGA

4.3 Politisches Kabarett

4/3/1
„Das Wiener/Politische Kabarett/Zu seinem neuen Programm"
Seite 8 der Zeitschrift „Der Kuckuck",
3. Jg. 1931, Nr. 12
VGA

4/3/2
„Die Blauen Blusen/Richtlinien und Material/für die Tätigkeit der/ Propagandagruppen im/Wahlkampf 1930"
Druck, 1930
Privatarchiv Herbert Exenberger

4/3/3
Bluse der Spielergruppe „Die Blauen Blusen"
Privatarchiv Herbert Exenberger

4/3/4
„Die/Roten/Spieler/kommen!"
Druck, Sozialdemokratisches Parteisekretariat, um 1930
VGA

4/3/5
„Rote Spieler"-Gruppe mit Transparent
Foto, um 1930
Privatarchiv Herbert Exenberger

4/3/6
Eine „Rote Spieler"-Gruppe bereitet vor einem Arbeiterheim einen Auftritt vor
Foto, um 1930
Privatarchiv Herbert Exenberger

4.4 Die Volkshochschulen

4/4/1
„Volkshochschulen/ .../ Abendkurse"
Plakat, um 1930
WStLB, Sign. 119.461

4/4/2
„Sommerschule/des Wiener Volksbildungsvereins auf dem Wolfersberg in Hütteldorf"
Plakat, um 1925
Dr. Josefa Hofmann

5. Die Schule im Roten Wien

4/4/3
Schüler einer Volkshochschule arbeiten vor einem männlichen Aktmodell
Foto, um 1925
Dr. Josefa Hofmann

4/4/4
Der Leiter der Volkshochschulkurse in bildender Kunst, Josef Wawra (sitzend rechts), mit Jakob Reumann und Schülern seiner Klasse
Foto, um 1925
Privatbesitz Dr. Josefa Hofmann

4/4/5
Mitteilungen der Volkshochschule Wien Volksheim (Ottakring) 1928/29
Aufgeschlagen: Ankündigungen u. a. der Vorträge von Viktor Frankl: „Die seelische Not der Jugend und die Jugendberatung" in der Volkshochschule Leopoldstadt, Viktor Matejka: „Wasserfälle und Stromschnellen (Mit Lichtbildern)" und Richard Seyß-Inquart: „Erziehungsarbeit an entgleister Jugend" in der Volkshochschule Simmering
Druck, 1928
Verein zur Geschichte der Volkshochschulen, Dokumentationszentrum, Wien

4.5 Kulturpolitik

4/5/1
„Die Kulturreaktion/u. die Intellektuellen"
Plakat, SDAP, März 1932
ÖNB, Flugblätter und Plakatesammlung, Sign. 1932/14

5.1 Die Wiener Schulreform

5/1/1
Schulklasse aus der Zeit der Monarchie (Volksschule XVII., Parhamerplatz)
Foto, 1913
Oskar Achs

5/1/2
Schulklasse einer Reformschule
Foto, Martin Gerlach, um 1925
Fadrus-Archiv

5/1/3
Otto Glöckel an seinem Schreibtisch im Wiener Stadtschulrat
Foto, um 1928
Oskar Achs

5.2 Demokratisierung der Schule

5/2/1
Antrittsrede Otto Glöckels als geschäftsführender 2. Präsident des Wiener Stadtschulrates am 28. März 1922
Faksimile der Handschrift und Transkription
Fadrus-Archiv

5/2/2
Die Wirksamkeit des Stadtschulrates für Wien während des Schuljahres 1925/26. 2. Amtlicher Bericht, erstattet von Otto Glöckel, geschäftsführender 2. Präsident des Stadtschulrates für Wien
Druck, Wiener Stadtschulrat, Wien 1926
Oskar Achs

5/2/3
Drillschule/Lernschule/Arbeitsschule
Druck, Otto Glöckel, Wien 1928
VGA

5/2/4
Schulreform und Klassenkampf
Ein Vortrag über die Funktion der Schule in der Gesellschaft
Druck, Otto Bauer, Wien 1921
VGA

5/2/5
Gesetz über die Rechtsverhältnisse der Lehrerschaft Wiens
= Kleine Wiener Lehrerbibliothek Nr. 6
Druck, Zentralverein der Wiener Lehrerschaft, Wien 1919
Oskar Achs

5/2/6
Leitsätze über die Stellung und das Wirken der Elternvereinigungen
Druck, Stadtschulrat für Wien, Wien 4. August 1922
Fadrus-Archiv

5/2/7
Elternhaus und Schule
Pädagogische Zeitschrift für Eltern
Jg. 1930/31, Nr. 60, Juli 1931
WStLB, Sign. A 81.655

5/2/8
Auf dem Weg zur Schulgemeinde. Ein Stück Wiener Mittelschulreform
Druck, Carl Furtmüller, Wien 1925
Sonderdruck aus der Monatsschrift „Die Quelle", Jg. 1925, Heft 10, 11 und 12
Oskar Achs

5/2/9–10
Hoch die Republik
Zur zehnten Wiederkehr des 12. November 1918 den Kindern Österreichs gewidmet
Druck, Wien 1928
Fadrus-Archiv
WStLB, Sign. A 74.478 (aufgeschlagen)

5/2/11–14
Buch der Arbeit
1.–3. Teil
Druck, Viktor Fadrus und Karl Linke (Herausgeber), Wien 1922
Fadrus-Archiv

5/2/15–16
Aus alter und neuer Zeit, 1. und 4. Band
Ein Geschichtsbuch für die 1. (4.) Klasse der Hauptschulen und Mittelschulen
Druck, Arbeitsgemeinschaft von Geschichtslehrern (Herausgeber), Wien 1929 und 1932
Fadrus-Archiv

5/2/17
Robert Enders
Republikanische Staatsbürgerkunde
Druck, herausgegeben im Auftrag des Wiener Fortbildungsschulrates von Alexander Täubler, Wien 1925
Fadrus-Archiv

5.3 Kindgerechter Unterricht

5/3/1
Werkunterricht
Foto, Martin Gerlach, um 1925
Fadrus-Archiv

5/3/2
Physikunterricht
Foto, Martin Gerlach, um 1925
Fadrus-Archiv

5/3/3
Hauswirtschaftsunterricht
Foto, Martin Gerlach, um 1925
Fadrus-Archiv

5/3/4
Bau eines Wien-Modells
Foto, Martin Gerlach, um 1925
Fadrus-Archiv

5/3/5
Lehrausgang
Foto, Martin Gerlach, um 1925
Fadrus-Archiv

5/3/6
Im Schulgarten
Foto, Martin Gerlach, um 1925
Fadrus-Archiv

5/3/7
Lehrerfortbildung in Physik
Foto, Martin Gerlach, um 1925
Fadrus-Archiv

5/3/8
Schulärztliche Untersuchung
Foto, Martin Gerlach, um 1925
Fadrus-Archiv

5/3/9
Naturkundeunterricht
Foto, Martin Gerlach, um 1925
Fadrus-Archiv

5/3/10
Rechenunterricht: Erwerb von Raumvorstellungen
Foto, Martin Gerlach, um 1925
Fadrus-Archiv

5/3/11
Blinde Schüler erwerben die Vorstellung „Baum"
Foto, Martin Gerlach, um 1925
Fadrus-Archiv

5/3/12
Turnunterricht im Freien
Foto, Martin Gerlach, um 1925
Fadrus-Archiv

5/3/13
Unterricht in einer Taubstummenschule
Foto, Martin Gerlach, um 1925
Fadrus-Archiv

5/3/14
Heimatkunde
Foto, Martin Gerlach, um 1925
Fadrus-Archiv

5/3/15
Wiegen und messen
Foto, Martin Gerlach, um 1925
Fadrus-Archiv

5/3/16
Arbeit am Sandkasten
Foto, Martin Gerlach, um 1925
Fadrus-Archiv

5/3/17
Lehrplan für die Hauptschule samt Hauptschulgesetz und Durchführungsverordnung
Druck, Wien 1928
Sonderdruck aus „Die Schulreform in Österreich", 2. Band von Viktor Fadrus
Fadrus-Archiv

5/3/18
Das Urteil über den Lehrplan für das 1. bis 5. Schuljahr der Allgemeinen Volksschule in Österreich aufgrund der vierjährigen praktischen Erprobung an allen Wiener Volksschulen.
Druck, Wiener Stadtschulrat, Wien 1925
Oskar Achs

5/3/19
Schulreform
Pädagogische Zeitschrift
Geleitet von Viktor Fadrus und Karl Linke
7. Jg. 1928, Heft 1
Fadrus-Archiv

5/3/20
Die Quelle
Pädagogische Zeitschrift
Schriftleitung Dr. Eduard Burger und Richard Rothe, 74. Jg. 1924, Heft 3
Oskar Achs

5/3/21
Stammblatt eines Schülerbeschreibungsbogens
Druck, Städtischer Schuldrucksortenverlag, 1924
Fadrus-Archiv

5/3/22
Vorbereitung der Lehrer auf den Unterricht
Erlaß des Stadtschulrates für Wien
Vervielfältigtes Typoskript, 30. Jänner 1925
Fadrus-Archiv

5/3/23
Beurteilung der Schüler und ihrer Leistungen
Leitsätze zum Behandlungsthema der Bezirkslehrerkonferenz
Vervielfältigtes Typoskript, Wiener Stadtschulrat, 1921
Fadrus-Archiv

5/3/24–25
Wiener Kinder 1. Buch
Druck, J. Heeger und A. Legrün (Herausgeber), Franz Wacik (Bilder), Wien 1923
Fadrus-Archiv
WStLB, Sign. A 194.314 (aufgeschlagen)

5/3/26–27
Aus dem Leben zweier Wiener Kinder
Lesestoffe für Kinder der 2. Klasse
1. Teil, deutsche und tschechische Ausgabe
Druck, Wiener Pädagogische Gesellschaft, Wien 1922 und 1925
Fadrus-Archiv

5/3/28–29
Alt- und Neu-Wien
Ein Heimatbuch für die Kinder der 3. Klasse
1. und 2. Teil
Druck, Pädagogische Arbeitsgemeinschaft für Literatur und Kunst, Wien 1923 und 1924
Fadrus-Archiv

5/3/30
Wie Kinder zählen und rechnen
Ein Rechenbuch für die 2. Klasse von Konrad Falk
Druck, Wien 1923
Fadrus-Archiv

5/3/31
Wie ich richtig erzähle und schreibe
Sprachübungen in Lebensgebieten für die Schüler der 2. Klasse, 1. Heft
Druck, Karl Linke, Wien 1923
Fadrus-Archiv

5/3/32
Arbeitsbuch für den Unterricht aus Arithmetik und Geometrie an Mittelschulen für die 4. Klasse
Druck, Konrad Falk/Gustav Rohrauer/ K. Wais, Wien 1933
Fadrus-Archiv

5/3/33
Beobachte und Versuche
Ein Arbeitsbuch für das Verstehen der Naturerscheinungen
3. Teil für die 4. Klasse der Hauptschulen
Druck, Josef Deisinger/Rudolf Beranek/ Hans Kellermann, Wien 1933
Fadrus-Archiv

5/3/34
Schau die Heimat, 2. Teil
Ein Naturgeschichtsbuch für die 2. Klasse der Hauptschulen
Druck, Josef List/Ferdinand Strauß, Wien 1930
Fadrus-Archiv

5/3/35
Juchheißa Juchhei
Lieder für die Jugend, 2. Teil
Druck, Hans Enders/Gustav Moißl, Wien 1925
Fadrus-Archiv

5/3/36
Austria Romana
Ein Lesebuch für den lateinischen Anfangsunterricht an österreichischen Mittelschulen und Hauptschulen
Druck, Heinrich Gassner, Wien 1928
Fadrus-Archiv

5/3/37
Die österreichische Nordpolfahrt von Payer und Weyprecht in den Jahren 1872 bis 1874. Aus den Originalberichten
Druck, Karl Linke (Auswahl), Wien 1924
Fadrus-Archiv

5/3/38
Das Nibelungenlied
Druck, Karl Linke, Wien 1924
Fadrus-Archiv

5/3/39
Robinson
Erzählt nach Daniel Defoe und G. A. Gräbner
Druck, Erich Schulze, Wien 1922
Fadrus-Archiv

5/3/40
Julius (!) Verne
Die Reise um die Erde in achtzig Tagen
Druck, Karl Linke (Herausgeber), Wien 1924
Fadrus-Archiv

5/3/41
Jonathan Swift
Gullivers Reise
Druck, Ernst Baum (Bearbeiter), Wien 1926
Fadrus-Archiv

5/3/42
Alfons Petzold
Erzählungen und Gedichte
Mit einem Vorwort von Felix Braun
Druck, Hans Sauer (Herausgeber), Wien 1924
Fadrus-Archiv

5/3/43
Kinderlust
Ausgewählt für Schule und Haus von Viktor Fadrus
Druck, Wien 1923
Fadrus-Archiv

5/3/44–47
„Fabriksviertel in Wien", „Von der Arbeit einst und jetzt",
„Arbeitende Menschen/Vom Verdienst des Vaters", „Fabriken"
4 Schülerarbeiten aus der Volksschule für Mädchen, II., Feuerbachstraße 1, 4. Klasse
Handschrift auf Papier, Elisabeth Guzelj, 17.–22. Jänner 1927
Fadrus-Archiv

5/3/48
Umschlag eines kostenlosen Schülerschreibheftes der Gemeinde Wien
Druck, Städtische Lernmittelverwaltung, 1926
Fadrus-Archiv

5.4 Bildung für alle

5/4/1
Anzahl der auf einen Mittelschüler entfallenden Pflichtschüler in den einzelnen Wiener Bezirken
Statistik aus: Volkserziehung, Jg. 1921, Nr. 1, S. 26
Foto

5/4/2
Der Aufbau des Wiener Schulwesens nach Durchführung der geplanten Reform
Handschrift auf Papier, Viktor Fadrus, um 1927
Fadrus-Archiv

5/4/3
Lehrplan für allgemeine Mittelschulen
Druck, Wien, um 1927
Sonderdruck aus: „Die Schulreform in Österreich", 2. Band von Viktor Fadrus
Fadrus-Archiv

5/4/4
Die Wiener allgemeinen Mittelschulen
Vorläufiger Bericht über die Schuljahre 1922/23 bis 1924/25, erstattet in der Vollversammlung des Stadtschulrates für Wien
Druck, Carl Furtmüller, Wien 1926
Sonderdruck aus der Pädagogischen Monatsschrift „Die Quelle", Jg. 1926, Heft 2
Oskar Achs

5/4/5
Unsere Mittelschulen und die Einheitsschule
Zwei Aufsätze zur Schulreform
Druck, Carl Furtmüller/Hans Fischl, Wien 1921
Sonderdruck aus „Volkserziehung", Jg. 1921, Stück 1
Fadrus-Archiv

5/4/6
Die Bildungswerte der Antike und der Einheitsschulgedanke
Druck, Richard Meister, Graz 1920
Oskar Achs

5/4/7
Die Neugestaltung des Schulwesens
Handschrift auf Papier, Carl Furtmüller, 1927
Manuskript eines Artikels für die Zeitschrift „Schulreform", Jg. 1927, Nr. 6
Fadrus-Archiv

5.5 Schulreform und „Wiener Moderne"

5/5/1
Anna Freud (1895–1982)
Foto
ÖNB, Bildarchiv NB 533.953/BRF

5/5/2
Siegfried Bernfeld (1892–1953)
Foto
Oskar Achs

5/5/3
Alfred Adler (1870–1937)
Foto
ÖNB, Bildarchiv NB 523.631/BR

5/5/4
Charlotte Bühler (1893–1974) und Karl
Bühler (1879–1963)
Foto
ÖNB, Bildarchiv NB 525.054/BRF

5/5/5
Einführung in die Psychoanalyse für
Pädagogen
Druck, Anna Freud, Stuttgart – Leipzig
1930
Oskar Achs

5/5/6
Sisyphos oder die Grenzen der Erziehung
Druck, Siegfried Bernfeld, Leipzig – Wien
– Zürich 1925
ÖNB, Sign. 554.595 B

5/5/7
Internationale Zeitschrift für Individualpsychologie, herausgegeben von Dr. Alfred
Adler
3. Jg., Nr. 4, Juni 1925
Inhalt: Schulkinderpsychologie
Oskar Achs

5/5/8
Ergebnisse moderner Charakterforschung
Vortrag, gehalten für die Lehrerschaft
Wiens auf der Bezirkslehrerkonferenz
Typoskript, Karl Bühler, 1932
Oskar Achs

5/5/9
Das reifende Proletariermädchen
Druck, Margarete Rada, Wien 1931
= Wiener Arbeiten zur pädagogischen
Psychologie, herausgegeben von Charlotte
Bühler und Viktor Fadrus, Heft 8
Fadrus-Archiv

5/5/10
Pädagogische Versuchsarbeit in Österreich
1. Teil, A. Pädagogisch-psychologische
Arbeiten
Druck, Theodor Steiskal, Wien 1922
= Lehrerbücherei, herausgegeben von der
Schulreformabteilung des österreichischen
Unterrichtsamtes, Bd. 19
Fadrus-Archiv

5/5/11
Grundzüge des Österreichischen Volksschulturnens
Druck, Karl Gaulhofer/Margarete Streicher, Wien 1922
= Lehrerbücherei, herausgegeben von der
Schulreformabteilung des österreichischen
Unterrichtsamtes, Bd. 14
Fadrus-Archiv

5/5/12
Kindertümliches Zeichnen
Druck, Richard Rothe, Wien 1921
= Lehrerbücherei, herausgegeben von der
Schulreformabteilung des österreichischen
Unterrichtsamtes, Bd. 2–4
Fadrus-Archiv

5/5/13
Einladung zur Eröffnungsfeier der hochschulmäßigen Lehrerbildungskurse des
Pädagogischen Institutes der Stadt Wien
Druck, Wiener Stadtschulrat, 12. Oktober
1925
Fadrus-Archiv

5.6 Schulkampf

5/6/1
„Schluß mit der geistigen und seelischen/
Verwahrlosung des Wiener Schulwesens"
Plakat, CSP, 1927 (?)
WStLB, Sign. P 400

5/6/2
„Die freie Schule/im freien Staate"
Plakat, Verein „Freie Schule", 1919
WStLB, Sign. P 1064

5/6/3
„Wer sein Kind liebt, ist/für die Schulreform/und wählt/Sozialdemokratisch"
Plakat, Reichsverband Sozialdemokratischer Lehrer und Lehrerinnen
Reprint
VGA

6. Die Breitner-Steuern

6/1
Nettoausgaben der Gemeinde Wien
Bildstatistik
Titelblatt der Zeitschrift „Fernunterricht",
Jg. 1, Heft 4, Juli 1931
ÖGuWM

6/2
Die Einführung der Luxuswarenabgabe
Landesgesetz
Druck, 22. Juni 1921
WStLA, Beurkundetes Landesgesetz
81/1922

6/3
Die Einführung der Wohnbausteuer
Landesgesetz
Druck, 20. Jänner 1923
WStLA, Beurkundetes Landesgesetz
30/1923

6/4
Voranschlag der Stadt Wien für das Jahr
1924
Druck, 1923
Aufgeschlagen Seiten 18 und 19
WStLA, M 520

6/5
„Unser/Geld/wollen/sie!"
Seiten 2 und 3 der Zeitschrift „Der
Kuckuck", 1. Jg. 1929,
Nr. 29
HM, Inv. Nr. 199.430

6/6
„Was hat die sozialdemokratische Gemeindeverwaltung/Wiens mit den Steuergeldern getan?"
Druck, SDAP, 1932 (?)
HM, Inv. Nr. 199.431

6/7
Kundgebung der Handels- und Gewerbetreibenden gegen die Gemeindesteuern
Foto, M. R. Hauffe, 2. August 1920
HM, Inv. Nr. 49.342/77

7. Das Ende

7/1
„Dieser junge/Mann fordert/die Auflösung der/Wiener Gemeindevertretung/und die Einsetzung eines Staatskommissärs"
Seite 3 der Zeitschrift „Der Kuckuck",
4. Jg. 1933, Nr. 15
Foto
VGA

7/2
Verhaftung eines Teilnehmers des „Maispaziergangs"
Foto, Fa. Dietrich, 1. Mai 1933
HM, Inv. Nr. 55.080/3

7/3
Einschüsse im Karl Marx-Hof
Foto, Februar 1934
HM, Inv. Nr. 182.205

7/4
Artillerie des Bundesheeres beschießt den Karl Marx-Hof
Bildpostkarte, Februar 1934
HM, Inv. Nr. 110.884

7/5
Zerstörte Gemeindebauwohnung
Foto, Februar 1934
HM, Inv. Nr. 182.174

7/6
Zerstörte Gemeindebauwohnung
Foto, Februar 1934,
HM, Inv. Nr. 182.175

7/7
Zerstörter Innenraum
Foto, Februar 1934
HM, Inv. Nr. 182.232

7/8
Zerstörte Gemeindebauwohnung
Foto, Februar 1934
ÖIfZ

7/9
Zerstörter Hauseingang eines Gemeindebaus
Foto, Februar 1934
HM, Inv. Nr. 122.231

7/10
Einschüsse im Karl Marx-Hof
Foto, „Photo-Iris", Februar 1934
HM, Inv. Nr. 182.214

7/11
Der „blaue Bogen" des Karl Marx-Hofes nach dem Beschuß
Foto, Februar 1934
HM, Inv. Nr. 182.204

7/12
Einschüsse im Schlingerhof
Foto, Februar 1934
HM, Inv. Nr. 182.208/1

7/13
Einschüsse im Schlingerhof
Foto, Februar 1934
HM, Inv. Nr. 182.210/1

7/14
Einschüsse im Café Goethehof
Foto, Februar 1934
HM, Inv. Nr. 182.207

7/15
Einschüsse im Goethehof
Foto, Februar 1934
HM, Inv. Nr. 182.213

7/16
Einschüsse im FAC-Hof (heute Paul Speiser-Hof)
Foto, Februar 1934
HM, Inv. Nr. 182.212

7/17
Einschüsse in der Filiale der Konsumgenossenschaft im Arbeiterheim Ottakring
Foto, Februar 1934
HM, Inv. Nr. 182.226

7/18
Tote Februarkämpfer im Hof eines Gemeindebaus
Foto, Februar 1934
HM, Inv. Nr. 182.176

7/19
Das Arbeiterheim Ottakring nach der Erstürmung durch die Exekutive
Bildpostkarte, Februar 1934
Privatarchiv Josef Seiter

7/20
„Franz Münichreiter,/standrechtlich hingerichtet am 13. 2. 1934./ Georg Weissel,/standrechtlich hingerichtet am 14. 2. 1934./Koloman Wallisch,/ standrechtlich hingerichtet am 19. 2. 1934."
Rückseite: „Lied aus Oesterreich./(Zu singen nach der Weise: ‚Wir sind die junge Garde/des Proletariats'.)/Es sind für uns gefallen/die besten unserer Zeit,/(...)"
Bildpostkarte, 1934
Privatarchiv Herbert Exenberger

7/21
„Wer trägt die Schuld?"
Broschüre, Vaterländische Front, Wien 1934
Privatarchiv Herbert Exenberger

7/22
Der nach seiner Eroberung durch Exekutive und Heimwehr in „Fey-Hof" umbenannte „Indianerhof"
Foto, Dietrich & Co, 1934
HM, Inv. Nr. 55.081/2

7/23
Die Benennung „Karl Marx-Hof" wird entfernt
Foto, Rudolf Spiegel, 1934
ÖIfZ

7/24
Am „Karl Marx-Hof" wird die neue Bezeichnung „Heiligenstädter-Hof" montiert
Foto, Rudolf Spiegel, 1934
ÖIfZ

7/25
Das mit Fahnen der Vaterländischen Front verhüllte und mit einem Dollfuß-Plakat beklebte Denkmal der Republik
Foto, Dietrich & Co., 1934
HM, Inv. Nr. 55.081/25

7/26
„Neue ‚Bürgermeister'"
Titelblatt der (illegalen) „Arbeiter-Zeitung" vom 15. April 1934
Privatarchiv Herbert Exenberger

7/27
Theodor Körner und Julius Tandler kehren dem Rathaus den Rücken
Foto, Rudolf Spiegel, 1935
ÖIfZ

Mitarbeiter:

Wissenschaftliches Konzept:
Mag. Walter Öhlinger
Architekt Prof. Karl Mang: Kommunales Bauen
Prof. Dr. Oskar Achs: Schulreform
Mag. Susanne Böck: Kulturpolitik und Erwachsenenbildung
Mitarbeit: Dr. Peter Eppel, Veronika Graf

Präsentationskonzept und Gestaltung:
Architekt Prof. Karl Mang
Mitarbeit: Dipl.-Ing. Claus Prokop

Graphische Gestaltung der Ausstellung:
Mag. Martin Czapka
Mag. Stephan Lindner

Restauratoren:
Mag. Siegmund Daxner
Mag. Christine Maringer
Mag. Gertrud Wieser

Verwaltung:
AR Franz Novak
OAR Paul Strobl
Helmut Selzer

Kanzlei:
Regina Janek
Alexander Pazdernik
Monika Sostek

Werkstätten:
Erich Fahringer
Robert Filip
Günter Fröhlich
Josef Gruberbauer
Herbert Hawel
Helmut Mayer
Georg Weiß

Am Aufbau beteiligte Firmen:
Gorth Tischlerei Ges. m. b. H.
Hann Modellbau Ges. m. b. H.
Buchbinderei Koch
Ing. Konrad Silberberger AV-Systeme
Wozak und Werl, Architekten und Stadtbaumeister

Für wertvolle Ratschläge und Hilfe ist zu danken:
Dr. Gerda Barth
Herbert Exenberger
Prof. Dr. Rudolf Friedl
Mag. Michaela Gaunerstorfer
Dr. Rainer Hubert
Univ.-Prof. Dr. Gerhard Jagschitz
Martha Weber

Besonderer Dank
gebührt der Fa. GEWISTA, Werbeges. m. b. H., für die kostenlose Zurverfügungstellung einer Plakatwand

Leihgeber:

Prof. Dr. Oskar Achs
Archiv Theiss/Jaksch
Herbert Exenberger
Fadrus-Archiv
Gewerkschaft Hotel- und Gastgewerbe
Dr. Josefa Hofmann
Österreichisches Gesellschafts- und Wirtschaftsmuseum
Österreichisches Institut für Zeitgeschichte – Bildarchiv
Österreichische Nationalbibliothek – Druckschriftensammlung
Österreichisches Staatsarchiv – Archiv der Republik
Dr. Josef Seiter
SPÖ-Bezirksorganisation Ottakring
SPÖ-Bezirksorganisation Rudolfsheim
SPÖ-Bezirksorganisation Währing
Sozialdemokratische tschechische Arbeiterpartei in Österreich
Städtische Schulverwaltung (MA 56)
Verein für Geschichte der Arbeiterbewegung
Verein zur Geschichte der Volkshochschulen, Dokumentationszentrum
Verwaltung der städtischen Wohnhäuser (MA 52)
Wiener Stadt- und Landesarchiv (MA 8)
Wiener Stadt- und Landesbibliothek (MA 9)

Film-, Ton- und Fotomaterial stellten zwecks Reproduktion zur Verfügung:

Dokumentationsarchiv des österreichischen Widerstandes
Graphische Sammlung Albertina
Landeslichtbildstelle (MA 13)
Österreichisches Filmarchiv
Österreichische Nationalbibliothek – Porträtsammlung und Bildarchiv
Österreichische Phonothek
Renner-Institut, Abteilung Geschichte und Politik – Photoarchiv

Dank

Gerne danke ich allen, ohne deren Arbeit, Mitwirkung, Unterstützung und Hilfe die Ausstellung sich so nicht darstellte, wie wir sie zeigen. Herrn Mag. Walter Öhlinger habe ich mit der Verwirklichung der Ausstellung betraut, ich danke ihm herzlich für sein Können, seinen Einsatz und seine Umsicht, seine Leistung erweist ihn als unverzichtbaren Mitarbeiter des Historischen Museums der Stadt Wien.

Die Ausstellung wäre aber ohne den Architekten dieser Schau, Herrn Architekt Prof. Dipl.-Ing. Karl Mang, nicht zustande gekommen. Ich verneige mich gerne vor seiner tiefen Kenntnis des „Roten Wien", die er in jene Gestalt und Form brachte, die dem Inhalt so schlüssig entsprechen.

Der dem Unternehmen kongenial folgende Gestalter des Kataloges ist Herr Hochschulprofessor Tino Erben. Seine Arbeit fügt jenen Teil zum Gesamtbild hinzu, der die verlorene Ganzheit der Wirklichkeit gewordene Utopie des „Roten Wien" erahnen läßt. Ich danke ihm sehr.

Günter Düriegl

Ordnung schaffen...
über das Leben hinaus

WIENER VEREIN
DURCH VORSORGE IN VERSICHERUNGSFORM

- **Bargeldlose Bestattungsdurchführung**
  Berücksichtigung persönlicher Wünsche

- **Übernahme der Kosten und Veranlassung**
  von Überführungen aus allen Ländern der Welt

- **Umfassende Beratung und**
  unbürokratische Abwicklung

- **Grabpflege**

1030 Wien, Ungargasse 41

**Geschäftsstellen in Wien
und in allen Bundesländern.**

**Unser Servicetelefon zum Ortstarif:
0660/61 20**